La Grèce à l'heure du décrochage européen

Questions contemporaines

Collection dirigée par B. Péquignot, D. Rolland et Jean-Paul Chagnollaud

Chômage, exclusion, globalisation... Jamais les « questions contemporaines » n'ont été aussi nombreuses et aussi complexes à appréhender. Le pari de la collection « Questions contemporaines » est d'offrir un espace de réflexion et de débat à tous ceux, chercheurs, militants ou praticiens, qui osent penser autrement, exprimer des idées neuves et ouvrir de nouvelles pistes à la réflexion collective.

Dernières parutions

Grégory CARTEAUX, *Eva Joly et les affaires financières. Analyse du discours télévisuel*, 2012.
Alain CHEVARIN, *Fascinant/Fascisant. Une esthétique d'extrême droite*, 2012.
Marcelo BIDINOST, *La ville comme paysage du sentiment, Le sentiment urbain à Buenos Aires aux XIXe et XXe siècles*, 2012.
Gérard SAINSAULIEU, *Les trottoirs de la liberté. Les rues, espace de la République*, 2012.
Jean-Christophe TORRES, *Les enseignants. Quelle reconnaissance pour un métier en crise ?*, 2012.
Gérard LEFEBVRE, *Les chemins du silence*, 2012.
Hubert LEVY-LAMBERT et Laurent DANIEL (dir), *Les douze travaux d'Hercule du nouveau Président*, 2012.
Tony FERRI, *Qu'est-ce que punir ? Du châtiment à l'hypersurveillance*, 2012.
Abou-Bakr Abelard MASHIMANGO, *La dimension sacrificielle de la guerre. Essai sur la martyrologie politique*, 2012.
Jordane ARLETTAZ, Séverine NICOT (dir.), *Le cadre juridique de la campagne présidentielle*, 2012.
Alain BÉNÉTEAU, Louis MALLET, Michel CATLLA, *Les régions françaises au milieu du gué, Plaidoyer pour accéder à l'autre rive, 2012.*
Jean BRILMAN, *Réconcilier démocratie et gestion*, 2012.

François DI SALVO

La Grèce à l'heure du décrochage européen

L'Harmattan

Du même auteur

L'Europe désunie : comment en est-on arrivé là ?, Paris : Éd. L'Harmattan, Coll. Questions contemporaines, 2012, 270 p.

Mutations, transformations et réformations historiques de l'Etat, Paris : Éd. Edilivre Aparis, 2011, 366 p.

Propositions pour une âme collective européenne, Paris : Éd. Edilivre Aparis, 2010, 168 p.

5-7, rue de l'École-Polytechnique ; 75005 Paris

http://www.librairieharmattan.com
diffusion.harmattan@wanadoo.fr
harmattan1@wanadoo.fr

ISBN : 978-2-336-29148-2
EAN : 9782336291482

A ma famille,
A Cricri,
A Monique,

A Laetitia, Maxime, je vous dédie cette pensée :

« *Parmi toutes les mesures que l'on pourrait prendre d'un homme ou d'un peuple, l'une des plus révélatrices serait celle de sa force de refus* », Georges Roditi, *L'Esprit de perfection*.

Avant-propos

« *La Grèce a quitté l'Union sous la pression des Etats tiers coalisés autour d'un projet restreint de diète fédéraliste* » : ainsi titraient les principaux quotidiens européens à l'ouverture des kiosques en ce début du mois de décembre. La surprise fut grande de lire dans quelles conditions l'exclusion du mauvais élève était advenue. Le quotidien allemand *Die Welt* indiquait en première page : « *Wir sind ein Volk* » (nous sommes un seul et même peuple), et soulignait que l'expansion rigoureuse du modèle de développement économique ne pouvait être poursuivie sans une confiance absolue et réciproque entre les Etats coalisés. La fin de la confiance aveugle avait sonné le glas de l'effervescence d'antan.

La poursuite de la construction commune, de l'entité européenne, ne pouvait être réalisée sans que des contre-garanties mutuelles aient été apportées par chacun des co-fondateurs. De son côté, le *Daily Telegraph* était allé jusqu'à qualifier l'acte de sabordage de « Up Eurs » (translittération de « up yours [1]»), expliquant que l'on ne pouvait profiter inlassablement de la générosité collective sans ne jamais avoir à rendre des comptes sur l'usage qui en était fait en interne.

Qu'on se le dise, les marchés de dupes finissent généralement par se retourner contre leurs cocontractants. La Grèce devait en payer les conséquences, mais l'Europe loin d'avoir été innocente avait trouvé dans ce jeu du « pas vu, pas pris » un tout autre intérêt stratégique. Cette subtilité avait échappé au plus grand nombre des non-initiés.

En la circonstance, le Conseil avait joué un rôle déterminant dans l'éviction de la Grèce. Faisant usage des prérogatives qui relevaient de sa compétence, cela était prévu depuis Maastricht

---

[1] Vulg. « *va te faire mettre* » (Trad. FD).

(Cf. les art.4 et 6§1 TUE), les divers représentants des Chefs d'Etat et de gouvernement avaient été saisis du contentieux politique relatif à l'insubordination Athénienne. A la demande expresse de 9 Etats pétitionnaires, représentant 1/3 au moins des Etats membres de l'UE, et contre toute attente des divers avis formulés par la Commission, le Conseil avait été appelé à se réunir en session plénière courant le mois de Mars 2013.

Chef de file de ce coup de Trafalgar, un groupe d'Etats farouchement attaché à constituer une Europe « à noyau dur [2]», et poursuivant une vision fédéraliste de la croissance économique anti-keynésienne. En parcourant le quotidien *Il sole 24 ore*, le commentateur de l'événement avait alors souligné que : *« Le agenzie di rating hanno collocato Atene nella categoria degli 'insolventì (...) il default di Atene ha avuto conseguenze "catastrofiche" per la moneta unica europea* [3]». Le sort avait été jeté. Les agences de notation avaient fini par avoir gain de cause. Elles avaient poussé les Etats souverains à renoncer tacitement à leur souveraineté d'appréciation et de direction, et s'étaient mêlées de leur propre champ tactique.

Montrant au grand jour sa force de coercition morale sur la volonté autonome du politique, *Standard and Poor's* était parvenu à un tour de force inimaginable. Simple institut externe privé, non communautaire, cet organisme avait dépassé les espérances de sa mission d'analyse, d'évaluation et de conseil. Non sans anachronisme d'action, cette agence s'était substituée aux divers représentants qui animaient le Conseil « affaires générales » Elle exerçait un lobbying d'opinion d'une telle ampleur que les ministres de l'économie et des finances de l'Eurozone avaient été dépossédés de leur capacité effective d'action. Ministre de l'économie par complicité d'association et de prise d'intérêt dans la dette souveraine des Etats, l'économie avait délégué à sa mission de recalage une composante de son exosquelette. Déclassant progressivement la Grèce du triple « A » à la note triple « C », puis

---

[2] Selon l'expression consacrée par le Club de Florence notamment dans l'ouvrage *Europe : impossible statu quo*, Paris : STOCK, 1996, cit. p. 226.

[3] Les agences de notation ont classé Athènes parmi les pays insolvables (...) la défection d'Athènes a eu des conséquences « catastrophiques » pour la monnaie unique » (trad. FD).

enfin « CC [4]», la peur d'une contagion économique négative à l'ensemble des pays de la zone euro avait réveillé les pires craintes. Les plus inquiets avaient été ceux des partenaires Etatiques dont la rigueur de gestion les préservait encore un peu des tumultes existentiels.

Qu'on ne s'y méprenne pas, tout ce qui vient d'être relaté n'est que fiction. Toutefois, au-delà de l'ancrage dans une réalité historique potentielle de la situation de départ, le drame politique et juridique qui est joué ici emprunte à la véracité événementielle les arguments dont il a besoin pour exister en tant que fait.

La crise Grecque, présente dans toutes les mémoires, a fait intervenir un certain nombre d'acteurs. Elle a été jouée en deux actes. L'acte premier retrace l'instant au cours duquel la supercherie étatique a conduit les Etats à une polarisation de leurs intérêts convergents, contre un « dissident » commun. Le second acte, en revanche, correspond à celui de la résolution du conflit, au moyen d'une action dramatique appropriée. Les moyens développés en syntonie ont servi à pallier un système dont les carences futures ont conduit les Etats coalisés à adopter des postures fortement "marquées" Elles ont été inscrites dans le réel *via* une série d'attitudes fortement contradictoires.

Compte tenu de ce qui vient d'être exposé, et suivant la double acception théâtrale et pédagogique du terme, une fonction réifiante sera confiée au jeu de rôle. Il permettra d'apporter un éclairage méthodologique sur la fonction dramatisante de la gestion de crise.

Même si les faits relatés n'ont pas d'emprise immédiate, car la Grèce fait toujours partie du cercle européen aujourd'hui, leur présence aide à cerner les pratiques factuelles des acteurs en présence. C'est la raison pour laquelle, la démarche qui se peaufine ici consiste à cerner les modalités d'adaptation sociologiques à la gestion d'une situation difficile.

En premier lieu, il s'agit de voir comment le politique puis le juriste exploitent les données qu'il a acquises antérieurement (le vécu et l'expérience). La manière dont il opère le réencodage des données par rapport aux acquis en dit long sur l'intérêt à agir de

[4] La note « CC » correspond chez *Standard & Poor's* à une situation économique fortement compromise. Cela signifie que l'Etat évalué sur la base des critères d'évaluation internes est très proche de la faillite, et que les emprunts contractés auront une finalité très spéculative pour les investisseurs.

l'animateur. Dans ce mouvement binaire, le politique n'utilisera pas les mêmes outils et n'aura pas recours aux mêmes procédés de style que le juriste. Quoique l'un et l'autre soient incités à agir, les modalités pour atteindre la fin légitimée obéissent à des figures de l'action spécifique. De ce fait, tandis que le premier fonde une démarche de séduction de l'opinion publique, le second tend à amplifier le mouvement dialectique entre la réalité et la théorie institutionnelle.

En la circonstance, le jurisconsulte aura plutôt tendance à trouver dans les contraintes institutionnelles les mécanismes qui, au-delà de l'affect, lui permettront de dégager de nouveaux comportements jugés plus efficaces et conformes à la norme sociale.

En second lieu, compte tenu de la psychologisation des situations sociologiques (conflictuelles ou problématiques), il s'agira de décrire la manière dont la recomposition des postures autoritaires contribue à mettre en place une situation de « transitivité ». Elle est censée faciliter l'acquisition de nouveaux habitus. Parallèlement, elle inscrit les rites sociaux antérieurs dans une discontinuité différentielle et ouvre un champ d'exploration pour de possibles réalisations. Les acteurs politiques et juridiques de la crise grecque, par exemple, ont inscrit leur action dans un jeu antagoniste. A l'intérieur de ce champ la crise (acte dramatique) y a fait office de révélateur. Depuis la crise de 2009, elle a incité les intervenants à réévaluer leurs interventions monopolistiques en regard du ratio investissement/bénéfice, et les a contraints à pallier les défaillances normatives résiduelles.

On pourrait parler en l'espèce d'un mal nécessaire, qui de façon oxymorique servirait à redonner du sens à un non-sens postural découlant d'une norme hypercontraignante. Par définition cette règle sclérose la portée impérative de son propre contenu (un traité, un accord protocolaire, un acte de droit international) et polarise les comportements hostiles. Elle élude une sortie de crise qui pourrait être la résultante d'une médiation entre plusieurs impératifs catégoriques hiérarchisés. De la sorte, elle ne conduit pas les divers acteurs à assurer la préservation d'intérêts supérieurs à ceux initialement protégés par la seule règle factuelle.

On l'aura compris, l'objectif de cet ouvrage est double. Tout d'abord, il vise à dégager une solution juridique à partir d'un fait particulier aux conséquences générales. Ni le contenu ni la matière n'ont jusqu'à présent fait l'objet d'aucun traitement prudentiel identique à celui-ci. Malgré l'expérience de la Cour de Justice de l'Union Européenne dont le *modus operandi* se bonifie avec le temps, jamais pareil cas de figure n'a encore été traité par les magistrats européens. Il constitue, sauf omission involontaire, une hypothèse de recherche dont les moyens de droit restent à inventer. Ensuite, il s'agit de faire abaisser des réactions de défense naturelle en présence d'une situation fortement déstabilisatrice pour l'organisation sociale existante. Le recours au travail de composition thématique contribue à réévaluer les diverses approches critiques quant à la manière de déjouer la sclérose de la fonction d'encadrement et de gestion, dont le politique est le détenteur plénipotentiaire.

Pour parvenir à ces objectifs, deux moments essentiels seront examinés à l'aune d'un probable modèle d'action (une réalisation plausible de la réalité). Ils seront étudiés sur le mode de leur survenance temporelle chronologique, ce qui obligera à faire le lien de causalité directe ou indirecte avec les mesures destinées à « gérer » le dossier grec dans la durée. A ce moment-là, le déroulement du jeu de rôle procédera d'une mise en perspective pluriaspectuelle des points de vue. Un seul modèle actantiel sera regardé pour sa pertinence informative. Ce sera en l'occurrence celui où la relation *leader*/subordonné débouche sur la constitution d'un *feedback* constructif d'expérience.

Ces deux moments, donc, sont ceux de la sanction politique et administrative délibérée par le Conseil, et celui du recours interprétatif exercé par la Grèce, en défense de ses propres intérêts, devant la juridiction de céans. Cela est concevable, leur enchâssement narratif dans la linéarité du discours sociologique doit permettre de voir comment un mythe fondateur de valeurs communes peut être déconstruit voire reconfiguré. La mise en scène opère comme le révélateur des clivages sociaux hiérarchisés que le politique a instrumentalisés pour ses propres fins. Il peut s'agir là d'une contre-réaction aux agressions potentielles, car la situation grecque a été une séquence brève qui a autorisé le politique à se prévaloir de sa force « agissante ». Ce jeu de rôle, quoique ludique, servira aussi à évaluer comment le politique s'est emparé d'une direction de l'Histoire. En tant que connaisseur de l'action agissante, lui seul possède le sens de réorganisation des anarchies sociales latentes.

Bref, ici, il semble évident que le rapport qui confronte les décideurs politiques et les populations est encodé par des habitudes d'agissement et de circulation entre ces deux espaces. Leur organisation interne s'en trouve grandement bouleversée par la dimension scénique dans laquelle se joue le drame. Comme le faisait remarquer Ubersfeld[5] en parlant de l'espace scénique (au théâtre) « *la scène classique étroite et peu profonde ne permet guère les mouvements de foule, d'autant qu'elle est réduite à la [seule] présence des spectateurs aristocratiques* [6]». En ce sens, la scène politique européenne est aussi un archétype aristocratique (élitiste) de la scène théâtrale.

Sur ses planches du quotidien, les divers acteurs institutionnels miment quelque chose qui est en lien avec un lieu réel. Peu importe d'ailleurs que la réalité donnée à entendre soit conforme en tous points à la projection donnée à lire. Des limites spécifiques confèrent une surface, une profondeur à cette vision fragmentée du monde. Pour le dire sans artifice, le politique y a superposé les règles qui régissent sa propre « aire de jeu ». Cela explique par moments que les comédiens politiques viennent s'immiscer dans les travées de l'espace privé. Ils en repartent aussitôt occupés à investir leur aire publique, et narrent une période donnée comme vraie alors que tout est joué ailleurs, sur le mode du possible réel.

Un dernier préalable qu'il ne faut pas perdre de vue : le jeu de rôle tel qu'il est abordé ici n'est pas le jeu théâtral. Il peut s'en rapprocher, mais n'est pas une représentation en soi. Dans le premier cas de figure, il s'agit d'investir une situation, être un acteur réel agissant sur une situation tout aussi concrète. Dans le second, en revanche, il s'agit de construire un lieu scénique où tout est marqué du sceau de la construction fantasmatique. L'événement y est relaté derrière un filtre : il peut être vécu par procuration sans que jamais homme politique soit être tenu de le vivre pour soi.

On l'aura compris, le jeu de rôle est un moyen : il verbalise une souffrance, met en scène une parole pour autoriser l'alternative

---

[5] Ubersfeld, A., *Lire le théâtre*, Paris : MESSIDOR, Coll. Essentiels, 1982.
[6] *Ibidem*, supra, cit. p. 143.

dans les divers choix possibles. Mais, le jeu de rôle repose sur un dispositif scénique plus contraignant. Il s'agit en l'espèce de valider les actes verbaux de chaque coadjuteur afin de lui donner une légitimité de moyens. La réalité est incontestable et l'action agissante poursuit un plan prédéterminé. Il s'agit en l'espèce de relier des faits sociaux et politiques en offrant aux personnes impliquées dans l'action dramatique la possibilité d'avoir des leviers pour construire une réalité alternative. Ces instruments sont en mesure d'opérer la médiation entre sens latent et immanent, sens implicite et explicite de ce qui était inscrit, antérieurement à ce jeu, dans une dévalorisation explicite du comportemental et une valorisation du postural.

Ces quelques notes liminaires étant posées, le jeu de rôle attend d'être annoncé. Chaque acteur, quoique pouvant être fictif aura quelque proche ressemblance avec quelque personnalité du monde politique européen, et quelque personnalité de la « société civile ». Leur réalité ne retire rien à la fiction juridique et politique qui sous-tend l'ensemble de la narration.

En la circonstance, chacun pourra faire la part des choses, tout en ayant à sa disposition des éléments de réflexion qu'il pourra confronter à souhait, au gré de ses aspirations…

Replongeons-nous, dès à présent, dans l'Histoire des 4 dernières années qui ont accéléré la sortie tumultueuse de la Grèce de l'Union sacrée européenne. Pour les besoins du récit, les faits historiques avérés et relatés, depuis décembre 2009, par les médias serviront de socle de cohésion à l'Histoire de la Grèce. Leur fonction consistera à asseoir avec plus de vérité les actions politiques et juridiques qui ont concouru de l'éviction/sanction de cet Etat membre.

TITRE PREMIER

« Aux sources des griefs et au cœur des problèmes »

Introduction

> « *Il n'est point de petits événements pour les nations et les souverains : ce sont eux qui gouvernent leurs destinées* », Napoléon Bonaparte.

De la démarche et de sa justification. Si l'on se réfère à Paul Veyne et à sa manière d'interroger l'Histoire[7], il ne fait aucun doute que la démarche de construction sociologique emprunte de la méthode déductive, pour parvenir à expliciter les continuités implicites reliant des événements disséminés sur une longue période.

Face à l'organisation naturelle des faits, et à leurs interactions réciproques (lointaines ou éloignées), le rôle de l'historien consiste à rendre intelligible les liens implicites qui solidarisent des faits paraissant disjoints. Ainsi, « *les faits n'existent-ils pas isolément, mais ont des liaisons objectives* [8]». L'intérêt de la démarche historique trouve sa justification dans la propre démarche de l'historien. Par ses questionnements, il révèle les « intrigues [9]» et tisse des correspondances entre les faits. Elles sont le fruit d'un « *mélange très humain et très peu scientifique de causes matérielles, de fins et de hasards* [10]». Au final, leur fonction consiste à dévoiler le drame sociologique ou narratif qui est sous-jacent au conflit. Elles valorisent ce qui, dans la trame de l'Histoire, est passé dans l'implicite. Elles proposent une interprétation sensible d'un modèle de développement collectif donné.

---

[7] Veyne, P., *Comment on écrit l'Histoire,* Paris : SEUIL, 1971.

[8] Veyne, *ibidem*, cit. p. 6

[9] Terme emprunté à Paul Veyne.

[10] Veyne, P., *ibidem*, supra.

L'intrigue qui est mise en relief par une interrogation spécifique des faits, ceux qui ont concouru de la réalisation de tel ou tel autre événement majeur, est aussi le résultat d'une itinérance[11].

Qu'entendre par là ? Dans le champ des événements qui se sont déroulés, pour la période considérée, ces mêmes événements ne sont que des itinérances de faits subséquents à d'autres, plus marquants. Mais leur force et leur valeur sont déterminées par le sens de la marche intellective de celui qui cherche à révéler de nouvelles correspondances. C'est pour cette même raison « *qu'un itinéraire doit choisir et ne peut passer partout ; aucun de ces itinéraires n'est le vrai, n'est l'Histoire* [12]». Ainsi, les faits ne résument-ils pas à eux seuls toutes les aspirations, les contraintes et les interactions subtiles qui relient des narrations « atomiques » à leur noyau, plus dense et animé par une énergie de cohésion de sa propre matière.

Les intrigues sont la manifestation de la présence d'une masse agrégeante de faits qui n'ont pas d'articulation spécifique. Elles traduisent, toutefois, une approche intersubjective de leurs effets induits, à partir d'une causalité externe commune. Lorsque Veyne précise que « *l'Histoire est connaissance par traces* [13]», et que « *dépeçant Publicius en intrigues, nous écarterons les vérités universelles (l'homme est sexué, le ciel est bleu)* [14]», son attention porte sur la matière même qui fait l'Histoire. En l'espèce, l'universalisme des situations ne paraît pas en mesure de constituer une base à l'historicité d'un événement donné. Au contraire, le repérage d'indices singuliers conduit à voir, dans la différence, les éléments d'une reliance plus prégnante entre l'homme et son milieu.

Par analogie, lorsqu'il sera question de saisir les causes inhérentes à la crise des finances publiques grecques, le problème de l'historicisation se posera avec la même acuité.

---

[11] Au sens étymologique, l'itinéraire renvoie à l'idée d'un cheminement progressif ; il conduit celui qui avance à suivre des marques précises (des repères). Elles sont reconnues par l'itinérant comme étant celles qui mènent au but recherché. D'une certaine façon, ces marques forment une trame logique possible du parcours itératif de la pensée agissante.

[12] Veyne, P., *Comment on écrit l'Histoire,* cit. p. 7.

[13] *Ibidem*, cit. p. 10.

[14] *Ibidem*.

Le seul fait d'affirmer que la situation générale de l'économie mondiale traverse une période d'instabilité générale, n'est pas suffisant pour faire de l'expansion mondialiste de la "techno-finance publique" un mobile qui crée de l'Histoire (des valeurs). Tout au plus, elle n'est qu'un élément additionnel qui interfère dans le processus de transformation des valeurs collectives. Elle n'est pas une valeur en soi.

Comme l'a déjà fait remarquer Veyne, l'Histoire n'a de valeur qu'en ce qu'elle peut être raccrochée à l'humain. Elle doit fournir une explication valorisée sur son origine, sa mutation. C'est pourquoi les mobiles n'ont de réelle valeur intrinsèque, qu'à compter du moment où ils dépassent la simple accroche sentimentaliste. Leur présence est pertinente compte tenu de la singularité qu'ils renferment. Elle crée un point d'accroche diachronique favorable à l'explication des révolutions coperniciennes contemporaines. Les événements n'ont de pertinence qu'au moment où ils touchent aux valeurs et aux symboles propres aux civilisations ; bref, à leur « reliance [15]» selon une expression consacrée par Edgar Morin[16].

De toute évidence, cette reliance arrive à un moment opportun. Elle apporte une texture aux rôles assumés par les divers acteurs institutionnels en présence, et sert l'implantation du décor dans une vérité historique. L'espace scénique, ainsi défini, concourt de la réalisation dramatique d'une crise. Elle a comme point d'orgue, comme principe causal, une série de heurts politiques offensifs dont l'implication dans la rupture finale est pertinente.

Du jeu de rôle proprement dit. Parler des conséquences de la crise grecque n'a d'intérêt que du moment où le contexte a fait l'objet d'une observation détaillée. En tant que macrostructure, le contexte met en présence plusieurs éléments.

---

[15] Selon l'analyse donnée par Amoa dans la revue Synergie *Monde*, N° 4, 2008, Université de Franche-Comté, cit. p. 21, cette reliance décrite par Morin est l'explicitation d'un circuit d'entrelacements humains où l'homme redonne du sens à son action agissante. D'où cette définition : « la *pensée qui relie n'est heureuse que si celle-ci est sous-tendue par la vertu, cette chose qui, en l'humain, somnole pour le conduire à préférer le bien au mal* ». En tant que force d'action, la reliance est un « *acte,* [qui] *par sa splendeur et sa qualité, doit pouvoir sans heurts et pour le plus grand nombre possible d'humains (humanité) être répété* ».

[16] Morin, E., *La Méthode*, T. I V : L'Ethique, Paris : SEUIL, 2004, p. 269.

D'une part un conflit. La formulation de ses motifs est hautement dramatique. Le politique y intervient pour sanctionner avec force un comportement sociologique déviant. On parlera de mode opératoire. D'autre part un contexte. Lié à une pluralité d'histoires individuelles, il inscrit l'action dans une temporalité. Sa présence doit préserver l'historien de toute tentation fabulaire et l'inciter à ne tenir compte que des faits. En quelque sorte, il s'agit d'analyser les rapports dialogiques entre les divers types d'éléments qui structurent l'articulation de cette même action dramatique. Aussi, les chapitres qui vont suivre seront-ils dédiés à la mise en place de l'ensemble des détails constitutifs du décor, notamment l'arrière-scène (les paysages, les intervenants secondaires, les figurants… etc.).

Chaque mouvement de l'action y sera traité de manière à satisfaire les besoins de la démonstration. En l'espèce, la réalité simulée pourrait aussi simuler un destin tragique de l'Union européenne. Car, à l'image de la résolution du drame dans la tragédie grecque, où le public accepte tacitement les conséquences irréversibles de la solution dégagée des divers protagonistes, la mimêsis qui émanerait de ce jeu de rôle pourrait aussi apporter une forme de résignation face à l'adversité.

Or, si l'on s'en tient à la fonction première de ce type de mise en situation, il apparaît que la question du sens joue un rôle prépondérant. Il s'inscrit dans une fonction didactique dont l'issue, une fois le jeu stoppé par l'animateur, vise à produire objectivement des réponses appropriées à la situation initialement perçue (ou envisagée) comme inéluctable. En effet, c'est en se familiarisant avec une lecture non limitative de l'objet du drame (acteur, situations, lieux), puis en y intégrant aussi le « hors-drame » (les perceptions psychologiques, les craintes, les mouvements de foule…), que le travail de reconstruction peut advenir. A compter de cet instant précis, le spectateur du drame politique parvient à se défaire d'une entrave. Précédemment mis dans une situation de non-mouvement par rapport aux choix civilisationnels, cette mutation lui fait acquérir un statut. Reconnu comme acteur secondaire de l'action « agissante », sa présence active dans le drame pose le monde comme étant résolument présent. Une dernière précision en ce qui concerne le contenu historique des éléments qui conduisent à une attitude compréhensive des faits grecs.

Une première posture consistera à analyser les éléments qui structurent le modèle idéologique de la culture européenne (I). L'espace dramatique qui est construit tantôt à partir du spectateur, tantôt à partir du référent, recèle des sèmes spatiaux dont la signification est importante. Leur agencement dans l'espace dénote une organisation géométrique des valeurs. Elles supposent le recours à des arguments d'autorité qui suivent une finalité particulière. Contre toute attente, elles peuvent ne pas nécessairement converger vers une posture unanime qui résoudrait les causes du conflit.

Une seconde posture visera à décrire le processus de déconstruction puis de reconstruction des logiques sociologiques. C'est à partir de la modélisation psychologique de la relation spécialisée entre les acteurs gouvernementaux que pourra émerger, alors, unc forme d'explication plus rationnelle.

Il importe de voir comment chacun pallie à une situation figée : la plupart du temps, c'est la volonté de surmonter des obstacles posturaux (il ne serait pas faux de parler d'obstacles « idéologiques »[17]) et celle qui déjoue une certaine forme de déterminisme (II) qui y contribue.

---

[17] Sans vouloir introduire à un cours de psycho-sociologie, ni le lieu ni l'objet de cet ouvrage ne s'y prêtent, je ferai noter toutefois que l'idéologie est à la résistance au changement ce que la volonté est à l'entendement individuel. Quoique pouvant se recouper, l'idéologie à cela de différent qu'elle relève d'un mouvement collectif. La réticence à modifier ses comportements ou représentations tient avant tout à des motivations liées aux croyances religieuses, aux modes de hiérarchisation de la société.... Bref, l'idéologie renvoie nécessairement à un champ épistémologique qui a trait aux habitudes de fonctionnement des groupes et des institutions, notamment sur celles qui exercent une autorité légitime sur la collectivité.

I. De l'État en crise à la crise des États : chronique d'un drame amorcé

La presse quotidienne, dans nombre d'Etats membres, faisait déjà des gorges chaudes au sujet de "la nouvelle". L'opinion publique avait été aux premières loges d'une affaire sans précédent. La gauche conservatrice avait joué l'alternance politique et avait été obligée de révéler le scandale. Les comptes « truqués » de l'Etat grec avaient fait l'effet d'un coup de canon. Avec stupéfaction, la paisible coalition européenne se rendait compte qu'elle n'était pas à l'abri des remous.

Pour l'Histoire, le Pasok conduit par Georges Papandreou n'avait pas tardé à lever le voile sur le ralentissement étrange de l'économie intérieure. Les causes plus politiques que conjoncturelles avaient conduit à l'accentuation négative de la diversité. Ainsi, la coalition avait-elle implosé, elle qui jusqu'alors faisait état d'une cohésion sans faille autour d'une devise à la Romulus « *et pluribus unum* [18]».

La polémique s'était emparée des esprits et les avait chauffés à vif. Les opposants au sauvetage naturel de l'Etat membre défaillant avaient tenu tête brusquement à ceux des partenaires qui avaient souhaité une résolution globale de la crise localisée. Bien vite, la reliance apparemment imperturbable des 27 avait volé en éclats. Le besoin de sauvegarder le modèle de développement politique éprouvé par 40 ans de construction européenne avait fait sourdre une nouvelle difficulté. Au nom des principes économiques, l'unité avait cédé la place à la fragmentation des valeurs idéologiques. Cet éclatement des valeurs était contre-productif.

"Chassez le naturel, il revient au galop", dit l'adage. A compter de ce 4 octobre 2009, les belles intentions (l'entraide mutuelle, la

---

[18] Tous unis dans la diversité (trad. FD).

cohésion autour de principes communs), et même les textes censés garantir les 26 autres Etats contre toute menace, avaient montré leurs limites. Et, quoique ayant été ratifiée par chaque représentant de la coalition, selon des modalités internes propres à l'organisation du vote, l'Union sacrée y était apparue sous le signe de la « relativité ».

Non sans perspicacité, en effet, si l'on considère que l'adjectif « sacré [19]» a une racine étymologique qui le rapproche du mot « sacrifice [20]», les Etats européens n'avaient pas perdu de temps pour montrer les limites de leur esprit de sacrifice pour la cause commune. Le cri de ralliement initial avait rapidement évolué. Et, en l'espace de quelques mois, la crispation entre les 26 et la Grèce avait eu raison de la devise communautaire.

Sous le coup d'estoc porté par l'agence Standard & Poor's[21], le 27 avril 2009, la civilisation grecque basculait de l'euphorie aux longs jours qui laissent un goût amer et prolongé en bouche. Et pour cause ! Du fait des révélations, et compte tenu de la participation grecque à l'effort de cohésion commune, le bannissement apparut en filigrane comme le seul moyen efficace d'exorciser les craintes adverses.

En tant que méthode résolutive, la mise à l'écart de la Grèce participait aussi d'une psychothérapie commune. En désignant cet Etat comme « mauvais élève », les représentants institutionnels avaient repoussé bien loin des autres Etats membres une éventualité qu'aucun n'avait souhaité assumer pour son propre pays.

Une chose était sûre : la crise liée aux taux de rémunération des capitaux empruntés par la Grèce sur les Marchés financiers (et les

---

[19] Lt. « SACRUM ». Le dictionnaire étymologique (de la langue italienne) rattache le terme latin à la racine du sanscrit « sacate », dont le sens renvoie à l'idée de suivre les pas de quelqu'un, voire d'accompagner une personne tout en étant solidaire.

[20] Lt. « SACRIFICIUM » dont le sens donné par le dictionnaire étymologique renvoie à une vielle étymologie issue du sanskrit. Le premier terme (racine) « sacri- » renvoie à l'attitude que les anciens peuples avaient d'honorer (les divinités). La vénération portée à ces dernières traduisait le lien indéfectible entre l'homme et ses dieux protecteurs. La terminaison « -ficium » en revanche serait issue du mot latin « facere », dont le sens indique une intention.

[21] L'agence Standard & Poor's abaisse la note de la dette grecque en catégorie spéculative.

diverses places financières) ne devait pénaliser les Etats « vertueux » sous aucun prétexte.

I. La contagion des foules par excès de moralisme et absence d'esprit critique

Compte tenu des circonstances qui ont révélé l'affaire en 2009, le caractère déterminant de la première catharsis a été révélateur d'une prise de conscience populaire. L'opération avait conduit à reverser une faute pleine et entière sur un seul fautif. Avec du recul, on peut s'interroger sur la validité de la manœuvre effectuée. A aucun moment, par exemple, il n'avait été question d'identifier ce qui, dans le système, était sournoisement défaillant.

Bref, le progressisme des idées libérales européennes, celui-là même qui avait conduit à l'instauration d'une forme de diète fédéraliste, et grâce à laquelle les citoyens d'Europe avaient acquis un statut universaliste de leur condition, avait démobilisé les aspirations les plus hardies.

Pire encore, sous l'emprise du phénomène « mouvement des foules » que Gustave Le Bon définissait à son époque comme « *une foule organisée, ou si l'on préfère une foule psychologique* [22]», l'opinion publique avait fini par emboîter le pas du politique. Sanctionnant, sans détenir l'ensemble des éléments d'appréciation et d'évaluation, la régression du « Je » pense à « On » pense était devenue patente.

Comme l'indique Dantier[23] dans son approfondissement sur l'étude de Le Bon (2002), l'opinion publique ou si l'on préfère la foule « (...) *produit par elle-même une nouvelle réalité humaine, une "âme" dotée d'une "unité mentale" composée par contagion et suggestion, "âme" qui est qualitativement autre que la simple somme spirituelle des individus qui la composent* [24]». En ce sens, l'aberration de tout esprit critique dans une grande frange de la

---

[22] Le Bon, G., 1895, *Psychologie des foules*, Paris : PUF, 1963 (éd. De référence, Paris : PUF, 1981), cit. p. 9.

[23] Dantier, B., *Introduction à la psychologie de foules de Gustave Le Bon*, Une étude inédite sur l'ouvrage de : Gustave Le Bon (1841-1931), *La psychologie des foules*, Collection : "Les classiques des sciences sociales", Canada, Chicoutimi : l'Université du Québec à Chicoutimi, 2002.
(1895).

[24] Dantier, B., *ibidem*, cit. p. 4.

population européenne avait conduit à faire ressurgir le spectre du moralisme.

Profondément laïc, le collectif avait exercé un mouvement de repli identitaire au plus fort de la crise. On le sait, l'intelligence de la foule dispose en général de plus de force d'impact que la simple intelligence individuelle. Aussi, l'acte de filouterie des Grecs avait-il modifié les liens sociaux aux valeurs morales complexes. Il avait servi à dresser un acte de condamnation unanime à l'égard des faits incriminés.

En cette circonstance précise, le collectif s'était rendu complice d'un fait. Il avait propulsé les valeurs morales communes vers le bas. Au bout du compte, il s'était permis de revoir le mode d'actualisation des principes généraux du vivre sociologique. Il avait réactivé une sorte de puritanisme idéologique qui était peu conforme à l'esprit des Traités signés, mais encore à l'esprit de la civilisation hellénique. Pour saisir l'ampleur d'un pareil phénomène sociologique, il faudra attendre le 15 mai 2011 pour saisir à quel point le fossé entre gouvernants et gouvernés avait été creusé. En effet, après la Grèce, l'indignation du politique devait rejoindre l'indignation des collectifs non solidaires de la foule. Le terrain idéologique pouvait paraître commun. Mais, cet élan s'en éloignait aussi, dès lors qu'il fût question de poser les conditions sociologiques de la contrainte acceptable, tant pour les uns que pour les autres.

Pour mémoire, le mouvement collectif des « indignés » en Espagne, fut essentiellement un mouvement de réaction contre-réformatrice. Elle marquait un désaccord d'avec l'Eurogroupe qui apprêtait à mettre en œuvre, après l'échec de la politique économique du gouvernement Zapatero, un plan de rigueur drastique.

Tout bien considéré, et moins d'un an et demi après la crise grecque[25], une désobéissance civile massive avait gagné les esprits

---

[25] Le mouvement d'indignation atteint son paroxysme à compter du 20 mai 2011. Les citoyens espagnols étaient acculés à des choix qui ne leur offraient aucune solution digne et acceptable. Le vote sanction du politique ne s'était pas fait attendre. Lors des élections anticipées, et sur fond de marasme économique majeur, le Parti populaire (PP) était ressorti comme le principal bénéficiaire de la manœuvre. Les villes comme Barcelone et Séville ainsi que le gouvernement de la

les plus perplexes. Dans les principales villes espagnoles, cette même foule indénombrable avait établi le seuil de tolérance maximal que tout citoyen pouvait raisonnablement endurer. En présence d'une situation intérieure sous haute surveillance, les remous d'un décrochage de l'Espagne avaient conduit le PSOE (parti socialiste espagnol) vers une défaite outrecuidante.

Le libéralisme économique avait montré son vrai visage. Il ne pouvait être question qu'il s'accommodât de demi-mesures alors que, dans le même temps, la loi du Marché contre le règne de *l'ethnos*[26] battait la campagne. Le *dèmos* allait de toute façon en sortir profondément affaibli.

1.1. Ce que les Grecs firent comme choix

A compter de 1981, l'adhésion de la Grèce aux Communautés européennes avait fait de ce pays le 10e partenaire de la coalition. Il avait été officiellement incorporé au vaste projet de concertation politique et économique, celui-là même qui dès 1993 devait conduire à la création du futur marché intérieur.

La parenthèse politique du 21 avril 1967 marquée par l'avènement du coup d'état, et par la décision de la Commission de la CEE de suspendre les négociations d'adhésion, n'avait pas entaché l'opinion que les Neuf s'étaient faite de la Grèce. L'ouverture des pourparlers fût teintée d'une motivation politique évidente. Or, les choix actés en cours de négociation appartenaient aux seuls décideurs de la CEE[27], et nul n'avait trouvé à y redire.

---

région autonome de Castille-La Mancha avaient largement plébiscité le changement d'orientation et de stratégie.

[26] Je me réfère à Carlo Tullio-Altan, qui est professeur des universités, spécialiste en anthropologie culturelle à Trieste. J'utilise le terme « ethnos » comme un paradigme renvoyant à l'Histoire humaine de la civilisation européenne. Dans son ouvrage Ethnos et civilisation, paru aux éditions Feltrinelli [Tullio-Altan, C., *Ethnos e civiltà. Identità etniche e valori democratici*, Milano : FELTRINELLI, 1995]. Dans cet ouvrage, l'auteur y individualise les valeurs symboliques constitutives du lien interpersonnel qui relient les hommes à leur espace de réalisation. Il y explique la manière dont les individus participent « activement » (ou passivement) à la construction du sens de leur histoire.

[27] On peut estimer que la Grèce offrait un intérêt de contrôle stratégique pour l'ensemble des partenaires européens. Disposant d'une forte attache territoriale avec l'Albanie d'un côté, mais aussi avec la Macédoine et la Bulgarie, l'emprise des Communautés sur les Balkans représentait une opportunité unique. Elle était

Dans l'ensemble, l'ouverture européenne de ce pays adhérent représentait une destinée heureuse pour toute la population.

A la reprise des pourparlers en 1974, et comme le nouveau régime parlementaire permettait de garantir le retour durable de la démocratie en terre hellénique, les Communautés reprirent leurs engagements initiaux. Ainsi, de l'accord initial, il était entendu que la Grèce intégrerait la diète fédéraliste à l'issue d'une période probatoire dite « transitoire » de 22 ans. Eu égard à la masse considérable de littérature grise qu'il fallait transposer, l'acquis communautaire imposait des concessions que l'état pré-adhérent s'engageait à accepter, au plus tard au jour de son admission dans le club européen.

Lorsque l'adhésion fut ratifiée, les institutions grecques firent immersion de pied dans un "style" de gouvernance hors du commun. Aux engagements formels, les autres partenaires s'attendirent aussi à constater les réalisations factuelles. Les institutions nationales locales durent s'engager sur une ouverture de leurs modes de participation à l'activité étatique. Pour contrebalancer les pesanteurs d'une gestion hypercentralisée de l'Etat, il avait été demandé à ce que des efforts fussent conduits afin de rapprocher les territoires des besoins fondamentaux.

I) Le refus du despotisme comme modèle de développement durable

Le despotisme déjoué. Il est de tradition dans toute l'Histoire de la pensée hellénistique que l'administration de la cité ait fait l'objet d'études et d'observations attentives.

Depuis Platon, qui s'était interrogé sur l'origine des fondements de la société primitive (la cité première), et sur la meilleure manière d'en satisfaire les besoins élémentaires, jusqu'à Aristote[28] qui appelait démocratie toute loi qui visait à l'égalité des choses, en ce sens que les pauvres aient eu autant de droits que les riches, tous

---

un vrai « cheval de Troie » pour l'Europe naissante. Dans un marché commun en devenir, l'extension des zones de chalandise à des pays limitrophes par l'intermédiaire des relations de bon voisinage entretenues par la Grèce était une manne providentielle. Etaient visés les produits manufacturés et les produits issus de l'industrie agro-alimentaire.

[28] Aristote, *La Politique*,

avaient fini par arriver à un même constat. Ainsi, la sagesse philosophique avait-elle démontré que seule une démocratie sage et limitée, s'appuyant sur un gouvernement constitutionnel équilibré, permettait de bien administrer la chose publique.

De la théorie à la pratique, l'Histoire renvoya le peuple grec à une étrange réalité. En effet, lorsque le 21 avril 1967, à la faveur d'un coup d'Etat, l'armée prit le pouvoir en Grèce, la sagesse de la pensée avait fini par céder le pas à la conviction armée. Sans conteste, le pays allait être exposé aux prémices de ce que les historiens appelleront *post hoc* les « années de plomb ».

Or, malgré l'oppression et les conséquences d'une constitution rigoriste à outrance, la population trouva en elle-même les moyens pour réfuter la dictature de la tyrannie. Au cours des 7 années de régime putschiste, malgré les contraintes et les privations endurées, jamais le renoncement aux idées démocratiques trouva à s'essouffler. Durant toutes ces années de tyrannie, les signes au quotidien de cette résistance à l'oppression et au monolithisme de la pensée étaient demeurés imperturbables. Pour mieux en saisir la portée sociologique, les exemples de résistance face au despotisme autoritaire et armé rappellent la force de caractère qui formait la conscience démologique hellène.

i. Entre 1961 et 1963, l'association Grèce-CEE avait débouché sur un vaste mouvement de réformes politiques et constitutionnelles. Le souhait de rejoindre à terme les Communautés impliquait pour l'ensemble des Grecs un effort de modernisation de leurs institutions et des pratiques institutionnelles afférentes

   Au final, malgré l'opposition du chef de l'Etat à soumettre son activité au contrôle du peuple, cela n'avait pas empêché le Président du Conseil Karamanlis[29] de vouloir faire une proposition de loi rétablissant une nouvelle démocratie sociale. A cette époque-là, il avait été question de faire du Parlement un organe qui garantirait la Constitution grecque. Cette réforme, comme les autres contenues dans le « paquet » des propositions, fut rendue impossible. La limitation des pouvoirs et des prérogatives royales n'entrait pas dans le

[29] Chef du gouvernement du 4/11/1961 au 17/06/1963.

schéma de développement élaboré par le pouvoir monarchique.

Fallait-il y voir une tentative pour mettre un terme à un parlementarisme impuissant ? Face à l'hostilité affichée par le souverain, et à la haine d'une partie de la population, Karamanlis s'était résolu à quitter ses fonctions. Débutait alors une longue vacance du pouvoir. Elle allait creuser le sillon à une poignée de colonels. Tous persuadés d'instaurer un nouvel état de droit, leur coup d'Etat aboutit au printemps 67. Le pays entrait officiellement dans une période de chasse aux sorcières et de « dictature » du pouvoir militaire.

ii. La période suivante (1967-1974) s'inscrivait dans l'Histoire hellénique moderne. Elle était connue comme ce moment au cours duquel le rejet de la démagogie et des démagogues[30] suivait le même mouvement de mise à distance.
Période trouble de l'Histoire moderne de la Grèce, les 7 années de régime dictatorial avaient conduit le pays vers l'isolement le plus complet. De fortes tensions intérieures virent le jour. Comme Sénèque qui expliquait à Lucilius que le destin mène celui qui accepte d'être conduit, et tire celui qui refuse de suivre la voie qui est la sienne[31], le peuple grec avait accepté sous la contrainte et la menace le sort ponctuel qui s'offrait à lui. C'était faire peu de cas, pour la dictature, de cette force de régénération qui pousse au dépassement de soi. Le politique se préparait progressivement à en subir les conséquences, jusqu'à être chassé du pouvoir.

iii. *L'Evimeria*[32] *source de toutes les dissensions politiques.* Au cours de cette même période, donc, l'Etat grec eut à traverser

---

[30] La période dictatoriale qui s'ouvrait coïncidait aussi avec la prise de conscience populaire que la liberté ne pouvait être abolie par ceux-là mêmes qui avaient pris le pouvoir par la ruse. Refusant une usurpation de leur souveraineté au profit d'un groupe d'oligarques, avides de faire un régime démocratique où l'isonomie des droits est superfétatoire, le peuple avait placé le bien commun au-dessus de toute autre finalité.

[31] Sénèque, *Lettres à Lucilius*, Liber XII-XIII, CVII, « *Je cède, il me conduit ; je résiste, il m'entraîne* ».

[32] En grec ευημερία, le terme signifie « prospérité ». Elle n'est pas la prospérité hégélienne, celle dont bénéficient les Nations et qui est par essence unique,

une longue période d'instabilité gouvernementale. Les électeurs avaient été appelés à désigner régulièrement leurs représentants lors des élections législatives de février 61, de novembre 63 et enfin de février 64[33]. Les résultats étaient courus d'avance. Chaque candidat appartenant à la droite traditionnelle ou au centre-droit avait obtenu le vote de confiance populaire. Leurs mandats législatifs avaient été reconduits. La droite modérée et le centre-droite (URN et Union du centre) totalisaient entre 81% et 87% des votes, tandis que la gauche atteignait un score de 12 %. Du point de vue de l'idéologie politique, cette agitation fut très probablement déterminée par les promesses des partis politiques. A gauche, le credo existentiel ne faisait décidément pas recette. Le doute et la méfiance avaient primé sur toute autre considération. Avec inspiration, les partis de droite avaient su tirer parti des propos d'un Engels qui avait expliqué un siècle auparavant que la « *religion en tant que protestation contre la détresse* (...) [était] *l'opium du peuple*[34]». Non sans conviction, les décideurs politiques de droite avaient su exploiter ce filon idéologique, à leur manière.

Aussi, à la détresse populaire, qui réclamait une amélioration constante de son bien-être matériel, le politique y avait répondu en faisant valoir des prétextes fallacieux. En échange d'une redistribution des richesses que l'Etranger (notamment l'aide américaine) apportait au pays, le pacte social consistait

imprévisible, et ne peut être imposée par quiconque. Chez Hegel, elle se rattache à une organisation économique développée aux fins de permettre aux hommes d'assumer leur condition sociologique, tout en s'assurant d'un certain épanouissement social. Dans l'acception grecque, l'Histoire idéologique des partis politiques démontre que cette prospérité est synonyme de réorganisation des modes de vie au nom de l'accroissement des richesses. La planification des grands mouvements qui président au modelage de la société grecque d'alors avait été fermement enfermée dans une fonction utilitariste du développement économique.

[33] Sources : données statistiques de l'Université Sherbrooke (Québec) CANADA – issues de la revue « perspective monde », consultable en ligne. Les données sur la participation électorale proviennent pour les élections législatives anticipées de 61, 63 et 64 ont été collectées par l'IDEA (Institute for Democracy and Electoral Assistance).

[34] Cf. Marx, K., Engels, F., *Sur la Religion*, Paris : Ed. SOCIALES, 1960.

à troquer le pouvoir contre un mirage économique[35]. On comprend que le soutien de la population à tel ou tel autre parti, en l'occurrence tantôt à l'URN[36] (droite modérée) tantôt à l'Union du Centre (Centre droit), était quasi systématique. Il était dicté par un certain déterminisme idéologique propre à la pensée politique de ces mêmes dirigeants. Selon leur capacité à déployer les instruments qui permettaient au peuple d'accéder individuellement à un certain degré de prospérité[37] économique, leur notoriété avait pu être révélée avec plus ou moins de prestige.

iv. Le putsch des colonels (Papadópoulos, Pattakós, Makarezos, Ioannídis[38]) initia une longue vague de persécutions politiques et de représailles à l'encontre des opposants au régime institué. Les assignations à résidence (surveillée), les incarcérations sommaires, ainsi que les déportations sur les îles vierges de la mer Égée allèrent bon train. Ces mesures eurent cours dès les premières années où la junte avait pris possession du régime et de ses attributs. En définitive, la dictature des colonels allait œuvrer dans le sens d'une limitation de libertés individuelles. Comme pour exorciser un passé lointain, qui imprègne toujours les *habitus* sans être livré à l'entendement sous sa forme brute, la dictature propageait un monolithisme obscur de l'action en finalité. Elle avait conduit un groupe d'hommes à réassigner pour tout le collectif les valeurs morales auxquelles devait se conformer le

---

[35] C'est la position géopolitique défendue par Prévélakis, dans son ouvrage intitulé : *Géopolitique de la Grèce*, coll. Géopolitique des Etats du monde, Paris : Éd. COMPLEXE, 2006, passim p. 74-77.

[36] Acronyme pour « Union Radicale Nationale ».

[37] Ce thème de conquête politique et de mobilisation des foules fut développé avec habileté par le Président du conseil Karamanlis, de retour aux affaires dès 1974. Les élections législatives post-dictatoriales du 17/11/1974 donnèrent une victoire écrasante au parti de centre-droit et au parti du centre, qui à eux seuls remportèrent 74,8% des suffrages. En termes de représentation et en sièges, ces deux mouvements politiques remportaient 93,3% des sièges, soit 280/300. En vrai « Kissinger » de la diplomatie intérieure, Karamanlis fut le concepteur d'une EVIMERIA dont les tropes de la pensée faisaient penser à ceux atlantistes de l'« American way of life ».

[38] En réalité, 2 d'entre eux étaient des colonels, et les deux autres, des généraux.

Dèmos. Aussi, constatant le mépris des lois, considérées comme des contraintes voire relevant de pures conventions, la junte avait sévi.

Elle avait estimé à son avantage exclusif que la démocratie conduisait le pays à encore plus d'anarchie. Se remémorant, sans doute, un Thucydide qui expliqua en son temps que la sauvegarde de l'intérêt personnel avait favorisé le mépris constant des lois[39], les colonels avaient opté pour des mesures fortes. La croisade de la junte avait entériné le choix définitif d'abolir toute substance démocratique de l'ordre social.

Tenue pour être dotée de moyens pervers pour distribuer des droits aveuglément, cette même démocratie avait conforté le peuple à devoir se lamenter de ceux qui régulièrement accédaient au pouvoir. Considérant qu'il ne pouvait y avoir de juste Constitution moderne qui justifia une absence de règles, et qui permit à la liberté d'être fille d'une incompréhensible anarchie sociale, la dictature s'imposa comme seul moyen de sortir de l'impasse. Ainsi en avaient décidé les "conducators" de la nouvelle Nation grecque conquérante.

Déguisés en brebis mais agissant en loups, les principaux acteurs du régime avaient affûté leurs arguments rhétoriques. Sous des accents patriotiques, l'idéologie agitait des symboles en guise de lanterne pour tous ceux qui étaient aveuglés. La dictature avait réussi à faire admettre que la junte était le seul sursaut nationaliste viable pour guider les masses populaires vers l'émancipation.

Sachant que le nouveau régime entendait rendre sa dignité au peuple grec, le moyen le plus évident fut de rétablir l'ordre moral des temps anciens. Les moyens déployés servaient à déjouer la corruption ambiante. Une économie saine et

---

[39] Colas, D., « Anomie et légalité : les origines de la science politique chez Platon et Aristote », in *Revue européenne des sciences sociales*, Tome XLII, 2004, N° 129, pp. 87-94. L'auteur se livre à une étude sociologique approfondie des conséquences (causes et conséquences) résultant de l'anomie (absence de lois) dans une société hiérarchiquement organisée. Il prend appui sur les exemples historiques de Sparte et d'Athènes, vus par des auteurs tels que Platon et Aristote, pour fournir une explication sur la conformation docile « à l'autorité collective » des individus qui composent la société démocratique.

vigoureuse, au service de la Grèce, et utile au bien commun, nécessitait alors des mesures implacables.

L'esprit de sacrifice et la loyauté envers la Patrie avaient été poussés à leur paroxysme. Le salut à la nation et au drapeau, par exemple, avaient été rendus obligatoires dans tous les lieux publics. La propagande battait son plein, et le cinéma grec eut à subir les excès frontaux de la censure. Comme le fait remarquer à juste titre Sawas[40], dans son article dédié à la guerre civile grecque dans le cinéma des années 67-74, « *à l'opposé de ce cinéma de propagande promu par le régime dictatorial, de jeunes cinéastes influencés par les nouveaux cinémas des années 1960 utilisent un langage abstrait et symbolique pour détourner la censure, faisant de leurs films des actes de contestation* (…) [41]». Avec un esprit de sédition, dissimulé sous des airs de soumission docile aux règles, une certaine frange de la société civile avait pris le parti d'entrer en résistance.

v. *La décadence d'une junte défavorable au Dèmos*. La dictature connut son apogée dès la fin de l'automne 73. Elle n'avait pas compris que la fermeté affichée à l'intérieur, pour rétablir l'ordre et le pouvoir autoritaire, avait aussi représenté la cause principale de la limitation de ses propres excès.

Un mouvement de défiance de l'opinion publique montant de la foule avait fini par s'opposer à la morale trop bien pensante. La fin du rêve mythique d'amélioration économique avait ramené les fervents soutiens de la rigueur à des positions plus réalistes. Peu à peu, le pouvoir en place s'apercevait du délitement de son emprise collective. Face à une Nation tout entière soumise mais pas subjuguée, le pouvoir s'était rendu compte de la forte persistance des traditions. Par définition, les habitudes sont dures à expurger, surtout lorsque les promesses de jours meilleurs se concrétisent par des actes de régime iniques.

---

[40] Sawas, S., "Entre amnésie collective et mémoire retrouvée. La guerre civile grecque au cinéma", in Hähnel-Mesnard, C., Liénard-Yeterian, M., Marinas, C., *Culture & Mémoire Représentations Contemporaines de la Mémoire Dans les Espaces Mémoriels*, Paris : Ecole Polytechnique, 2008.

[41] Sawas, S., *ibidem*, cit. p. 217.

En l'espèce, le régime avait fait primer le despotisme sur la souveraineté relative de la Loi. En d'autres lieux, et pour d'autres raisons, Machiavel n'avait-il pas déjà mis en garde Laurent le Magnifique des excès du despotisme ?
On rappellera qu'en s'adressant à la république Florentine, il exhortera le prince en ces mots : « *Les Princes, en effet, ne pouvant empêcher qu'ils ne soient haïs de quelqu'un, doivent d'abord s'efforcer de n'être pas haïs de la collectivité* [42]».
Erreur stratégique et politique monumentale oblige, l'exil des artistes dissidents et l'intransigeance face aux revendications formulées par les mouvements étudiants (l'occupation de l'Ecole polytechnique[43]) avaient aussi amorcé le lent déclin du régime.
Le 17 novembre 1973 marquait le revival d'une société qui n'entendait pas se laisser dominer. La renaissance de la liberté se produisit sur deux fronts : (a) Les manœuvres visant à rattacher Chypre à la Grèce, après que les Etats-Unis se soient immiscés dans le processus de stabilisation, furent l'événement de trop. Ils représentèrent la goutte d'eau qui avait fait déborder la patience docile de la minorité de résistants inféodés au régime. (b) L'épisode de géopolitique et de diplomatie manquée inhérent aux contestations étudiantes.
Dans ce second cas, la jeune résistance athénienne était parvenue à afficher son opposition au régime. Une polarisation maximale du conflit fut palpable dès cet instant. Les étudiants avaient exigé l'abrogation de la loi 1347. Cet acte de droit interne plaçait le régime face à un contre-courant de pensée subversif.
Pour impopulaire qu'il fût, ce décret-loi avait tout d'une loi d'exception. En la circonstance, le régime prévoyait l'enrôlement expéditif des étudiants dans l'armée, dès lors que leur participation à la résistance, ou à la contestation, était avérée. Le service militaire obligatoire y avait été revisité pour devenir un acte punitif tout en demeurant « civique ». Donnant du fil à retordre au régime, les étudiants s'étaient vus

---

[42] Machiavel, *Le Prince*, Paris : Flammarion, Chap. XIX « *qu'il faut éviter le mépris et la haine* », cit. p. 167.
[43] Université polytechnique nationale d'Athènes.

expédier par l'armée. Elle avait vocation à les déloger, ce qu'elle fit, au moyen de chars et d'arrestations musclées. Mais le mouvement, qui était loin de s'éteindre, trouva dans cet acte de durcissement matière à exploiter. Il servait à retourner à son avantage une opinion populaire de plus en plus divisée.

Comme pour repousser le constat d'une perte de contrôle sur les faits et la situation, l'acte de reniement suprême avait été accompli. Le chef de la junte avait proclamé la loi martiale ; elle ressemblait fortement à un acte de dénégation psychologique. Mais les jeux étaient faits : le régime perdait de son panache au fur et à mesure que le vent d'oppression s'accroissait.

Contrairement à un Protagoras[44] qui s'affirmait comme le penseur d'une démocratie radicale[45], la junte militaire avait trahi ses réelles intentions (ses fins immorales). Elle avait glissé du registre du salut nationaliste et vivificateur à celui qui en faisait le promoteur d'une tyrannie, éprise d'une vive radicalité.

2) Le retour progressif à l'isonomia : la victoire des valeurs égalitaires sur l'eunomia

Le *Printemps grec* avait été le fuit d'un sursaut républicain, dont les étudiants en sciences et en droit avaient été les représentants. Derrière eux, la population d'Athènes avait progressivement révisé sa confiance à l'égard de la junte. En agissant de la sorte, elle avait fait perdre de leur souveraineté aux colonels du régime.

Ce retour à la stabilité et la fin de l'isolationnisme avaient été rendus possibles notamment en raison de la perte de croyance populaire en un « rêve grec » de croissance, répandue sur fond de retour aux valeurs nationalistes. Ces mêmes valeurs s'adaptaient au

---

[44] Platon, *Protagoras*, Paris : Garnier Flammarion, 1967, trad. E. Chambry.

[45] Platon, *Ibidem*, supra, XII, 322d-323d.

En s'adressant à Socrate il lui fit remarquer un fait qui s'impose à la conscience : « *lorsque les hommes discutent de l'excellence d'une décision dans le domaine politique, ce qui implique nécessairement justice et sagesse, il est normal qu'ils admettent que tout homme en parle car tout homme doit avoir sa part à cette forme de vertu, sinon il n'y a plus de cité* », p. 54. La traduction, retenue ici, est celle de Monique TREDE et Paul DEMONT (éditions du livre de poche, 1993).

nouveau contexte et à la situation particulière du moment, mais ni Papadopoulos ni Ioannídis (fraîchement promu Ανώτατο Δικτάτορας[46]) n'avaient vu le changement venir. L'erreur devait leur être funeste, tant elle avait été lourde de conséquences stratégiques en de nombreux domaines.

1) *Sur le terrain de l'idéologie politique.* La récusation musclée du réalisme démocratique conçu comme l'instance à l'intérieur de laquelle les principes universels[47] du bien et du mal se manifestent, avait pris toute sa signification. La *Realpolitik*, dont Kissinger fut le porte-parole sous la présidence de Nixon, avait été mise à mal au cours de la période qui allait de l'Automne 73 à l'Eté 74. En effet, il résultait de l'analyse géopolitique des faits que deux visions antagonistes étaient en concurrence. Toutes deux déterminaient le meilleur moyen de maintenir l'harmonie et la paix entre les Nations, mais procédaient d'une ambition de puissance différenciée.

D'une manière générale, la posture idéologique de l'équilibre des forces avait été rapidement contrebalancée par une autre approche. Elle était plus musclée et usait de la diplomatie par des moyens détournés. Vu de l'intérieur, la junte militaire grecque avait conçu d'autres alternatives. A la préservation des liens cordiaux de coopération entre les Etats souverains (realpolitik), la dictature y avait préféré une autre posture tactique. En l'espèce, elle avait fait prévaloir la notion de « raison d'Etat grecque » sur la somme des bénéfices qui avaient été obtenus lors des rapprochements interalliés.

En un mot, le « partnership » qui était censé maintenir la vision américaine dans une unicité d'action, en faveur de la paix, dans cette région d'Europe, avait montré ses limites. Il tenait à la bonne volonté des Etats, tout comme à l'effort de participation financière US pour jouer les émissaires de la paix et maintenir l'équilibre des forces stratégiques sur le vieux Continent. Pareil à un dernier soubresaut d'énergie qui s'empare tragiquement des hommes, précurseur de la reddition finale, le nouveau Chef de la junte

[46] Gr. « Dictateur suprême ».

[47] Un concept cher à la diplomatie américaine, tout imprégnée de la théorie de la « balance of power » et de la capacité de la diplomatie oligopolaire à résoudre les conflits par le dialogue.

(Ioannídis) avait tenté un ultime tour de force. Ravivant un désir d'unification des Grecs sous une même bannière nationale, les dirigeants avaient alors projeté d'équilibrer leur domination.

2) *Sur le terrain de la géopolitique de frontière.* Chauprade, quand il explicite la théorie de J. Ancel, relève que la notion de frontière renvoie à deux conceptions complémentaires. Suivant la leçon impartie, il indique « *ou bien c'est le sol qui impose ses limites : l'Etat* (...) *est arrêté par des obstacles physiques, et c'est alors la nature qui crée la frontière ; ou bien ce sont deux groupes humains qui parviennent à un équilibre : la frontière se modèle sur "ce qui s'agite en deçà et au-delà", et elle est déterminée par l'homme et non par la nature* [48] ». Par déduction, il semble que l'analyse faite par la dictature ait fait abstraction de cette distinction subtile. Sur le coup, elle avait considéré que le bras de mer séparant l'île chypriote du reste du continent n'était pas un obstacle insurmontable. Cette donnée physique n'était pas suffisante pour empêcher à la tentation panhellénique de poursuivre une unification attendue de longue date. Elle ne marquait en rien une limite territoriale *sui generis*. Dans l'esprit des belligérants, cet espace naturel ne représentait aucune discontinuité dans la personnification juridique de la Nation grecque. L'île de Chypre apparaissait comme le continuum physique de l'identité naturelle hellène.

Ainsi, de part et d'autre de cette infraterritorialité s'étendait une civilisation hellénique. Elle répondait à des *habitus* culturels très similaires de ceux rencontrés sur le Continent. S'il fallait calquer Ancel, et définir l'île de Chypre, il serait juste de la définir comme le lieu interfrontalier par excellence.

Toutefois, du point de vue sociologique, c'est là-bas que l'insularité a acquis un statut d'exception. Au niveau physique comme à un niveau culturel, cette île est positionnée à la croisée des visions expansionnistes. Pour les Grecs elle a toujours représenté le promontoire idéal. En effet, selon la conception grecque de la territorialité, c'est à partir de ce point que les projections stratégiques d'équilibre se réorganisent.

---

[48] Chauprade, A., *Géopolitique. Constantes et changements dans l'Histoire*, Paris : ELLIPSES, 2001, cit. p. 72.

Du point de vue politique et idéologique, Chypre participait largement de l'idée d'un contrôle (organisation) des divers « flux » économiques et d'échanges. C'est pour cette seconde raison que le conflit régional, qui allait émerger entre Turcs et Grecs, dépasserait de loin le seul champ de la bipolarité. Il impliquait autre chose, au-delà du fait que la junte avait pris l'initiative de conclure une unification nationale panhellénique. Car celui qui contrôlerait le pivot géographique des échanges dans cette zone (Méditerranée, Egée, Crète) disposerait aussi de la supériorité stratégique déterminante vis-à-vis de ses concurrents.

Dans les faits, la *realpolitik* américaine avait conscience de cette configuration spécifique. Et, plutôt que d'ajouter aux mécontentements, la politique américaine avait préféré jouer profil bas. A la tentation impérialiste, elle avait préféré élever une protestation symbolique à la tentative d'appropriation Grecque de l'île[49]. Les Turques, proches voisins de Chypre avaient saisi l'incidence de cette « réintégration [50]».

Côté anatolien, l'armée était passée à la contre-offensive, le 17 juillet 1973. Pris dans un cul-de-sac qui ne pouvait être résolu que par le grondement des armes, le général Ioannídis avait préféré ne pas poursuivre plus avant l'affrontement frontal. Le *cessez-le-feu* décrété, l'armée grecque avait battu en repli. La reprise en main de l'île par Ankara le 14 août avait retourné la situation stratégique initiale contre ses fomenteurs.

3) *Sur le terrain de la souveraineté nationale et du collectif.* L'échec de la politique américaine, fondée sur l'équilibre des forces, avait été cuisant. La défaite à Chypre avait été reçue, par la population, comme un acte de désaveu quant aux engagements initiaux. Compte tenu de l'implication américaine dans la gestion intérieure de l'économie grecque, et de la crise, l'idéologie dominante avait pâti d'une lourde désaffection. D'une toute autre manière, en revanche, les Turcs avaient gagné sur deux tableaux.

---

[49] Selon Mélandri, qui retrace l'événement relatif au coup d'Etat à Chypre, « *les américains, informés, s'étaient semble-t-il contentés de faire savoir qu'ils désapprouvaient tout recours à la violence* ». Cf. Mélandri, P., *Une incertaine alliance. Les Etats-Unis et L'Europe (1973-1983)*, Paris : Publications de la Sorbonne, 1988, p. 141.

[50] La dictature l'avait surnommée « enosis ».

Leur plus grosse victoire avait porté sur une persuasion psychologique de l'affrontement, et la dissuasion d'embraser toute une région.

Avec sagesse, le jeu de la diplomatie américaine avait misé sur l'exploitation des intérêts spécifiques à ces deux Etats voisins. Ne pouvant agir militairement, la politique américaine avait privilégié alors une voie médiane. Elle avait développé un calcul raisonnable des espérances de maintien de la paix devant permettre aux deux Etats de retourner au statu quo ante. A l'évidence, la tournure des événements courant l'été 1973 avait poussé la diplomatie américaine à réévaluer ses espérances dans cette zone moyen-orientale. Au fond, les américains avaient eu tout intérêt à maintenir leur influence politico-économique, dans la zone balkanique, et au Moyen-Orient. L'interposition était plus payante que la prise de position en faveur de l'un ou l'autre des Etats. La realpolitik n'avait jamais quitté le terrain des opérations ; elle continuait d'œuvrer au second plan.

En soutenant une partition/réunification à parts égales, les américains y avaient trouvé leur intérêt. Ils étaient parvenus à impulser un changement des équilibres politiques au Moyen-Orient. Sous couvert d'apporter un concours philanthropique aux aspirations des populations qui, à Chypre, aspiraient à l'auto-détermination[51], les américains avaient fait la démonstration de ce jeu subtil qui place la diplomatie du verbe au service de la résolution des conflits.

Par comparaison à la première période conflictuelle entre Ankara et Athènes au sujet de l'île, les américains avaient apporté les garanties de droits que la politique britannique avait délaissées sur ce même site. A ce propos, Bilge faisait déjà remarquer qu'en 1964 Chypre, « *jadis département de l'empire Ottoman avait été soustraite à la souveraineté turque* (…) [52]». Il rapportait qu'en 1923, suite à sa défaite contre les anglais et la ratification du traité de paix de Lausanne, la cession administrative de l'île dut intervenir. A ce moment-là, la préoccupation majeure des Turcs

---

[51] Cf. Bilge A. Suat, « Le conflit chypriote, vu de Turquie », in *Politique étrangère*, N°4, 1964, 29e année, p. 329-344.

[52] Bilge A. Suat, ibidem, cit. p. 330.

avait porté sur le moyen de garantir leur sécurité intérieure, notamment en Anatolie.

Placée face à la défaite, la Turquie avait fait le choix le moins préjudiciable à ses intérêts. Le protectorat britannique à Chypre, quoique inconfortable, offrait la garantie militaire[53] en échange de contreparties acceptables. Le Traité de paix prévoyait qu'en cas d'agression, l'Anatolie bénéficierait de l'appui des forces stratégiques britanniques, stationnées dans l'île. Aussi, le pays ne serait pas coupé du reste du monde et son blocus éventuel serait plus difficile à mettre en œuvre.

Nonobstant ces précautions, un premier conflit Turco-Grec[54] éclata entre 1954 et 1959 sur fond d'annexion territoriale de la minorité grecque installée sur l'île. Elle fut suivie en 1974 par une manœuvre de rattachement autoritaire, qui causa la chute précipitée du gouvernement dictatorial des colonels grecs.

Même si l'escalade de la violence ne fut portée à la connaissance du secrétaire général de l'ONU[55], qu'à compter de

---

[53] *Ibidem*, supra, p. 331. L'auteur indique que « *la cession administrative de chypre à l'Angleterre était motivée par la même nécessité de défense (de l'Anatolie). En effet, cette cession était motivée par la préoccupation des Ottomans d'assurer et de faciliter la participation de l'Angleterre à la défense de l'Empire* ».

[54] La reconnaissance de la République Chypriote, en tant qu'Etat indépendant à statut particulier, était une condition de la sortie de crise. Les Grecs concédaient réciproquement aux turcs que l'ordre constitutionnel chypriote fût assuré dans de bonnes conditions. Cela supposait que l'indépendance de chypre fût admise au niveau international, mais aussi entre les deux belligérants. A cette fin, la Constitution chypriote devait assurer la conciliation des droits et des devoirs de chacun. Par ailleurs, l'administration de l'île, à l'issue du premier conflit (1954-1959) devait être exercée conjointement par des Chypriotes turcs et grecs.

[55] Le Conseil de sécurité de l'ONU adoptait la résolution 186 du 4/03/1964 pour assurer le maintien d'une paix durable à Chypre (UNFYCP). L'ONU était mêlée malgré elle à la résolution d'un casse-tête relevant de la politique intérieure des Etats. C'était là l'expérimentation d'un droit d'ingérence dans les affaires politiques internes d'un pays comme la Grèce et la Turquie dans le but de préserver les équilibres entre zones régionalisées. Le financement de l'UNFYCP était assuré par Chypre, bénéficiaire principal du dispositif, mais aussi par les gouvernements qui apportent leurs contingents à la constitution de la force d'interposition. Progressivement, cette force était parvenue à cumuler un important déficit financier, qui en 1974 était de 19,9 millions de dollars. Cf. Coussirat-Coustère ; V., « crise chypriote de l'été 1974 et les Nations Unies », in *Annuaire français de droit international*, volume 20, 1974. p 437-455.

1964, le régime grec n'avait pas été empêché de poursuivre ses objectifs irrédentistes. La répression systématique[56] contre les minorités turques, dans l'île, avait été regardée de loin sans qu'aucune mesure de dissuasion ne fût cooptée. Or, quand bien même la fin, était louable, elle n'impliquait pas le recours à des moyens immoraux, voire inhumains, pour y parvenir.

Dans l'île, et sur un fond d'extension territoriale dissimulé sous des airs d'autodétermination des peuples à disposer d'eux-mêmes, le panisme grec avait été un mouvement politique nationaliste. Il avait stigmatisé les dissemblances communautaires.

Profitant de la soif hégémonique grecque, les USA avaient contribué à raviver dans l'idéal collectif l'ambition de faire de la Grèce un *leader* culturel et économique dans un espace du monde où la pensée ottomane[57] était fortement prédominante.

Lorsqu'on s'attache au raisonnement de Duroselle, la *realpolitik* américaine région présentait de fortes similitudes avec une forme d'impérialisme[58] calqué à l'échelle d'une région. Compte tenu de la hardiesse avec laquelle les américains avaient réussi à faire primer une vision uniforme de la « balance of power », la Grèce avait les qualités requises pour être un allié proche de leurs positions. A cet égard, elle estimait, entre autres, que la stabilité des équilibres passait aussi par une vision politique à long terme. Cela présupposait qu'à l'intérieur des processus

---

[56] Bilge A. Suat, *ibidem*, p. 342. Retraçant les événements qui ont conduit au second conflit armé régionalisé, Bilge mentionne que « *les milices grecques organisées pour venir en aide à la police grecque (...) avaient opéré plusieurs raids dans les villages turcs, et* (…) *des armes lourdes comme les canons ont été utilisés contre la population civile de ces villages* ».

[57] Le monde Ottoman, en l'occurrence, était opposé au nationalisme arabe (le wahhabisme). La civilisation ottomane s'appuyait sur fondements grecs et judéo-chrétiens. La pensée était imprégnée par une influence philosophique héritée des Grecs, et la théologie professée en Anatolie combinait les apports des autres ritualités (christianisme et judaïsme). Considérant que sa longévité historique passait par l'adhésion partielle à l'idéologie européenne, l'Empire Ottoman s'était doté d'institutions politiques qui contribueraient à le faire passer pour une organisation étatique occidentalisée. Vers 1923, l'Empire disparaît et laisse la place à la Turquie de Mustafa Kemal Atatürk. L'esprit des Lumières et l'ouverture aux sciences et aux savoirs en font un Etat-nation aux caractéristiques spécifiques dans un monde arabo-musulman en pleine restructuration.

[58] Duroselle, J-B, Kaspi, A., *Histoire des relations internationales*, Tome 2, « De 1945 à nos jours », Paris : Dalloz-Sirey, 14e éd., 2004.

d'échanges diplomatiques la dissuasion multilatéraliste y aurait occupé un rôle déterminant.

Exploitant le filon hégémonique, et approuvant à demi-mot la démarche, la politique américaine avait tenté de donner corps à un prototype idéalisé d'Etat. Mais les efforts avaient été vains. Car la restauration de la continuité territoriale, afin de garantir une continuité hellénique dans le domaine politique et idéologique, ne pouvait s'accommoder de la méthode douce pour réussir à s'imposer. Selon toute vraisemblance, la *weltpolitik*[59] grecque prônait une domination hégémonique qui devait en passer par le renforcement de la souveraineté territoriale. Il fallait pour cela que les dirigeants politiques fussent disposés à refonder l'ancien empire hellénique. Faute d'avoir pu mieux négocier le virage qui marquait la transition entre deux situations, le nationalisme grec était arrivé au bout de l'expérimentation idéaliste d'un *revival* historique. Archétype fantasmé d'un Empire déchu, les résultats à Chypre, en 1974, avaient été aussi le plus grand désaveu populaire à l'égard des idéaux irrémédiablement inaccessibles.

2. La démocratie rappelée en Grèce

La fin de l'été 1974 coïncidait avec la reprise du *continuum* historique initial. En effet, le cauchemardesque rêve nationaliste avait montré les signes de son impuissance à sortir de l'impasse avec la Turquie.

La reddition grecque à Chypre avait profondément ébranlé les projets expansionnistes. Forts de leur expérience, les Turcs avaient déjoué les plans du Général Dimitrios Ioannídis lors de la riposte

[59] Ce concept géopolitique recouvre le fait que le pays qui y a recours entend accroître son influence en développant l'idée de la réification d'un empire colonial précédemment existant. L'équilibre des pouvoirs n'est plus le principe qui donne une cohésion d'ensemble, car remplacé par un rapport d'autorité entre dominant et dominé. Dans le cas spécifique de la Grèce, au cours des « années de plomb » de la dictature, la Weltpolitik a représenté une certaine posture idéologique qui a contribué à s'emparer de la question nationale. Elle a consisté à penser l'impérialisme comme un élément de modernisation de l'Empire. C'était le moyen le plus efficace pour transformer les rapports de forces intérieurs entre les élites traditionnelles, et asseoir un patriotisme intransigeant voire extrême. La Weltpolitik déplace le curseur de la communauté ethnique et culturelle vers celui de l'Empire sociologique. Il accroît le cercle de domination, puis fait la promotion de la masse nationale comme représentation d'un panisme hellénique.

militaire d'août 74. Pour mémoire, la stratégie turque avait consisté à faire barrage à toute annexion grecque de l'île. Cette mesure avait tenu en échec le déploiement sur zone de la *weltpolitik* que les américains essayaient de placer dans leur vision globale des relations internationales. Nonobstant les apparences, la situation intérieure de Chypre demeurait pourtant au cœur des préoccupations de la communauté internationale. La tension était palpable, et les regards rivés sur les actions des uns sur les autres. La polarisation des ressentiments avait conduit, en dernier ressort, à ce que le Conseil de sécurité de l'ONU fut convoqué en urgence. La résolution 353 du 20 juillet 1974 stipulait un certain nombre de mesures conservatoires. Elle intervenait après la première offensive, menée côté grec. Concrètement, les membres permanents du Conseil de sécurité avaient privilégié une démarche qui tendait à désamorcer l'escalade de la riposte et endiguait la reprise des combats.

L'acte de droit international prévoyait, notamment, que l'interposition onusienne serve à faire respecter les missions assignées[60] aux forces déployées. Il leur était demandé, compte tenu des circonstances de :

---

[60] Issu du document officiel – résolution 353 du Conseil de sécurité de l'ONU, du 20/7/1974.

1. Calls upon all States to respect the sovereignty, independence and territorial integrity of Cyprus.
2. Calls upon all parties to the present fighting as a first step to cease all firing and requests all States to exercise the utmost restraint and to refrain from any action which might further aggravate the situation;
3. Demands an immediate end to foreign military intervention in the Republic of Cyprus that is in contravention of the provisions of paragraph 1 above;
4. Requests the withdrawal without delay from the Republic of Cyprus of foreign military personnel present otherwise than under the authority of international agreements, including those whose withdrawal was requested by the President of the Republic of Cyprus, Archbishop Makarios, in his letter of 2 July 1974;
5. Calls upon Greece, Turkey and the United Kingdom of Great Britain and Northern Ireland to enter into negotiations without delay for the restoration of peace in the area and constitutional government of Cyprus and to keep the Secretary-General informed;
6. Calls upon all parties to co-operate fully with the United Nations Peace-keeping Force in Cyprus to enable it to carry out its mandate;
7. Decides to keep the situation under constant review and asks the Secretary-General to report as appropriate with a view to adopting further measures in order to ensure that peaceful conditions are restored as soon as possible.

- Faire respecter la souveraineté territoriale de Chypre, en décrétant un cessez-le-feu durable sur l'île.
- Stabiliser la situation intérieure afin qu'une conférence quadripartite eût pu être organisée dans des conditions de sécurité maximum. La réunion des principaux belligérants, en présence de la Grande-Bretagne et de l'Irlande, dans un même espace, devait conduire à ce que le dialogue fût rétabli. Il importait d'abord que la paix et que la sécurité des populations soient garanties de façon durable.

Aussi étrange que cela avait pu paraître, à pareille époque, l'affaire chypriote visait directement deux Etats membres adhérents à l'ONU. Leur statut n'avait pas facilité l'entrée en pourparlers, et les modalités du retour à un *statu quo ante*[61] avaient été difficiles à formaliser. A titre informatif, c'était aussi la première fois qu'une organisation comme l'ONU s'immisçait dans un différent localisé, alors même que le conflit positif appartenait de la souveraineté des seuls Etats considérés. Les onusiens le savaient, et le moindre faux pas aurait déclenché en parallèle une crispation des relations diplomatiques avec l'Union soviétique.

De manière incontestable, le retour de la démocratie en Grèce tenait donc à la réalisation ex ante de certaines conditions : le retour au dialogue diplomatique et à la mise en œuvre de la cliopolitique, chère à Kissinger (2.1) ; le rétablissement des conditions constitutionnelles formelles pour garantir l'ordre, le respect du droit et le pluralisme politique (2.2).

1. Le retour de la "realpolitik" au service de l'équilibre des puissances

Dans la revue *Culture & Conflits* (2003), Haine souligne que dans la plupart des situations interétatiques deux ingrédients essentiels sont systématiquement présents. Ainsi, « *le chaos et*

[61] En droit public international, le *statu quo ante* correspond à la situation juridique au cours de laquelle l'état actuel des choses, ou de l'état tel qu'il était à un moment déterminé, ne peut plus être perturbé. Du point de vue du contrat de droit international public, ici la résolution 353 de l'ONU, les cocontractants (l'ensemble des pays ayant voté la résolution au Conseil de sécurité) sont tenus par le contenu impératif des engagements énumérés par la convention internationale.

l'anarchie sont les caractéristiques essentielles de la vie internationale[62]». Pour contrebalancer ce déséquilibre, seule la paix découlant de l'ordre apparaît être l'objectif à atteindre en matière de diplomatie du verbe. En faisant le rapprochement avec la situation chypriote, alors, il résulte que le revirement de la posture onusienne entre juillet et août 1974, était révélateur d'une posture nouvelle. La modification substantielle qui avait été apportée à la gestion de la crise en disait long sur le retour au dialogue entre puissances.

D'un côté, les états concernés faisaient valoir des logiques qui appelaient à un règlement rapide et durable du *casus belli*. De l'autre, en revanche, les membres du Conseil de sécurité avaient fait preuve de plus de prudence. En effet, là où la tradition historique avait imposé une relativité à cette marque irréductible[63] d'individualité, les aimables compositeurs de la paix y avaient substitué l'empreinte d'une souveraineté réciproquement reconnue et équilibrée. Même si les Grecs et les Turcs revendiquaient une historicisation de leurs souffrances et une mise en perspective de leur influence antérieure, la situation de 1974 appelait à d'autres alternatives. C'est la raison pour laquelle, l'ONU s'était appuyée sur les universaux de la justice et les valeurs inhérentes au droit[64], afin de donner sa chance à ce messianisme de la pensée diplomatique qui consolidait des liens sous l'égide des américains. Dit avec ironie, la boucle était bouclée.

La polypolarité qui avait investi les pratiques des Etats, pour envisager le règlement pacifique des conflits, était aussi à l'origine d'un nouveau partage. En la circonstance particulière, la régionalisation du dialogue diplomatique avait poussé des Etats, tels que la Grèce et la Turquie, à s'habituer à un nouveau mode de gestion des relations internationales.

---

[62] Haine, J-Y., « Diplomacy : la cliopolitique selon Henry Kissinger. Partie 1 », in *Cultures & Conflits*, N°19-20, *Troubler et inquiéter : les discours du désordre international*, 2003, cit. p. 7.

[63] Elle avait conduit deux Etats-nations à polariser leurs différences au point de faire ressurgir des griefs épris de discrimination ethnologique, culturelle et finalement géographique.

[64] Je pense notamment au droit des peuples à choisir librement leur destin, la garantie de la paix et de la sécurité au bénéfice de l'épanouissement des populations.

Le partage de la souveraineté étatique, résultant de la méthodologie onusienne, devait aussi s'occuper de l'intégration géopolitique à long terme de ces pays. C'était là un exercice difficile. Il fallait de surcroît faire admettre des logiques de rapprochement opposées aux pratiques historicisées des ces peuples. Chacune était fondée sur un contexte de développement qui redistribuait largement les fruits des efforts consentis. L'atout maître de cette méthodologie consistait à faire oublier le spectre des Etats égoïstes, motivés par des finalités expansionnistes radicales.

a) La cliopolitique pour désamorcer le pan-turquisme et le pan-hellénisme

La question du nationalisme était dans tous les esprits lorsque le Conseil de sécurité de l'ONU avait fait voter la résolution 353, puis la résolution 360. Or, cette seconde résolution était intervenue suite à la riposte turque et en réponse à l'offensive grecque demeurée inefficiente à Chypre. La paix et la sécurité en Méditerranée orientale avaient été ébranlées par la manœuvre militaire du mois d'août 74. Cette riposte avait permis à la Turquie d'intimer le respect par la force des armes et de reconduire la partition 2/3 – 1/3 de l'île.

Pour assurer sa propre sécurité régionale, Ankara était passée à l'acte. Elle avait été tenue d'accomplir ce que la communauté internationale se refusait d'entreprendre à cet instant précis. Mise face au fait accompli, l'ONU acquiesçait à cet acte de politique intérieure localisé, s'arrangeant impuissante des suites éventuelles. Elle avait requis que le processus de paix eût fait l'objet d'une vigilance accrue par la Communauté internationale. Dans l'intervalle, Nicosie fut départagée par la ligne Attila, sorte de " check point " délimitant l'étendue géographique des territorialités respectives. Au retour de l'apaisement, les Grecs étaient revenus de leur rêve irrédentiste.

En fin de compte, la controverse chypriote se résolvait par le grand exode forcé de milliers de Chypriotes Grecs. Contraints de quitter le nord de l'île sous administration turque, les populations exogènes avaient dû se réfugier au sud de l'île. A l'évidence, comme au moment de la première offensive (grecque) ni l'ONU ni les américains n'avaient osé "broncher" au-delà de la simple « désapprobation formelle [65]» et de « l'inquiétude[66] » suscitée.

Certes, la résolution du Conseil de sécurité et les suites qui y furent données dans la région turco-égéenne pouvaient apparaître comme contraires à la démarche générale des Nations unies. Les membres du Conseil de sécurité s'étaient réunis et, d'un commun accord, avaient préféré à l'interposition militaro-dissuasive la force de conviction des valeurs. Elle avait préféré dialoguer avec la Grèce et la Turquie afin de rendre l'acte de *linkage* potentiellement productif. En l'espèce, la contrepartie de la paix à Chypre avait coïncidé avec un certain nombre de concessions faites autant à l'offenseur qu'à l'offensé.

Pour être précis, la démarche globale du Conseil avait été guidée par la crainte d'un blocage du Conseil suite à l'usage du droit de veto[67] par l'Union soviétique. Une situation qui aurait empêché une intervention régionale était vouée à laisser deux pays s'écharper, au péril des populations civiles. Dans un cas de figure comme celui-ci, le remède aurait été plus néfaste que le mal lui-même. Si une voix s'était élevée en défaveur de l'intromission onusienne dans les affaires intérieures de ces deux pays, la région anatolienne et la région helléno-égéenne auraient été vouées à un embrasement sans issue.

b) La montée en puissance politique de la société civile grecque

Vox populi, vox dei[68]. Depuis les années Kissinger, il est manifeste que tout n'est pas forcément ou tout noir ou tout blanc. Le contexte qui entoure la mise en œuvre de la méthode de persuasion active est déterminant. L'Histoire contemporaine

---

[65] Résolution 360 du 16/08/1974 du Conseil de sécurité de l'ONU, §3-4 du document qui déclare : « *Le Conseil de sécurité* (…) *désapprouve formellement les actions militaires unilatérales entreprises contre la république de Chypre* (…) ».

[66] Résolution 360 du 16/08/1974 du Conseil de sécurité de l'ONU, *ibidem*.

[67] Coussirat-Coustère, V., *Ibidem*, passim, p. 444 - 445.

[68] Explication : une fois que le peuple s'est prononcé, le résultat des consultations acquiert « force de loi », et les décisions ne peuvent être repoussées. Elles ont un effet *erga omnes*, c'est-à-dire qu'elles bénéficient d'un statut d'opposabilité maximal.

rappelle que le recours au multilatéralisme suppose une adhésion large aux moyens termes que l'on souhaite atteindre. Dans ce cas de figure, le « concert des nations », c'est-à-dire le recours à des méthodes intelligibles, non secrètes, et la mise en place d'actions concertées, permet d'apporter la modération requise à l'équilibre des variables qui conditionnent l'apaisement proprement dit. La méthode de règlement des conflits à la Kissinger avait fait la preuve de son efficience. Elle permettait à tout le moins de gagner des points sur l'axe stratégique de la détente et de la coopération multi-niveaux.

Mais, compte tenu des limites inhérentes à ce dialogue de l'ombre et des diplomates, la méthode ne prétendait pas dégager des solutions duratives. En effet, l'interventionniste dans le conflit grec, puis turc, puis chypriote, ne permettait pas à la seule diplomatie d'emporter à brûle-pourpoint un apaisement durable. Il fallait encore que le soutien des populations ait été préalablement acquis à la cause de la mission de paix définie par l'Etranger. Ainsi, cette région égéenne avait-elle connu *post hoc* les bienfaits du "soft power". Cette attitude impliquait finalement que des organisations autres qu'institutionnelles aient pu accéder à la négociation des conditions du maintien des équilibres dans la région.

Comme cela vient d'être démontré, l'Histoire de cette décrue progressive de la tension entre Grèce et Turquie est riche d'enseignements. Elle apporte des exemples concrets sur la façon dont la société civile grecque est devenue actrice d'un choix de civilisation. En pesant sur les orientations politiques prises par les Etats-nations, le collectif a joué un rôle restructurant par rapport aux valeurs sociologiques initiales.

2. Le retour de la démocratie en Grèce : préalable pour une Constitution d'inspiration républicaine

La sortie de crise d'août 1974 coïncidait aussi avec la capitulation du régime « fasciste », au pouvoir depuis 7 ans. Lâché par la population grecque, le régime ne disposait plus de la légitimité nécessaire pour poursuivre son œuvre refondatrice initiale.

Dès lors, une seule issue demeurait viable : les Grecs devaient tout mettre en œuvre pour provoquer la démission du général Ioannídis et de sa junte. Au niveau de la politique intérieure, il en aurait suivi une situation de « vacance du pouvoir exécutif ». La situation aurait appelé à l'organisation d'une consultation populaire et au rétablissement de la démocratie suivant des mesures tout aussi exceptionnelles.

Pour la forme, on rappellera que l'avènement de la démocratie bafouée coïncidait, pour finir, avec le retour d'exil forcé de l'ex-leader Constantin Karamanlis. Somme toute, et pour des motifs divers, l'automne 1974 marquait là aussi une phase de profond changement. L'époque avait été propice à des espérances nouvelles. Elle laissait entrevoir une reprise des négociations politiques et économiques qui, à terme, permettraient à Athènes de figurer au Concert des nations d'Europe.

Après cette courte période d'errance, la République attendait ardemment d'être restaurée. Pour rattraper le temps perdu, elle avait été proclamée par référendum dès juin 1973, au moment où la dictature montrait les ultimes signes de faiblesse. Le retour à l'Etat de droit menaçait directement la légitimité de la junte qui s'était résolue à abdiquer après la défaite chypriote et les exactions estudiantines.

a) Athènes libérée, mais Athènes unifiée derrière le mot liberté

La reprise des fonctions ministérielles, que Karamanlis occupait avant sont départ précipité pour Paris, avait été accompagnée d'un changement radical de méthodologie gouvernementale.

Un préalable attendait d'être entièrement rempli : restaurer la confiance du peuple dans l'Etat de droit. Cet acte supposait une volonté (acte positif) de consolider l'unité nationale mise à mal par la période antérieure, et le besoin de recréer des centres d'impulsion de vie démocratique.

Vaste programme, car le souvenir des crises politiques récurrentes était bien ancré dans les mémoires. Antérieurement à l'avènement de la dictature, les changements de législature étaient une cause certaine de la contestation en légitimité des Institutions et de leurs dirigeants.

Avant tout, Karamanlis devait réinventer les moyens de préserver la Constitution grecque des aléas futurs. Il lui incombait de garantir la Nation contre tout changement brutal de régime, et lui assurer les moyens constants de son épanouissement. Le fait de devoir agir avec discernement et efficacité, requerrait un *a priori*, une condition *sine qua non*. Le peuple grec devait être revalorisé : il devait être consulté sur les nouvelles orientations de société.

Dans cette optique, deux types de questions lui avaient été soumises :

(1) Quelles orientations politiques le nouveau régime républicain devait embrasser à l'avenir ?

(2) Quels instruments de révision et de garantie constitutionnelle fallait-il développer pour offrir les gages d'une démocratie active ?

A l'issue du referendum de 1974, la Grèce avait adopté une position tranchée au fond. Elle avait rendu impossible le retour de la Monarchie sur le territoire, et avait souhaité un gouvernement prenant ses marques selon le schéma classique parlementariste. Suivant l'expression souveraine du peuple, l'ancien Roi Constantin avait été « déposé ». Le peuple grec avait effectué son choix ; il était irrévocable. Cette posture répondait à un besoin de mise en conformité avec la plupart des régimes politiques européens. Aussi, le nouveau gouvernement de transition avait-il eu pour tâche de :

- Préparer des élections parlementaires libres. Il fallait élire un Parlement qui disposerait de la légitimité requise pour conduire les réformes d'avenir,
- Organiser les conditions de survivance du pluralisme démocratique (la question de la reconnaissance du Parti communiste avait fait l'objet d'un traitement subséquent).

La réforme constitutionnelle de 1975 avait préparé le terrain pour une nouvelle mutation sociale. En l'espèce, elle offrait des garanties de droit intangible au sujet de la stabilité de la loi fondamentale du pays. Après avoir pris soin d'éviter le recours aux révisions intempestives, et avoir promulgué l'immutabilité de la forme républicaine de l'Etat, le retour au pluralisme politique s'était imposé de lui-même.

Mais une autre priorité était tout aussi pressante. Le pouvoir politique de transition démocratique devait s'atteler à la reconstruction économique et sociale du pays. Il lui fallait pour cela raccrocher les wagons à la locomotive européenne. L'œuvre était colossale tout comme les défis qu'il s'apprêtait à devoir relever pour tenir ses engagements de 1961.

b) Les Athéniens aux urnes

Lors des élections législatives de novembre 1975, les Grecs avaient souhaité renouer avec la tradition hellénique des temps anciens. Comme par le passé, la souveraineté avait échu à l'ensemble des citoyens[69] (le Dèmos).

Corrélativement, le retour de la démocratie avait été suivi, aussi, d'un retour aux valeurs liées à l'individualisme. Au moment où le régime démocratique reprenait pied dans le modernisme démocratique[70], le rôle prépondérant (mais ponctuel) de la Nation avait été atténué. Le règne de la classe politique dirigeante avait été consacré : il sous-entendait, en filigrane, que la participation des citoyens ne pouvait plus être directe. Pour mieux saisir ce changement sociopolitique, il convient de s'en tenir à l'action agissante de la société politique. En théorie, le régime représentatif qui avait été mis au point dans la Constitution permettait à chaque citoyen de pouvoir être représenté dans l'assemblée parlementaire. En pratique, les citoyens avaient été quelque peu relégués à une fonction subalterne, sans que ceux-ci aient été complètement évincés des choix décisifs. Pour la circonstance, le constituant avait opté pour une valorisation de l'organe institutionnel plutôt que pour un meilleur positionnement des citoyens dans la fonction agissante.

---

[69] Constitution grecque, version initiale, 1975.
Art. 1, al. 3, « *Tous les pouvoirs émanent du peuple, existent pour lui et la nation et sont exercés ainsi qu'il est prescrit par la Constitution* ». Le pouvoir constituant originaire appartient expressément aux citoyens qui ne s'en départissent que partiellement.

[70] *Ibidem*, supra, art. 1, al. 1, « *Le régime politique de la Grèce est celui d'une République parlementaire* ». Une république qui se dote d'un parlement monocaméral (chambre des députés), dont le nombre de représentants est fixé entre 200 (minimum) et 300 (maximum). La chambre basse présentait dès 1975 la caractéristique de pouvoir nommer des « députés honoraires » (distinction honorifiques pour hauts services rendus à l'Etat), nommés *ad vitam*.

Concrètement, quatre partis majoritaires[71] légitimés et reconnus étaient en lice lors de ces élections. Les idéologies qu'ils défendaient couvraient l'arc de cercle parlementaire traditionnel des idées politiques. Au nom du pluralisme, chacun avait été en mesure de défendre un projet de vie sociétale. Chaque modèle de développement véhiculait une conception spécifique que les leaders de ces mouvements s'étaient faite de la notion de « bien commun », de progrès économique et social, et d'identité nationale.

Leur avenir institutionnel dépendait d'une série de dispositions législatives contenues dans la nouvelle Constitution. Leur reconnaissance en tant que parti de la majorité ou de l'opposition était impactée par des considérations relevant de l'ordre juridique constitutionnel.

On pouvait en dénombrer au moins trois :

– *Les Considérations constitutionnelles.* La nouvelle Constitution fixait les modalités générales d'organisation et de tenue des élections législatives successives. Elle délimitait aussi le cadre juridique qui permettait aux électeurs d'y prendre part. Aux termes de cette loi fondamentale, 56 circonscriptions étaient appelées à désigner leurs représentants. Aussi, pour parer aux besoins du moment, le nouveau gouvernement de transition avait-il fait insérer, dans la loi électorale, un système de représentation proportionnelle renforcée. La manœuvre consistait à assigner les sièges, sur la base d'une représentation proportionnelle. Leur répartition était opérée en proportion des voix effectivement

---

[71] A droite, nouveau parti avait vu le jour, et avait été dénommé « la Nouvelle Démocratie » (Nea Demokratia - ND). Profitant de l'effet d'aubaine politique, C. Karamanlis lui avait donné sa feuille de route en septembre 1974. Au centre, l'ancien parti d'Union du Centre connut sa période de refondation idéologique et statutaire. Il devint en 1974 le parti « Union du Centre - Nouvelles Forces (Enossis Kendrou/ Nees Dynameis - EKND). La gauche traditionnelle avait accompli aussi une mutation intérieure. Dénommée Gauche Unie (Enomeni Aristera), elle était devenue une coalition entre le parti communiste classique (Esoterikou –KKE) et l'ancien parti EDA (qui représentait la gauche grecque avant 1967). Enfin un mouvement « nationaliste », dénommé le Mouvement socialiste panhellénique (Panellinion Socialistikon Kinima ou PASOK), dont Andréas Papandréou, fils de Georges Papandréou (lui-même ancien ministre avant le coup d'Etat militaire) était le leader.

obtenues, et des scores réalisés par les différents partis politiques en lice.

Cette première répartition actée, une seconde était prévue. Elle prévoyait que la somme des sièges restants fût attribuée aux partis ayant obtenu un certain nombre de voix[72]. La méthode de l'attribution à la plus forte moyenne avait été envisagée afin de favoriser les partis de masse. De la sorte, les petits partis représentatifs d'une faible frange de l'opinion publique étaient mathématiquement mis à l'écart.

Au final, force est de constater que le parti de Constantin Karamanlis avait fait voter une Constitution à la mesure de sa propre ambition politique. A titre d'exemple, il suffit de rappeler le résultat des élections de juin 1975 : 2100 candidats, qui incarnaient les aspirations politiques de 15 formations diverses, s'étaient mobilisés pour l'occasion. Tous avaient répondu présents pour la conquête des 288 sièges du Parlement. Fin juin, 288 sièges avaient été conquis par des hommes, tandis que 11 femmes se partageaient les sièges restants. Il est fort à imaginer que ceux-ci aient été réservés à ces députés honoraires qui avaient pu se distinguer pour la qualité de leurs services rendus par le passé. Plutôt qu'une victoire, c'était d'abord la redistribution du lot de « consolation » sur l'autel des choix républicains.

– *Les Considérations afférentes au monocaméralisme et à la procédure d'autocontrôle de l'activité parlementaire*. Suivant les dispositions de l'article 72[73] de la Constitution Grecque, il ressortait que le Parlement pouvait se réunir suivant une programmation épisodique, et en la forme d'une Assemblée plénière. Le constituant avait indiqué, en complément, que le mode de fonctionnement ordinaire de la chambre basse (débat parlementaire) reposait en majorité sur les travaux en formation

---

[72] En l'occurrence, l'attribution n'était réalisée qu'a la seule condition que le parti considéré ait recueilli 17 % du total national pour un parti, 25 % pour une coalition d'au moins deux partis politiques, et 30 % pour une coalition de plus de trois partis politiques.

[73] Constitution grecque, version initiale, art. 72, al. 2, « *Le règlement de la Chambre des députés prévoit que l'œuvre législative qu'il détermine est aussi exercée en deux sections au maximum, sous les restrictions de l'article 72* ».

législative restreinte[74]. Au final, l'examen des projets de loi et des amendements relevait *a priori* de la compétence des « commissions ». Leur action s'exerçait antérieurement à leur adoption solennelle.

En matière procédurale, il ne fait aucun doute que cette procédure présentait l'avantage de réduire le temps des débats parlementaires. Il accélérait le rythme de mise à exécution des décisions délibérées. Parallèlement, elle donnait un coup d'accélérateur aux dispositifs stratégiques de développement économique retenus par l'exécutif.

– *Les Considérations d'ordre politique*. L'idée d'un retour à la situation politique antérieure avait été retenue comme impossible. Les populations ne souhaitaient plus que ce spectre ait pu revoir le jour ou réapparaître des années plus tard. Bref, le retour de la démocratie, et la consécration d'un contre-pouvoir législatif souverain (Chambre des députés) offraient les garanties de bonne fin attendues. C'était là un minimum que tout Etat libéral et républicain était tenu d'apporter au constituant originaire.

Suite au référendum de décembre 1974, 69,2% des électeurs s'étaient exprimés en faveur de l'instauration d'un régime républicain à caractère présidentiel. Une particularité de taille : les Grecs avaient opté pour un contre-pouvoir législatif de type « moniste ».

Dans l'esprit, le Président devait être désigné par le parti ayant obtenu la plus forte répartition en sièges. Une fois la désignation obtenue, le candidat était tenu de requérir son investiture devant la Chambre. C'était à cette condition que le Président était confirmé dans ses fonctions. S'ouvrait alors devant lui une phase au cours de laquelle il pouvait constituer un gouvernement s'appuyant sur la majorité politique le soutenant à l'Assemblée[75].

---

[74] Les sections parlementaires présentent en apparence une similitude de formes avec les « sections du système judiciaire français ». Le monocaméralisme grec était caractérisé dans la forme par 2 sections parlementaires. Chacune ayant une compétence propre, elles avaient été dévolues à l'examen des lois soumises à lecture et débat. Leur héritage est à rechercher probablement dans l'inspiration des constituants révolutionnaires français.

[75] Constitution grecque, version initiale, 1975, art. 30, al. 1 : « *Le président de la République est le régulateur du régime politique. Il est élu par la Chambre des*

Un peu comme ce fut le cas en France sous la IVe République, cette situation marquait un déséquilibre évident dans la séparation des compétences d'attribution, notamment entre pouvoir exécutif (bicéphale) et pouvoir législatif (moniste et surpuissant). A ce propos, le Président quoique assurant symboliquement la continuité de l'Etat, n'en demeurait pas pour le moins frappé d'une irresponsabilité politique[76]. Seule la Chambre basse disposait des prérogatives souveraines de révocation, nomination et signature des traités.

Que prévoyait la Constitution grecque ?

Conformément au statut du chef de l'Etat et tel qu'il avait été défini à l'article 35, al. 2 de la Constitution de 1975, le Président grec disposait de compétences limitées. Une série d'actes normatifs périphériques[77] lui donnaient une compétence symbolique. Sa capacité de représentation extérieure avait été limitée à la seule compétence inhérente à la conclusion des Traités (accords internationaux).

Sur le plan de l'analyse politique, et au-delà des symboles, la question relative à la séparation stricte des pouvoirs avait fait l'objet d'un traitement incongru. Il consacrait d'abord un simple décalage vertical de responsabilités. Bien que la forme du régime ait été transformée, la crainte que la situation antérieure ne se reproduisît avait poussé le constituant à faire changer le sceptre de main. Si jadis, le Roi était détenteur d'un pouvoir exécutif et législatif étendu, la période républicaine entendait ne pas verser dans les excès. Le retour à la stabilité institutionnelle avait été l'occasion de limiter les pouvoirs de l'exécutif, ce afin de mieux en contrôler l'activité. C'est ce qui justifie notamment qu'en 1974 le

---

députés pour une période de cinq ans, selon les dispositions des articles 32 et 33 ».

[76] Constitution grecque, version initiale, 1975, art. 35, al. 1, « *Aucun acte du président de la République n'est valable ni n'est exécuté sans le contreseing du ministre compétent, qui par sa seule signature en assume la responsabilité, et sans sa publication au Journal officiel* ».

[77] *Ibidem*, supra, art. 35 al. 2. La responsabilité des actes du Président de la République Hellénique est limitée à : (1) la nomination du Premier ministre, sur avis conforme du Parlement ; (2) la convocation des séances de travail en Conseil des Ministres ; (3) le droit de veto suspensif quant à la constitutionnalité d'une loi et son renvoi devant la juridiction compétente ; (4) le droit de message qui lui permet de communiquer avec le Parlement et qui peut donner lieu à débat.

constituant ait opté pour limiter le périmètre d'action de l'exécutif. Il en avait accru celui de la Chambre basse.

Il était une évidence que les Grecs avaient incorporée à leurs *habitus*. Par définition, lorsque les pouvoirs viennent à être concentrés entre les mains d'un groupe, au désavantage des organes juridiques qui en assurent le contre-pouvoir, la civilisation finit par se retrouver immanquablement dans une situation où l'esprit républicain décline. Fort de cette leçon d'histoire institutionnelle, le Constituant de 1975 avait pêché par excès de précaution ou par dissuasion dans la confiance. Et comme pour conjurer tout risque de dérive autoritaire, et éviter un dysfonctionnement de l'activité démocratique, le gouvernement de transition s'était réservé une "porte de sortie". Aussi, pour pallier l'inadaptation future de la Loi fondamentale, et contre toute attente, le régime républicain avait estimé que le statut juridique de l'Etat pouvait toujours être converti, dès lors que les circonstances extérieures l'eussent exigé.

La rédaction lapidaire voire laconique de l'article 1er, al. 1 de la Constitution appelle à une prudente interprétation de rigueur[78].

2. La reprise du « rêve idéaliste grec » dans l'Union européenne

Le rêve « une utopie partagée qui fait sens d'une réalité dans l'Histoire ». La période qui s'était additionnée après l'élan républicain de 1975 pouvait être contenue dans cette même définition. Loin de vouloir entamer une réflexion philosophique sur le bien et le mal, les faits appellent une analyse motivationnelle du sursaut européen en Grèce. L'Histoire des années 60-75 avait

[78] Si une comparaison devait être faite, elle consisterait à rapprocher la rédaction des contenus entre la Constitution Française (régime républicain, bicaméralisme rééquilibré et rationnalisé) et le contenu des notions présentes dans la Constitution Grecque. A circonstances équivalentes, la France a connu les affres de la monarchie (absolue puis parlementaire), puis les actes de la France de vichy. Aussi, la crainte de la surpuissance d'un pouvoir sur un autre, et le désir de maintenir la France dans une Constitution (qui garantisse la liberté des citoyens) avait-elle conduit le constituant à rendre le statut adopté inaltérable et insurmontable. D'où cette formulation de la Constitution de 1958, qui prévoit à l'article 89 que la forme de gouvernement et d'administration de la France est intangible.

conclu un premier cycle des valeurs contenues dans la force réactive des liens de parenté[79]. Le clivage des représentations identitaires avait contribué à la diffusion de nouveaux apprentissages sociologiques. La première morale de l'Histoire avait montré aux Grecs qu'à l'instar d'Icare, qui s'était brûlé les ailes après avoir approché de trop près le soleil, les mêmes entités stéréotypées (ou utopies) conduisent inlassablement aux mêmes désenchantements collectifs.

Si d'un côté, l'Histoire antique rapportait, *via Les Métamorphoses*[80], que tout ne pouvait être gouverné avec rectitude et logique dans l'univers[81] ; de l'autre, les Hellènes s'étaient accrochés à un rêve. Là, chacun s'était construit une paire d'ailes en cire et plumes, suivant les matériaux collectifs fournis par le mirage économique des années 1960. Tous ambitionnaient de tirer les fruits du développement[82] qui était aux portes de leur pays.

De manière subreptice, et chemin faisant, le peuple était devenu progressivement cette foule qui, peu à peu, défiait les lois mêmes de la logique et de la *physis*. Cette même histoire relate la manière dont chacun a bravé les interdits. En effet, contrairement aux recommandations de bon sens, car tous avaient aspiré à un épanouissement individuel, un nombre toujours plus croissant d'individus, grisé par une nouvelle soif de puissance avait décidé de s'approcher du soleil. Or, la quête excessive de ce bien-être individuel fondé sur la matérialité économique avait perverti la relation au réel. Epris du rêve mythique de rebâtir l'antique bonheur de la cité idéale, les hellènes avaient choisi de s'affranchir

---

[79] Je pense en particulier à une structure de parenté et à une identité qu'on peut qualifier d'ethnoreligieuse, qui a contribué à fédérer la Nation par-delà les contraintes politiques de la tyrannie.

[80] Ovide, *Les Métamorphoses*, VIII, 186.

[81] Ovide, *ibidem*, VIII, 186 : « *Minos a beau gouverner toute chose, il ne gouverne pas les airs, le ciel du moins reste ouvert* »

[82] Prévélakis, G., *Géopolitique de la Grèce, ibidem*. L'auteur relève que « *Après la période d'instabilité économique et politique qui a suivi la guerre civile, l'assainissement financier opéré par Spyridon Markézinis en 1952, puis la première période du gouvernement du pays par Karamanlis (1955-1963) ont posé les bases du redressement économique de la Grèce* ». Le redressement de l'économie intérieure avait semble-t-il coïncidé avec « *une période de croissance économique rapide, d'industrialisation, de création d'une infrastructure routière, de développement du tourisme et d'urbanisation* », p.80.

des pesanteurs de leur propre condition sociale. C'était sans compter avec le poids de la dure réalité qui s'ouvrait à eux, et les replongea dans une rationalité tout aussi tragique.

Sans crier gare, la dictature de la pensée s'était sournoisement imposée avec violence. Elle était devenue, en l'espace de quelques mois, cette dimension unique et totalisante de la raison critique. Par la suite, sept années avaient été nécessaires pour que le collectif commence à rechercher dans le tréfonds de l'idéologie des gouvernants, les raisons profondes de cette dérive totalitaire.

Dans une architecture sociale où seule une partie des courants de pensée était admise (le rejet du communisme y était flagrant), une minorité de personnes publiques était parvenue à détruire l'ensemble des repères éthiques, dont la pensée hellénique pouvait s'enorgueillir depuis le XVIIIe siècle[83]. Rendus à l'état de simples objets dépourvus de conscience choisissante, les individus avaient été relégués à une position qui niait leur propre liberté de choix. Dépossédés de toute capacité agissante, les Grecs perdirent le droit de renouer avec leurs valeurs ethnotribales jusqu'à l'heure du réveil salutaire. Ainsi avait été évacuée l'utopie au profit d'une rationalité qui accentuait les contradictions principielles et finalistes.

Le second cycle de refondation des valeurs devait reprendre avec la reprise des négociations en vue de ratifier définitivement les protocoles d'adhésion avec l'Europe des Neuf. Avec du recul, on peut indiquer que cette étape évolutive n'avait pas permis au comportement du collectif de mettre à l'honneur une force morale qui l'aurait fait progresser. Au-delà des apparences, le processus d'inclusion progressif dans le modèle européen avait dû être accompagné d'une certaine contrepartie incitative. L'échange « gagnant-gagnant » qui avait été coopté parvenait mal à dissimuler les motivations intrinsèques de cette adhésion de la Grèce.

Le contexte géostratégique et économique d'alors faisait ressortir une débalkanisation de la Grèce en pleine période de restructuration interne des processus politiques. A l'instar de ce

[83] Selon Maria COUROUCLI, *« l'élément hellène s'articule dans une continuité culturelle entre la Grèce antique et l'Europe des nations démocratiques. Elle débouche ensuite sur la revendication du passé légitime pour légitimer la naissance du nouvel État »*. Voir l'article « Génos, ethnos. Nation et État-Nation », Partie III, in *Ateliers du LESC* n° 26 (décembre 2003), pp. 287-299.

que furent les aides américaines au développement dans les années 40 à 60, et question de géopolitique oblige, les contre-garanties que les Neuf apportaient sur la table des pourparlers attendaient une réciprocité de forme.

En guise de changement radical de posture, et comme pour rendre le pacte difficile à rompre, ces aides au rattrapage économique (régional) étaient assorties d'exigences à peine feutrées. L'instrumentalisation des aides[84] accordées par la C.E. (FEOGA) demeura un *leitmotiv* récurent de la « culture » et de la tradition politique en Grèce. Pouvait-il en être autrement ?

Selon toute vraisemblance, ces enveloppes financières servaient d'abord à asseoir une fin hégémonique sous couvert d'aides philanthropiques accordées pour améliorer le niveau de vie des populations concernées. Un fait était patent : les Neuf avaient projeté à dessein de diffuser leur modèle de cohésion économique (libre-échange), et la réussite de ce projet impliquait que les Etats membres eussent pu disposer d'une territorialité suffisamment grande pour faire autorité.

Sous l'angle de la géographie économique et humaine, le marché grec offrait de nombreux avantages. Le plus important consistait à avoir développé un réseau dense de partenariats commerciaux avec ses proches voisins bulgares et yougoslaves. En suivant la théorie des relais économiques, la Grèce pouvait servir de base avancée à l'Europe pour écouler une partie de sa production dans ces pays non communautaires.

a) Une Grèce européenne grâce au "mirage" des aides structurelles accordées.

Pour pouvoir répondre plus longuement à la question précédente, il conviendrait de l'étudier sous l'angle de la psychologie comportementale. Si l'on veut bien considérer que ce mode de questionnement a pour origine une posture par rapport au

[84] Tsioubos, G., "Politique Agricole Commune (PAC.) et clientélisme politique en Epire (Grèce du Nord-Ouest)", in Revue *de géographie alpine.* 1992, Tome 80 N°4. pp. 129-146. L'auteur y souligne aussi la tradition (habitude) que les Grecs ont prorogée à travers l'Histoire, notamment le développement des liens clientélaires. Ces habitudes ont été dans le passé à l'origine de nombreuses instabilités gouvernementales, à cause de la mise à jour du système de corruption qui gangrenait le système politique.

réel, alors l'hypothèse examinée ici consistera à déterminer la nature du lien qui réunit économie et identité sociologique. Dans cette même perspective, il semblerait opportun de s'interroger sur le comportement des Grecs en général, puis sur leur rationalité individuelle face à l'enjeu du bien-être économique. Comme premier indice de réponse, on pourra se reporter aux observations de Kahneman[85]. Son approche a été reconnue depuis 2002[86] comme constituant une base solide[87] à la compréhension des mécanismes économiques. Elle semble contributive d'une vision explicative et rationnelle des motivations qui poussent les Etats à agir seuls ou de concert. Pour ce faire, et à la manière de Kahneman, commençons par prêter une oreille particulière aux espérances auxquelles l'octroi de revenus futurs, à partir d'actions rationnellement prises, avait donné corps.

Au cours de la période 1950-1963, la Grèce a connu un développement économique important. Elle a pu réaliser des investissements publics compte tenu du fait que le revenu issu de la

---

[85] Né dans une famille juive, qui a émigré de Lituanie à Paris dans les années vingt. Il est diplômé en psychologie de l'université de Californie (docteur d'université). Au début des années 60, Kahneman enseignait au département de psychologie de l'université hébraïque de Jérusalem. Il avait été chargé d'un cours sur les statistiques, d'un deuxième sur les techniques de recherche expérimentale et d'un troisième sur la psychologie de la perception. Huit ans plus tard, il avait la responsabilité d'un enseignement sur les applications de la psychologie aux problèmes du quotidien.

[86] Le prix Nobel est venu couronner les fruits d'une recherche méthodique, que le psychologue Daniel Kahneman avait entreprise. La prestigieuse académie a reconnu la pertinence des découvertes fondamentales de ce professeur en psychologie en lui décernant la plus haute distinction honorifique en 2002. Pour résumer l'œuvre fondamentale, citons les propos du chercheur lors d'une interview qu'il a donnée au magazine La Recherche. Le postulat théorique était le suivant : « *La théorie économique dominante, dite du choix rationnel, postule que, face à un choix, par exemple entre une certitude ou un pari, l'homme sensé fait toujours une analyse objective et logique* ». Or, il s'avère que « *la peur du risque et l'espérance d'utilité, c'est-à-dire le fait que l'homme sensé apprécie la valeur de ce qu'il possède non en fonction de la quantité d'argent que cela représente mais de l'usage qu'il espère en faire* » [La Recherche, « Daniel Kahneman : " La psychologie peut éclairer l'économie ", N°365 - 06/2003].

[87] Kahneman démontre par ses recherches fondamentales que la théorie dominante en économie fait fausse route. Il apporte la preuve que les choix de l'Homo oeconomicus ne sont pas si rationnels qu'elle le prétend, et qu'ils sont le plus souvent guidés par des « instincts » (détachés de la pensée réflexive).

production intérieure (les entreprises) couvrait les perspectives d'engagement des dépenses destinées au bien-être de la collectivité. Toutefois, ce développement avait été adossé à une série d'incantations politiques. Elles prenaient appui, sans exception, sur des paris pris sur l'avancement du projet d'élargissement de l'Union. Les Etats membres avaient parié sur l'ouverture des nouveaux marchés limitrophes aux productions communautaires. Il s'agissait d'assurer au présent les moyens de développement économique futurs entre les diverses régions européennes, et dans divers secteurs cibles de l'économie locale.

Deux secteurs particuliers avaient été concernés :

i. *Le tourisme.* Ce secteur avait fait l'objet d'un ciblage économique par besoins et actions à développer. Le pouvoir politique s'y était attelé en disposant d'une série d'actes réglementaires pour dynamiser son essor et sa diffusion extérieure. Selon la thèse avancée par Triantafyllopoulos, l'attrait pour une mise en avant du développement touristique avait été "boosté" par une prise de conscience politique[88]. La rançon des efforts politiques déployés reposait sur une équation simple. C'était en développant l'offre d'hébergement hôtelier, que les retombées indirectes provenant du tourisme auraient accru (in fine) le PNB du pays tout entier. La pluriactivité devenait le nouveau cadre de réalisation du « rêve grec », mais les structures d'accompagnement restaient à élaborer.

[88] Triantafyllopoulos, N., « Entre local et régional : le foncier dans les politiques de financement du développement touristique en Grèce », in Téoros, été 2008. Les recherches conduites sur les facteurs de développement du tourisme en Grèce dans les années 50-60 ont démontré qu'au cours de cette période « *Le tourisme gagne l'attention des instances gouvernementales qui commencent, mutatis mutandis, à se préoccuper de son développement, bien qu'à l'époque il ne soit encore qu'une activité marginale. Ce n'est que dans le plan quinquennal 1960-1964 que le tourisme est considéré comme un secteur de développement prioritaire. Le principal objectif de l'État est le développement rapide du secteur, plus particulièrement l'augmentation de l'offre en hébergements et des recettes touristiques* », p. 50.

TALLON[89] soulignera dans un article récent que le développement de la pluriactivité avait eu pour effet de déstabiliser tout un secteur de la production locale. Les circuits internes de production et de diffusion avaient été contraints de s'adapter au challenge de l'économie et du commerce. Il n'était plus tant question de produire en conservant les procédés de fabrication, que de produire en vue de générer des flux d'échanges économiques capitalisables dans le PIB du pays.

Suffisamment perméable pour s'adapter aux situations les plus figuratives, la pluriactivité vient favoriser les activités périphériques de l'artisanat, et les dessert indirectement en modifiant les règles qui coordonnent la présence conjointe de chacune dans un même espace territorialisé.

A la suite de ces considérations, l'application au cas d'espèce laissait entrevoir une préparation insuffisante de l'économie locale aux nouveaux challenges de la productivité et du commerce. Dans le pays, les incitations gouvernementales avaient omis de considérer les aléas conjoncturels de la reconversion des sites initiaux de production. Contrairement à ce qui avait été envisagé, l'aide providentielle extérieure avait permis aux producteurs locaux (monoproduction) de se départir de contraintes administratives trop contraignantes

La diversification productive avait été à l'origine de certaines dérégulations à l'intérieur même du circuit économique local. Entre 1950 et 1960, les plans grecs de modernisation du tissu économique avaient introduit une forte pression concurrentielle entre les produits manufacturés à l'échelon macrolocal, mais aussi entre secteurs de production similaires.

En effet, une fois passés le tumulte et la privation des libertés, la relance du milieu des années 70 avait aussi généré son lot de

---

[89] TALLON, H., "Pluriactivité et accompagnement : un territoire à l'épreuve. Une expérimentation par la formation menée dans le Haut-Languedoc (Hérault)", DOCTORAT DE L'UNIVERSITÉ PAUL VALÉRY - MONTPELLIER III, 2011. Y est souligné le fait que « *la pluriactivité élargit la notion de projet professionnel tout en la recentrant autour d'un axe fort, représenté par le territoire, qui se matérialise dans les interactions entre porteurs de projets, territoire et structures d'accompagnement* », cit. p. 18.

déconvenues. Elle avait dévalorisé une forme d'organisation productive des entreprises locales, jugée peu performante, au profit d'un autre modèle plus efficace en termes de rentabilité économique. Cette nouvelle approche avait pour fonction de valoriser l'effet de production combinatoire entre les zones existantes et répondait aux critères de modernité techniques inclus dans la stratégie de développement du marché commun. Aux vues de ces facteurs, il apparaissait évident que le tourisme et l'agrotourisme eussent pu entrer dans une perspective d'excellence.

Pour mener le projet à son terme, les dirigeants d'alors avaient tout mis en œuvre pour réussir l'essai. Ils avaient fait la démonstration que ces mêmes activités combinées concourraient à un accroissement substantiel de la part de revenus des exploitants. Il n'en fallait pas plus pour faire l'apologie du libéralisme à l'européenne, et démontrer la vertu cohésive du marché commun appelé à devenir le marché intérieur.

ii. *L'industrie manufacturière, l'industrie chimique et métallurgique*. En l'espèce, les décrets-lois pris par le gouvernement (N° 2176/1952[90] (a) et 3213/1955[91] (b)) étaient destinés à attirer les capitaux extérieurs (étrangers) en assurant une offre d'implantation diversifiée et attractive.

En ce qu'elle était un acte réglementaire, général et impersonnel, la première décision comportait une série de mesures d'assistance aux investissements. L'Etat grec entendait faciliter la localisation et l'implantation des industries dans les régions frontalières. Assez logiquement, lorsqu'on jette un coup d'œil aux voisins limitrophes de la Grèce, on s'aperçoit que le gouvernement avait pris le parti de développer ses relations clientélaires avec la zone balkanique.

Le jeu en valait la peine. En s'ouvrant à des zones telles que la Yougoslavie, la Bulgarie, l`Albanie, la Roumanie et la Moldavie, la Hongrie, et en commerçant aussi avec la Turquie, la Grèce

[90] Cet acte de gouvernement avait été identifié sous le titre développé de « Loi relative au soutien économique de l'industrie régionale »

[91] Acte administratif unilatéral pris par le gouvernement et dénommé « Loi en faveur du zonage industriel ».

remettait à l'ouvrage ses anciennes velléités territoriales. A compter de 1981, un fait avait changé. Devenue membre plénipotentiaire de l'Europe, elle s'y adonnait avec le consentement éclairé de l'Europe. Les Neuf avaient besoin de conquérir de nouveaux marchés, et avaient fait l'effort, à son niveau, de rassurer les partenaires non affiliés au marché commun des intentions pacifistes de leur voisin immédiat. Quoique officiellement « assagis », les dirigeants politiques nourrissaient dans leur cœur les aspirations anciennes de restauration du prestige ancien. De fait, seule la méthode avait changé : moins agressive, elle promouvait le développement dans un esprit de « concurrence ouverte » (l'adhésion aux Communautés était engagée), tandis que tentait de se reconstituer une sorte d'hellénisme économique et commercial.

Faisant preuve d'esprit d'à-propos, le politique avait saisi l'importance multimodale que son territoire géographique représentait pour l'Europe. Face à une concurrence sans cesse plus ténue entre les zones de libre-échange, les entreprises avaient besoin de se développer à l'extérieur des frontières politiques des Communautés. Question de survie oblige, la prise de contrôle de marchés émergents reposait sur une approche simple. Les sources de valeur ajoutée étant globalement associées aux phases situées en amont du processus de production, la spécificité de la position de la Grèce s'analysait en termes de pénétration horizontale. La mobilisation d'une main-d'œuvre qualifiée permettant la captation des compétences nécessaires était réalisable à moindre coût, et le partage de clients quasi communs inaugurait une proximité institutionnelle plus dynamique.

b) La Grèce conceptrice de son propre Eldorado et d'un décollage économique à la carte

Lorsque la Grèce fit le choix de bâtir un "entre-deux rives", de la mer Adriatique à la mer Noire, elle entendait avant tout déconstruire l'architecture des relations internationales dominée d'un côté par le monde Ottoman moderne, et de l'autre un monde occidental aux aspirations méditerranéennes. Pour ainsi dire, l'aimable participation de la Grèce au processus de jonction commerciale et financière avec les pays limitrophes à l'Europe avait été bénéfique. Cela avait permis à ce nouvel Etat membre de bénéficier de nouveaux apports de fonds pour développer des secteurs d'activités encore en situation de retard commercial. Indirectement, ces mêmes ressources avaient contribué à maintenir les finances publiques dans un état de santé qui rivalisait avec les autres pays coalisés.

Du côté des Européens, l'ingéniosité de la manœuvre relevait d'un acte d'ingénierie géopolitique hors du commun. La Grèce qui était officieusement sous « perfusion » structurelle pouvait donner le change. Sans attirer la moindre inquiétude des marchés, et éveiller les soupçons des prêteurs institutionnels auxquels elle pouvait s'adresser pour financer son besoin de trésorerie courant, le pays avait développé des mécanismes internes pour accéder à un « Eldorado » qui correspondait à cette vision séculaire du mythe de la puissance retrouvée.

II. Les Grecs, la CEE et la réitération d'un schéma idéaliste classique

Pour être reconnue comme membre de la coalition, et disposer des mêmes prérogatives, la Grèce avait dû faire preuve d'une importante souplesse d'adaptation. Dès 1975, l'architecture de développement intérieur avait dû reprendre pour son propre compte les défis de l'élargissement. Après les 7 années de dictature, les Neuf attendaient que la Grèce eût pris toutes les dispositions utiles qui attestaient de son engagement indéfectible. Rien n'étant par principe évident, la période contrastée immédiatement antérieure avait plongé la coalition dans le doute.

Pour atténuer le phénomène d'exophorie visuelle qui affectait le jugement des européens, la Grèce devait tout mettre en œuvre pour rattraper le temps perdu. Elle était tenue de poursuivre le mouvement d'intégration de « l'acquis communautaire » et de reprendre le rythme de travail prévu.

Assez logiquement, la Grèce était attendue sur sa capacité à remplir, suivant le rythme prévu, les conditions substantielles d'adhésion. Karamanlis l'avait compris, et son retour pressant au pouvoir après le démantèlement de la junte, signifiait aussi la reprise de tous les processus mis en suspens. En habile politicien, il avait semble-t-il entendu le message *urbi et orbi* de Jacques Delors qui, ce jour-là, exhortait les Etats à mieux dialoguer et à se faire des concessions mutuelles. Avec perspicacité, la méthode des « petits pas » que Delors affectionnait, avait représenté un atout majeur pour la conduite des négociations d'adhésion et d'approfondissement dans le cadre de la Grèce.

Etre dans le cercle des pays coalisés n'était pas un jeu d'improvisation, c'était d'abord un destin choisi. Aussi, l'impératif de montrer patte blanche était une condition *sine qua non* de la réalisation finaliste de l'intégration. Lors d'une prise de parole en tant que leader européen, Jacques Delors s'était plu à caractériser la dynamique européenne. Il avait pris soin de décrire l'architecture de fonctionnement globale de la coalition : « L'*Europe est une construction à allure technocratique et progressant sous l'égide d'une sorte de despotisme doux et éclairé* ». À la reprise du *statu quo ante*, le despotisme des Lumières néolibérales avait retrouvé son rôle.

Cette doctrine politique étayait sa légitimité de forme, en assurant la promotion de réformes volontaristes. Elles associaient tour à tour des principes de gouvernement dirigistes et des idées réformatrices. Autre marque d'identification, ce modèle d'administration faisait primer les vertus de la raison pratique sur l'action concertée des Etats. La rationalisation des moyens et des fins était une donnée essentielle de ce courant doctrinaire.

De toute évidence, la consolidation de l'Etat grec ne pouvait faire abstraction de cette dynamique. Ne pas y adhérer revenait à se dédire au sujet d'un pacte scellé 14 ans auparavant[92]. C'était aussi mettre fin à cette reprise idéalisée du bonheur collectif. Cette vision des choses avait conduit la Grèce de Karamanlis, réélu suite à des élections législatives anticipées[93], vers un capharnaüm sans précédent. Il devait faire date dans l'Histoire des régimes politiques occidentaux.

I. Les réformes intérieures pour coller aux standards européens

La CEE avait posé un certain nombre de jalons. Elle les avait rappelés sous une forme ou sous une autre dans la plupart des audits prospectifs internes. On citera, par exemple, le document de

---

[92] Par référence à l'accord d'association signé le 9/07/1961 entre la Grèce et les CE, devenues entre temps la CEE. L'accord était entré en vigueur le 1er novembre 1962.

[93] Pour mémoire, Konstantinos G. Karamanlis avait occupé des fonctions de Premier ministre entre le 17/05/1958 et le 20/09/1961. Malgré l'instabilité gouvernementale constante, le parti de l'UNR auquel il appartenait fut largement reconduit dans ses fonctions. Lors des élections législatives anticipées du 19 février 1961, l'UNR (Union radicale nationale) avait obtenu 50,8 % des voix, ce qui en nombre de sièges représentait un total de 176 /300. Le gouvernement de coalition avait associé le parti de l'Union du centre, dont le score législatif lui permettait de remporter 100 sièges.

travail[94] intitulé « *Dossier concernant l'association de la Grèce à la CEE. Texte(s) d, i et nl partiellement* » (CM2 1961/ 500ac). Ce document de travail fournit des informations sur les modalités pratiques qui organisaient le déroulement des opérations.

De manière plus spécifique, la section G8[95] du document portait à la connaissance des Etats membres le degré de réalisation effectif de l'intégration pour la Grèce. Saisissant la balle au bond, et profitant de l'ouverture des négociations, l'Etat grec avait fait connaître ses positions sur les moyens pour parvenir à l'achèvement du processus de « conversion ». Ainsi, dans le courrier du 9/02/1960 adressé à la Commission, le Ministre hellénique de la coordination exposait-il le stade de réalisation de l'opération prévue. Il y indiquait notamment les difficultés et les points de discussion qui avaient trait à la mise en œuvre du contrat de partenariat et d'association « Grèce/CEE ».

Le jeu de la diplomatie avait été marqué par le recours à une méthode de négociation proche du *soft balancing* (apparu à la fin de la guerre froide et de la chute du bloc communiste à l'Est de l'Europe). Evidemment, les accords d'association avec la CEE renforçaient la détermination grecque à vouloir rejoindre rapidement la coalition des Etats forts.

L'offre était alléchante et représentait une donne inespérée d'asseoir une légitimité du verbe plus édifiante encore.

Pour mémoire, depuis la première fois où le Conseil de Sécurité de l'ONU avait été saisi de la pomme de discorde par la Grèce, jamais les velléités au sujet de Chypre n'avaient été aussi ténues. Cet état de fait était probablement dû à une certaine conception du Génos (la civilisation) et à une manière de faire converger un sentiment d'appartenance commune.

En effet, depuis le XVIIIe, la constitution de la Nation gréco-orthodoxe avait été fortement liée à l'organisation symbolique de la communauté chrétienne au sein de la société turco-ottomane. L'organisation des liens de parenté sur le modèle d'un clan hyperdéveloppé avait conduit ensuite à la formation d'une identité spécifique. Elle s'appuyait sur un processus d'affranchissement

---

94 Document interne aux Communautés

95 Document CM2 1961 /500ac. La section était intitulée de manière explicite : « Document de la Commission I/4294/59 concernant quelques aspects fondamentaux de l'association de la Grèce à la Communauté ».

mythique de la tutelle ottomane, et servait à valoriser l'individu qui avait choisi de vivre dans une Grèce ouverte, et libre, et qui se revendiquait comme berceau de la civilisation européenne.

Or, non sans correspondance, le conflit Chypriote avait cela de particulier qu'il ravivait les vieux antagonismes patriotiques. La querelle qui portait sur le retour ou le maintien de l'île sous son administration usuelle renvoyait directement à des tropes de l'hégémonie. On pouvait y déceler la critique ouverte qui était faite à l'encontre des Turcs. Car, l'opposition qui résultait, d'une part, entre le monde moderne (symbole de progrès et d'appartenance culturelle à l'Europe) et, de l'autre, avec l'ancien passé peu glorieux des chrétiens d'Orient (asservis par l'idéologie ottomane[96]), rétablissait les anciens antagonismes identitaires.

D'où cette situation inextricable, où les Turcs considéraient Chypre comme le seul rempart qui les protégeait stratégiquement des appétits de conquête stratégique des occidentaux et des Balkans. Et, à l'opposé, les Grecs qui aspiraient à reconstruire l'ancien empire hellénique.

Compte tenu de la différence de force entre ces deux pays, la Grèce avait perçu l'accord de 1961 comme un moyen détourné de pouvoir imposer ses vues avec le soutien des Européens. En effet, l'idée que la Turquie eût pu s'afficher ultérieurement comme un État fort, dans cette région de l'Europe, avait été jugée inacceptable.

Des années plus tard, les dirigeants grecs avaient donc mobilisé leurs énergies. Pour cela, ils avaient fait obstacle à une démarche intégrative de la Turquie à l'égard de l'île de Chypre. L'enjeu était de taille : si la communauté internationale en arrivait à la conclusion ponctuelle que l'Anatolie ne pouvait redouter de menace pour elle-même dans la région, la Turquie aurait pâti d'un déficit d'influence. Sans attendre, et face au risque politique d'une annexion potentielle, le Premier ministre Karamanlis avait fait le choix de tenir tête à son proche voisin.

Dès lors, l'idée de pouvoir intégrer une coalition d'Etats forts et économiquement puissants comblait les desseins et autres espérances des dirigeants grecs. En toute logique, une action

---

[96] Cf. COUROUCLI, M., « Génos, ethnos. Nation et État-Nation », in Ateliers du LESC, N° 26, § 11 – 12.

militaire d'envergure aurait été mal perçue par la communauté internationale. Elle aurait été pressentie comme une manœuvre intentionnelle de faire usage de moyens immoraux pour asseoir des fins prétendues nécessaires. Quand bien même la Grèce aurait pu remporter la partie, l'opinion publique l'aurait considérée au final comme le grand perdant. C'est pour cette raison que les leaders politiques grecs avaient privilégié un mode d'action plus pacifiste mais tout aussi efficace. L'usage des moyens conventionnels consentis par les lois du Marché et des cycles de l'économie avaient eu raison d'un affrontement plus direct. Ils permettaient de tenir le voisin turc dans une forme de « respect » tout en poursuivant des rapports de bon voisinage dictés par le rythme des échanges commerciaux.

En définitive, l'intégration grecque offrait de nombreux avantages à ce nouvel adhérent. Elle permettait, par exemple, à la Grèce de gagner sur la plupart des tableaux stratégiques. Ainsi, son admission dans le cercle des notables européens lui permettait-elle aussi de tirer les bénéfices qui résultaient de l'équilibrage des forces économiques, entre l'Europe et les autres pays (dont la Turquie). Sur le plan de l'économie budgétaire, l'effort de convergence et de conformation aux critères européens conférait d'autres opportunités. Sans vouloir approfondir, la Grèce était aussi assurée de bénéficier à terme d'une allocation de ressources substantielle et durable.

Le dispositif européen de rattrapage des écarts entre régions riches et régions pauvres, s'appuyait sur des aides[97] au développement sectoriel. Comme le mentionne Tsioubos, dans son article publié en 1992, « *les subventions du FEOGA-Garantie ne font que s'accroître durant la période 1981-1990*[98]». Cette manne financière sera habilement exploitée par les dirigeants successifs. Avec un acquiescement quasi direct des Neuf, ces subventions avaient été régulièrement destinées à « conforter les finances

---

[97] Entre 1960 et 1970, le secteur agricole grec absorbait une part importante de la population active totale, avec des tailles moyennes d'exploitation de l'ordre de 3,69 ha. Or, le fractionnement de ces surfaces en petites exploitations avait empêché l'investissement à des fins de modernisation.

[98] Tsioubos, G., « Politique Agricole Commune (P.A.C.) et clientélisme politique en Epire (Grèce du Nord-Ouest) », in *Revue de géographie alpine*. 1992, Tome 80, N°4, cit. p. 132.

publiques et la balance des paiements extérieurs » après avoir été réintégrées dans le cycle interne du budget national. A compter de cet instant précis, le droit de regard de la Commission suspendait son cours et cédait la place à la souveraineté étatique.

Sans vouloir être médisant, et nonobstant tous les gages de bonne fin que l'Etat grec avait donnés de manière formelle, rien n'avait réellement été efficace pour chasser les vieux démons. Au-delà des intentions, la Grèce avait indéniablement renoué avec ses tentations anciennes. A partir de 1981, les apories du rêve Grec avaient retrouvé de leur vigueur. L'apport de capitaux extérieurs durables avait favorisé le rêve d'un Etat-nation égal à ses partenaires.

Proche du but, le pays avait redoublé d'initiative et de volonté, car, à l'instar d'Héraclès[99], le politique avait entrepris d'apprivoiser, à son tour, la biche de Cérynie. Il attendait patiemment qu'elle se montrât moins farouche pour commencer son œuvre refondatrice.

1.1. Transformer l'élan : la mise « à niveau » des critères internes de sélection.

L'adoption des standards européens avait laissé, en arrière-plan de l'adhésion politique, quelques zones d'ombre. Malgré tout, l'acceptation de l'héritage idéologique avait été conjuguée aux projets helléniques de pouvoir peser sur la partition jouée lors du concert des Nations.

Dans les faits, l'intégration horizontale de l'acquis communautaire devait être accompagnée d'un effort de clarification des Neuf dans leurs intentions. S'ils avaient donné leur assentiment pour accueillir un 10e membre, il importait encore de délivrer le bon message. A cette fin, et de manière à aplanir toute querelle de moyens ou d'objectifs, la coalition avait fait amende honorable au sujet de la souplesse avec laquelle elle veillerait au suivi de la méthodologie communautaire en Grèce. Usant de persuasion, la Commission avait été appelée à la rescousse. Lors de son travail d'examen des conditions de mise en œuvre des principes communautaires, l'institution avait regardé la nature et l'objet sur lesquels portaient les subventions accordées. En théorie, ces aides

---

[99] Homère, *l'Iliade.*

étaient accordées sur justification de motifs précis. En l'occurrence, les fonds structurels avaient été autorisés par la Commission en raison des efforts accomplis en matière de mise « à niveau » des critères internes de sélection économique et politique. D'une certaine manière, ces gratifications contribuaient en outre au maintien du système européen en situation stable.

Pour afficher son allégeance et montrer sa reconnaissance, la Grèce s'était attelée à son premier « chantier » institutionnel. La question de l'aménagement du territoire et la réforme des collectivités locales avaient suscité de l'énergie et de la patience. En guise d'échange de bons procédés, le statut des collectivités locales avait permis d'afficher l'entente parfaite entre Bruxelles et Athènes. Ce projet avait été initié dans une période temporelle où le pays avait réfléchi à une réforme du domaine foncier agricole. A la multitude des très petites exploitations familiales, l'idée avait consisté à faciliter l'interpénétration des exploitations qui opéraient des activités connexes et/ou complémentaires. En agrandissant la taille des exploitations, l'agriculture intensive aurait permis de produire davantage et de réguler la production européenne du point de vue de l'offre et de la demande.

A l'évidence, la mise en route de ce premier train de réformes allait dans le sens d'une satisfaction des Neuf. Parce qu'il importait d'accompagner le nouvel Etat membre vers plus de productivité, la coalition avait souhaité que les autorités étatiques nationales fussent étroitement associées aux objectifs de rationalisation de la production. Œuvrer suivant les recommandations de la Politique agricole Commune (PAC) permettait à l'Europe de limiter tout effet de dumping social ou économique à l'intérieur de son périmètre d'action politique.

Parallèlement à cela un second chantier, connexe du précédent, avait été déployé. A ce sujet, la littérature grise de décembre 96 à février 97 relatait que le Ministre de l'Intérieur, de l'Administration publique et de la Décentralisation avait été chargé de penser la refonte des autorités locales.

La réforme avait fait l'objet d'une planification. En tant que procédé de rénovation structurelle de l'organisation administrative grecque, les diverses étapes qui devaient conduire à l'aboutissement retenu. La question de la compétitivité était articulée autour d'un schéma d'organisation des compétences et de mutualisation des services. A cet égard, le programme "Ioannis Kapodistrias" fixait les nouvelles délégations de compétences, ainsi que l'organisation des interventions financières entre les divers échelons locaux et l'Etat. Sans surprise réelle, la modernisation de l'administration publique grecque et la redéfinition des compétences attribuées au gouvernement local étaient au centre des préoccupations.

Dans ce document, les collectivités locales furent reconnues comme le premier échelon administratif de l'activité déconcentrée de l'Etat dans les régions. Compte tenu des enjeux prospectifs avec les CE, le gouvernement grec avait attaché une attention particulière à réussir la transformation. Il en allait de son héritage moral et politique, et de l'engagement donné de toujours œuvrer pour l'épanouissement des orientations communautaires.

a) Anticiper les réformes d'avenir pour mieux préparer le présent

L'œuvre réformatrice qui avait été engagée par la Grèce, suite à son adhésion aux Communautés en 1981, procédait d'une anticipation de ce à quoi l'Europe du marché commun devait s'attendre à subir comme contraintes. A cet effet, l'adhésion progressive de cet Etat aux grands projets de développement économique avait été motivée par une raison intérieure. Après la défaite de la junte, le pays avait connu une période de récession économique causée par sept années d'autarcie quasi complète.

La chance de pouvoir faire partie intégrante des communautés correspondait aussi à un choix primordial. Il signifiait que la Grèce allait pouvoir bénéficier des opportunités qui autorisent une renaissance brillante. Dans cette période de consolidation de l'Europe au moyen d'un développement du marché commun sans précédent, le nouvel arrivant pouvait bénéficier des retombées économiques déjà en cours sur ce projet. Sans nul doute, l'implantation de nouvelles entreprises dans les régions de Crête, Attique, Macédoine, Thrace, Epire, et l'accroissement des flux d'exportation à partir de ces sites de production ne pouvaient qu'être bénéfiques à un accroissement potentiel du PNB du pays.

Probablement au faîte des questions d'actualité, et ayant anticipé le chemin emprunté par la construction communautaire,

Karamanlis avait su saisir les opportunités qui s'étaient présentées à ce moment-là. Les questions débattues lors du Conseil européen de Londres (29-30 juin 1977) et qui anticipaient un certain nombre d'objectifs à poursuivre[100], n'avaient pas manqué de susciter l'éveil du politique.

Pour la forme, et à la suite du Conseil européen, les Neuf avaient convenu de faire converger leurs politiques publiques sur deux aspects de l'intégration. En l'espèce, il avait été convenu que tous les Etats membres devaient :

- Favoriser l'investissement technologique en consacrant une nouvelle définition du rôle des Etats. Il leur incombait de signer des partenariats avec le secteur privé. Pour ce faire, le Conseil européen avait listé les objectifs[101] et les mécanismes à mettre en œuvre pour développer l'investissement, l'expansion des entreprises et des activités individuelles.
  Une piste avait consisté à donner de plus amples moyens d'intervention à la banque européenne d'investissements (BEI). De la sorte, son rôle de partenaire pilote, dans le cofinancement des projets de développement industriels et des activités de service, passait-il pour être politiquement acceptable… question d'indépendance oblige.

---

[100] Pour information, le document DOC 77/2 était destiné aux divers Chefs de gouvernement. Il y était évoqué les ambitions que les membres de la coalition devaient être en mesure de réaliser. La principale résolution avait pour objectif de réformer (en l'améliorant) le volet social de l'action politique et économique du groupe. Cela supposait aussi que les échanges de points de vue sur le budget et le financement des CE, sur la croissance économique aient été débattus en tenant compte du poids économique représenté par l'intégration de la Grèce. Sans hésitation, le mot d'ordre avait été donné : convergence et stabilité.

[101] Cf. Conseil européen de Londres, DOC 77/2, 30/06/1977, p. 3 : « *la nécessité pour les pays industrialisés de coopérer en vue d'obtenir une expansion soutenue de l'activité économique mondiale compatible avec une réduction du taux d'inflation, et de contribuer ainsi à une réduction du chômage* ». Ainsi, grâce à cette déclaration interstitielle, les membres du Conseil souligneraient-ils notamment le bien-fondé de la mesure de convergence. Elle devait pouvoir « réguler » (sans le dire) l'offre et la demande au niveau mondial, tout en contribuant à favoriser l'émergence du " made in CE ". L'opération d'équilibrage qui en résultait tendait à pérenniser les flux d'échanges économiques à l'intérieur de la zone des CE ; elle limitait par contre-effet le dumping des produits fabriqués à bas coût hors zone d'échange.

- Opérer une convergence économique des stratégies de développement étatiques. Soucieux de maintenir un bon fonctionnement du système économique au niveau de l'Europe, les Etats membres devaient veiller à l'application des « règles du jeu » par l'ensemble des acteurs en présence. Cette posture éthique et politique devait en principe contribuer au développement des services sociaux (solidarité), de santé, d'éducation, de formation professionnelle pour l'ensemble des salariés. Conformément au Rapport Tindemans[102] de décembre 1975, l'idée avait fait son chemin et les Neuf étaient arrivés à la même conclusion. La pertinence d'une politique extérieure commune était un projet qui avait un sens. Ainsi, le ralliement des Etats moins puissants à ceux qui disposaient d'une plus importante capacité d'intervention, était stratégique. Cette association opportuniste devait participer de la création d'une vaste zone d'échange commercial et économique, placée sous le signe de la liberté régulée.

En raison de ces considérations liminaires, la Grèce avait pris la mesure des enjeux qui découlaient des actions communautaires. Sans qu'il fût question alors de « gouvernance » de l'Europe, la préoccupation majeure des décideurs européens consistait à dynamiser toutes les pistes qui conduiraient à faire du rêve du plein emploi une réalité économique. La Grèce l'avait bien compris, et avait assimilé les bénéfices *in fine* d'une optimisation des politiques publiques avec l'échelon Européen. La mise en œuvre des réformes structurelles, dans les territoires grecs, empruntait ses modes d'action à ces mêmes conclusions rendues publiques des années auparavant.

---

[102] Bulletin des Communautés européennes, supplément n° 1/76.

2. La faim, l'occasion, l'herbe tendre, la Grèce tondit l'herbe de ce pré à la largeur de sa langue

Ouvrons ce développement par un clin d'œil à Jean de La Fontaine. Tout comme dans ce poème dédié aux "animaux malades de la peste", la moralité de l'Histoire grecque incluait aussi la prise en considération de facteurs éthiques déterminants.

De prime abord, l'expérience de la chose publique enseigne que toute imitation n'est pas forcément louable. Dans la plupart des situations, celui qui cherche à « imiter » sans ingéniosité les actes d'autrui, finit par prendre des décisions approximatives. Ce constat a pour origine une forme d'impréparation : elle empêche de répondre de façon satisfaisante aux nouvelles situations urgentes et changeantes. Elle a pour corollaire une posture actantielle qui traduit, chez le politique, un manque évident de flexibilité. Aussi, une fois l'erreur constatée, le temps des manœuvres correctives ne peut qu'agir sur les situations futures. Contrairement à ce qui peut être avancé, nul ne peut prétendre à modifier un présent déjà en réalisation. En raison d'actions qui ont été développées sur la base d'une sédimentation de programmes, d'actions et de prestations, les décisions montrent rapidement leur inefficience. La faute en revient, en principal, à une mauvaise appréciation des situations concrètes, dans lesquelles les décideurs ont mêlé aspirations personnelles et volitions collectives.

De manière indubitable, un bon moraliste, soulèverait ici que ce n'est pas tant l'étendue de l'erreur (en valeur) qui rend l'action contraire à l'éthique, mais bien l'intention première qui a présidé à la réalisation de l'acte lui-même. Afin d'éclairer les nuancements évoqués, l'Histoire politique de la Grèce après 1975 peut aider à mieux comprendre leur portée intrinsèque.

En effet, Karamanlis avait perçu dans la reprise du rêve européen une voie de rétablissement pour ce sentiment d'appartenance nationale. Il en imprégnait la culture hellénique depuis des siècles.

Non sans lucidité, la construction du modèle social européen, avec le concours d'un 10e Etat membre, avait réveillé des espoirs demeurés en sommeil. Le retour de ce revival panhellénique (sous des formes plus atténuées) avait permis d'ambitionner les rêves les plus nourris. Avec du recul, on se souvient que des années auparavant, cette même tentation avait valu à la Grèce les réprobations implacables de la communauté internationale, et celles de son voisin turc en particulier. Somme toute, la représentation que le politique avait pu se faire de l'appui procuré par ses partenaires économiques s'inscrivait dans une perspective positiviste d'accroissement d'influence.

Dans les faits, en revanche, le bilan d'étape postintégration avait été plus mitigé. La méthode dite « intergouvernementale » héritière de la technique des « petits pas » n'avait pas réussi à transformer totalement l'essai communautariste. La question de l'intégration économique, sous-jacente à celle politique, impliquait que les Etats coalisés eussent acté des mesures unanimement approuvées. La situation économique générale en Europe avait fait revoir les ambitions à la baisse. A cela, était venue se surajouter l'interférence d'événements majeurs (dont le choc pétrolier de 1973). Ils avaient prorogé leurs effets induits jusqu'au début des années 80. La politique économique expansionniste de l'Europe avait dû tenir compte de ces aléas externes : le chômage conjoncturel, en nette reprise, avait eu pour conséquence de plonger les Neuf dans une action agissante plus « timorée » quoique toujours volontariste.

D'une manière plus générale, ces mêmes circonstances externes avaient entraîné une dissociation dans l'interassociativité poursuivie par le Traité CE. La période 75-80 s'affichait sous le signe d'une politique européenne ambitieuse qui renouait avec une forte asymétrie d'action.

En tout état de cause, et à compter de 1975, comme le souligne Muet dans son article « Déficit de croissance en Europe et défaut de coordination : une analyse rétrospective [103]», le maintien des cloisonnements avait porté les Européens à faire vivre la tête séparée du reste du corps. D'où ces propos : « *Sans institutions politiques susceptibles de coordonner les politiques économiques, aucune nation n'est incitée à mener une politique de croissance dont elle est seule à supporter les coûts alors que tous ses partenaires en partagent les bénéfices*[104] ». Quoi de plus censé, en

[103] Muet, P-A., « Déficit de croissance en Europe et défaut de coordination : une analyse rétrospective », in *Coordination européenne des politiques économiques*, Paris : Conseil d'Analyse Économique, 1997.
[104] Muet, P-A., *ibidem*, cit. p. 14.

effet, que de recadrer les conditions optimales pour réussir l'objectif préfix.

En pareille circonstance, le succès de toute convergence en vue de réaliser un même but nécessitait une feuille de route détaillée. Le tout se résumait à savoir comment employer les ressources dont disposait l'Europe pour accompagner les mutations internes. Ces adaptations étaient motivées en raison de l'essor constant des pays asiatiques sur les marchés occidentaux. A l'intérieur des Communautés, ces ressources financières devaient permettre de mieux préparer les « bassins d'activité défavorisés ». Les Etats membres avaient pris conscience que seul le ciblage dynamique de leurs efforts, permettrait de favoriser l'expansionnisme européen.

Les négociations autour de l'intégration définitive de la Grèce avaient été rondement menées. L'impact a posteriori de cette nouvelle adhésion avait été supplanté en partie par les enjeux économiques que les Dix Etats coalisés devaient relever. L'éligibilité de ce dernier pays adhérent, bien qu'ayant fait l'objet d'un avis motivé par la Commission, n'avait pas été considérée comme impossible. Or, ce choix allait être à la fois le remède qui accentuerait les efforts de décloisonnements entre les niveaux d'actions politiques, mais encore le « mal » qui allait jouer en défaveur du nouvel adhérent.

Lorsqu'on s'attache au contenu des négociations, on s'aperçoit que les coûts de réalisation du processus de conversion à terme légitimaient, aux yeux de l'Etat Grec, un *modus operandi* peu orthodoxe. Le message reçu consistait à dire que l'Europe, dans le cadre de ses missions, pouvait accorder des subventions aux régions afin que par réciprocité, les régions contribuassent à fortifier le panisme européen. Le ratio « bénéfices à moyen terme escomptés/hégémonie économique prévisible » avait joué en faveur des régions helléniques. Il mettait la coalition dans une posture qui l'incitait à redistribuer des aides au développement sous couvert d'un financement spécifique des besoins, hors de tout contrôle effectif.

La Grèce, quoique alors « simple Etat en cours d'adhésion » bénéficiant du régime juridique d'« associé », n'avait pas été insensible à ce genre de dialogue. Dès 1981, le pays avait pu organiser les conditions de son éligibilité[105], et être attributaire des divers fonds de soutien au développement stratégique de bassins de production.

En principe, les ressources prélevées sur le budget de l'Europe étaient affectées au rattrapage économique des secteurs d'activité en retard. Il s'agissait de les hisser au même niveau de compétitivité que ceux répertoriés dans les autres Etats membres. Toutefois, comme l'ont démontré Maraveyas et Martinos[106] (1977), entre la théorie et la réalité la distance à parcourir est souvent insurmontable faute de volonté. Paradoxalement, l'octroi de ces subventions aux régions agricoles montagneuses[107] (Épire, Thrace) avait eu aussi deux conséquences majeures pour l'économie grecque. Elles avaient engendré des effets contraires à ceux planifiés en amont : (1) la modification architecturale des monopoles publics et privés[108] ; (2) la perte de compétitivité[109] des produits manufacturés grecs par rapport à ceux fabriqués dans d'autres régions de l'Europe.

En l'occurrence, le procédé imaginé par les européens avait fait la promotion d'une politique européenne de développement fondée sur l'offre.

Elle partait du postulat selon lequel la reprise de l'activité économique, dans les zones où se concentrait un fort exode

---

105 Maraveyas, N., Martinos, N., « L'agriculture grecque face à L'Union économique et monétaire de la Communauté », in *Options Méditerranéennes*, Sér. B, n° 12, 1997 - Agricultures familiales et politiques agricoles en Méditerranée, p. 277 : *« l'agriculture grecque a profité des mécanismes de soutien des prix sur les marchés intérieur et extérieur ainsi que de la protection douanière vis-à-vis des pays tiers »*.

106 Maraveyas, N., Martinos, N., *ibidem.*

107 Ces régions étaient caractérisées par des structures de production « *anachroniques* » comme l'indique Vounouki dans son article intitulé : « L'agriculture grecque : multifonctionnalité, politique agricole et réseaux sociaux informels », in *Économie rurale.* N°273-274, 2003.

108 *Ibidem*, supra, p. 277 : « *(…) l'adhésion à la Communauté Européenne en 1981, avait protégé l'agriculture nationale de la concurrence extérieure (…) cette politique prévoyait des aides à l'exportation et soutenait les prix agricoles sur le marché interne par un système de prix garantis* ».

109 Maraveyas, N., Martinos, N., *ibidem*, « *(…) l'abolition de la protection et des aides à l'exportation des produits agricoles Grecs vis-à-vis des pays de la CE a entraîné la baisse de la compétitivité de l'agriculture grecque face aux autres pays membres de la CE* ».

agricole, ou dans celles qui pouvaient promouvoir des activités de complément, dépendait de la capacité de modernisation des substructures familiales. Pour ce faire, l'apport de financements directs avait été imaginé comme devant faciliter la stratégie d'embauche des entreprises locales. Cela devait améliorer le passage progressif, mais soutenu, à une agriculture extensive.

Bis repetita, là encore, le projet et sa réalisation avaient été fortement contredits, suite à une carence en indicateur de faisabilité faible. Si la fréquence et l'importance de la double activité dépendaient des offres alternatives, que le marché local du travail pouvait offrir, encore fallait-il qu'à cette époque-là les structures macroéconomiques locales eussent réellement fonctionné. En ce sens, nonobstant les aides qui avaient pu être débloquées selon les projets et le rythme déterminés, le sort de l'agriculture n'avait pas été réglé.

Les archaïsmes avaient démontré leur enracinement profond dans les *habitus* sociologiques. Comme l'indique Vounouki « *les voies de la survie et de la reproduction des exploitations grecques passent par le recours à une deuxième activité économique, l'appel à la main-d'œuvre familiale saisonnière ou celle bon marché des immigrés, par l'entraide, l'ajustement continu aux contraintes (capacité de travail, conditions des marchés, activités alternatives ou complémentaires). Signalons également la capacité à faire varier les volumes de productions* [110]». Tous les efforts financiers n'avaient pas été efficients pour atténuer les inégalités structurelles[111]. Les disparités pouvaient être constatées aussi bien entre secteurs d'activité différents, qu'entre secteurs relevant d'une même branche de production.

---

[110] Vounouki, E., "L'agriculture grecque : multifonctionnalité, politique agricole et réseaux sociaux informels", in *Économie rurale*, N°273-274, 2003. Cit., p. 187.

[111] Rollet, A., Le couple produit/territoire, Paris : CEMAGREF, 2000. L'auteur souligne en effet dans cette étude que « *En 1984-85, sont mis en place le contrôle de l'offre et de la discipline budgétaire* (en Europe). (...) *la Communauté inaugure une politique de prix plus proche de la réalité des marchés* (...) *et elle inaugure un régime de quotas dans le secteur laitier* ». Une conséquence de ces mesures de *containment* fut de développer un « *retrait des terres agricoles* » (remembrement du foncier) de favoriser « *l'extensification et la reconversion de la production* » (favoriser la quantité au détriment de la production qualitative et raisonnée). Cf. ouvrage, p. 195.

Grâce en partie à ces résistances internes au changement, et en raison de ce caractère multifonctionnel, qui avait séduit l'Europe, la Grèce avait su tirer son épingle du jeu. En même temps qu'elle démontrait sa capacité à *« remplir une fonction productive en approvisionnant le marché intérieur et extérieur et les industries agro-alimentaires* [112]», d'une part ; et que, d'autre part, elle se montrait capable de respecter une forme éloignée de rationalité. Cela avait pour mérite de rappeler « *celle qui avait cours dans les filières agricoles intensives qui caractérisent la plupart des pays de l'UE* [113]». Cet ensemble de situations avait convaincu la coalition. Les Neuf avaient consenti à canaliser leurs aides au développement sans contrôle supplétif rigoureux.

Saisissant la balle au bond, et en toute bonne foi, le 10e Etat membre avait bénéficié d'un effet d'aubaine involontaire. Dans son sillage, ce *modus facendi* avait motivé d'autres appétences. Par la suite, d'autres pays candidats s'y étaient engouffrés plus ou moins de la même façon. A moins d'être aveugle, les fonds perçus au titre des divers programmes d'amélioration économique constituaient une manne providentielle pour les nouveaux pays adhérents[114]. Contrôlés de loin, leur affectation y était regardée avec un certain lien de confiance, même si le budget national y puisait les ressources nécessaires manquantes pour combler aussi ses propres dépenses.

3. Entrez par la porte étroite : Large, en effet, et spacieux le chemin qui mène à la perdition

Vauvenargues avait dit un jour que « *quelques exemples rapportés en peu de mots, donnent plus d'éclat, plus de poids aux réflexions : mais trop d'exemples et trop de détails énervent toujours un discours*[115] ». Lorsqu'on prête attention aux efforts d'adaptation que la Grèce avait déployés, durant les premières années d'intégration, on évalue le prix des concessions réciproques qui avaient été rétrocédées. Non seulement elle avait dû retrousser

---

[112] Vounouki, E., *Ibidem*, cit. p. 186.

[113] *Ibidem*, Ibidem, cit. p. 187.

[114] Notamment ceux dont la structure budgétaire et financière confinait à une gestation sans avenir de leur propre richesse productive nationale.

[115] Vauvenargues, (marquis de), *Réflexions et maximes*, Paris : le Rocher, 2003.

ses manches en matière de modernisation de certains secteurs de son économie, elle avait aussi dû s'approprier les principes directeurs de la philosophie morale et politique de la coalition. Enfin, cette phase d'assimilation proprement dite avait été assortie de son lot de modernisation structurelle imposée par l'impératif de compatibilité des règles nationales avec les traités européens. Considérant que ces changements faisaient partie des principaux déterminants de l'entrée du pays dans la zone CE, leur importance avait été très significative. A la convergence législative, qui était une condition *sine qua non* de la poursuite des négociations, s'était ajoutée une convergence administrative. Dans l'optique du processus constant d'approfondissement du marché commun, l'Europe des Neuf avait demandé à son 10e membre d'introduire une dose de libéralisme en matière de gestion du secteur public. L'exigence d'une gestion administrative efficace et le respect du principe de "libre administration des collectivités locales" qui était un leitmotiv de la construction européenne, avaient poussé la Grèce à poursuivre l'effort de restructuration économique de ses territoires.

A titre de comparaison, et jusqu'à l'adhésion réelle, la Grèce était marquée par une dimension sociologique et économique de la territorialité. Elle s'inscrivait en contradiction avec les préceptes européens, et le besoin de faire maison commune avait exigé d'y remédier d'une manière ou d'une autre. Entre 1970 et 1980, pour avoir une idée synthétique des faits, le pays avait établi que les affaires locales ne pouvaient être gérées que dans un lien de proximité directe.

Cela supposait, en la circonstance, que la répartition des compétences administratives, entre l'échelon local et l'échelon régional, fut dotée d'une souplesse à "géométrie variable". Dans les faits, la compétence administrative de gestion des collectivités locales ressortait comme « générale » compte tenu des traditions politiques. Dès lors, toutes les questions qui n'étaient pas inscrites dans les compétences de réserve des régions, relevaient de la décision expresse des communes considérées. Par analogie, avec la Loi fondamentale allemande, la répartition entre compétence d'attribution et compétences de réserve permettait aux länder de faire acte d'autonomie décisionnelle (voire d'originalité). Quoique décidant au fond de nombre de questions afin de les rendre adaptées aux us et coutumes régionaux, les décisions prises, au plus près des habitants, devaient respecter des droits garantis universellement par la Constitution fédérale. A modèle quasi comparable, les communes grecques avaient vu leurs compétences prescrites au code des dèmes et des communes.

A dire vrai, ce mode d'organisation, avait été impulsé par la Direction Générale de l'organisation administrative, service rattaché au Ministère de la Coordination. Selon les sources du droit administratif, le processus avait pour origine juridique le contenu de la révision constitutionnelle de 1954. Dès lors, l'évolution législative de la carte communale et régionale fut d'abord le fruit d'une réforme majeure. Car, prenant conscience que le pays était fortement centralisé (ce qui posait d'énormes problèmes de gestion et d'organisation), le pouvoir politique[116] avait souhaité modifier, en première intention, cet état de fait. L'adjonction de l'art. 99 à la précédente mouture de la Constitution (1911) avait permis d'éclaircir, en théorie, le lien unissant l'Etat et ces mêmes collectivités. Cet article disposait de manière inédite[117]que l'organisation administrative de l'Etat s'appuyait avant tout sur un mode de gestion plus décentralisé.

Dans le texte, la notion « d'administration locale » était une expression qui désignait directement les communes, et leur octroyait de nouvelles compétences. Du point de vue du droit public, le texte précédemment modifié consacrait la reconnaissance d'un échelon administratif "de base". A la demande de l'Europe et des institutions, ce premier degré avait été reconnu comme apte à légiférer pour tous les besoins inhérents au développement des territoires et de tenir compte de leurs besoins immédiats.

---

[116] Alexandros L. Papagos était le Premier ministre en exercice, au moment où advint la révision constitutionnelle. Son mandat politique avait commencé le 19/11/1952 et avait pris fin le 4/10/1955. Le projet de révision avait été soumis pour avis conforme à PAUL I, roi de Grèce et chef de l'Etat.

[117] Ex-art. 99, devenu art. 101 al. 1 et 3, qui édictent que : « L'administration de l'État est organisée selon le système de la déconcentration. (...) Les organes étatiques déconcentrés ont sur les affaires de leur circonscription une compétence générale de décision ; les services centraux, outre des compétences spéciales, donnent les directives générales, assurent la coordination et exercent le contrôle sur les organes déconcentrés, ainsi qu'il est prévu par la loi ».

Vlachos[118] rappelle que le texte législatif donnait une définition nouvelle de la notion d'Etat. Son autorité et sa légitimité reposaient dès lors sur une trilogie : « *L'Etat repose, selon la loi, sur la déconcentration et sur l'administration locale*[119] ». Au début des années 80, ces modifications n'étaient pas passées inaperçues. D'où cette instance feutrée de la coalition à faire en sorte que la Grèce s'efforçât de changer de paradigmes. Il importait que l'amorçage du redécoupage territorial des compétences entre les diverses collectivités aboutisse à plus de performance.

En la circonstance, la diminution de l'intégration verticale, la décentralisation des prises de décision, l'optimisation des processus décisionnaires qui tenaient compte de la chaîne la plus efficiente pour produire de la valeur ajoutée, étaient des objectifs de cadrage auxquels la Grèce ne pouvait plus se dérober. Il lui fallait se débarrasser de cette étiquette péjorative.

L'Etat était en mauvaise posture. En sa qualité d'organisateur des services au public, la désorganisation de ses services administratifs (dans les territoires) le faisait passer pour un exemple d'irresponsabilité à tous les niveaux.

Entrons dans le vif du dispositif d'adaptation aux standards européens de la Grèce prorépublicaine et européenne.

3.1. De la déconcentration administrative au remembrement administratif des collectivités.

Afin de garantir que le dispositif de réformation de la territorialité et la modernisation des services publics (administratifs) étaient opérationnels, deux textes législatifs étaient venus expliciter le sens dans lequel les améliorations étaient attendues sur le terrain. Comme cela a été exposé précédemment, ce rôle avait été assigné par la loi 3200/1955[120] et le décret législatif 3620/1956

---

[118] Vlachos, G., " La réforme de l'Etat et la codification de la législation en Grèce", in *Revue internationale de droit comparé*, Vol. 12, N°3, Juillet-septembre, pp. 595-605.

[119] Vlachos, G., *ibidem*, cit. p. 595.

[120] Loi intitulée "sur la déconcentration administrative », qui fonde le département comme l'échelon primaire où les décisions administratives revêtent un caractère absolu et contraignant. Il est du fait de cette disposition de loi une circonscription administrative dans laquelle les lois de l'Etat trouvent à être appliquées.

qui assurait son explication formelle. Cet acte législatif relevait des mesures dites de « première intention ».

Au moyen de ces actes législatifs, le politique réaménageait les conditions à l'intérieur desquelles la nouvelle animation du territoire pouvait trouver ses marques. Ces textes créaient un échelon décentralisé qui plaçait les collectivités sous la compétence administrative des préfets. Pour rendre le dessein viable, leur rôle avait été redéfini. Leur socle de compétences d'attribution et d'administration générale avait fait l'objet d'une réflexion plus transversale de la part du gouvernement. Aussi, placés sous l'autorité directe du pouvoir exécutif, les Préfets avaient-ils été chargés de la coordination des projets de développement économique dans leur circonscription régionale[121].

Pour limiter les dérives, les choix préfectoraux qui ressortissaient de l'administration quotidienne des services (statut du personnel administratif, développement interrégionaux) avaient été aussi mieux encadrés par décret[122].

En deuxième intention[123], la loi 2888/1954 avait été prise afin de toiletter l'ancien code des dèmes et des communes. Non sans une certaine logique, le toilettage législatif circonscrivait avec plus de précision les modes d'action et les champs d'interventions de ces mêmes collectivités Par souci de cohérence administrative, le nouveau code communal[124] avait fait son apparition. Il unifiait un certain nombre de textes plus ou moins cohérents, et offrait une « lisibilité » plus nette des missions confiées aux collectivités locales. A l'inverse de ce qui existait, cette réforme opérait une séparation fonctionnelle entre les divers niveaux d'exécution. Elle

---

[121] Malgré tout, leur intervention restait limitée. Ils ne pouvaient intervenir directement dans l'organisation, et devaient s'assurer que les décisions prises au niveau central fussent réellement mises en œuvre sur place.

[122] On peut se reporter à l'ouvrage de droit constitutionnel grec écrit par Panayotis en 2008. Le processus de déconcentration y est largement interprété à la lumière du droit constitutionnel grec, et des pratiques gouvernementales.
Cf. Panayotis, P., *DROIT CONSTITUTIONNEL ET INSTITUTIONS HELLÉNIQUES*, Paris : L'Harmattan, 2008, p. 293 – 295.

[123] Elle est historiquement la première, mais du point de vue descriptif, elle occupe une seconde position.

[124] Panayotis, P., *DROIT CONSTITUTIONNEL ET INSTITUTIONS HELLÉNIQUES*, *Ibidem*, p. 292. Le constitutionnaliste rappelle que le nom exact de ce nouveau code communal était « *Code municipal et communal* ».

redistribuait les compétences de réserve à chacun des services centraux de l'Etat, et à ceux des départements et des communes.

Postérieurement à l'épisode de la dictature, la reprise des démarches d'adhésion auprès de la Commission avait nécessité des efforts supplémentaires. La Grèce devait aller de l'avant sur l'acquis communautaire. Il va de soi que l'adhésion proprement dite avait été aussi un exercice de style. La reprise du processus d'adhésion avait été conçue comme un « rituel initiatique » de passage entre deux états de conscience. En tout premier lieu, la confrontation aux objectifs sans cesse plus ambitieux des Neuf, avait initié la Grèce à l'art de la compromission. Cette méthode était devenue une modalité de négociation à laquelle les dirigeants politiques européens étaient aguerris. Il appartenait aux dirigeants politiques grecs de s'y conformer avec une plus ou moins grande bonne volonté.

Une évidence, loin d'être ironique, reflète le jeu politique du « donnant-gagnant ». Car, à compter de la reprise du processus, c'est-à-dire dès le 12 juin 1975, le nombre de concessions auquel la Grèce avait dû consentir, pour espérer que son dossier de candidature fût officiellement examiné, relevait d'un effort considérable.

3.2. La Convention de Madrid du 21 mai 1980 (...)

S'il est bien connu qu'il est plus facile à un chameau de passer par un trou d'aiguille qu'à un riche d'entrer dans le Royaume des Cieux[125], la convention de Madrid représentait le chas au travers duquel l'institution étatique grecque devait pouvoir se faufiler.

Quelque temps avant l'adhésion officielle de la Grèce, les Neuf avaient dégagé un large consensus au sujet d'un mode de coopération interrégionale qui favoriserait l'élan de la construction. Elle associait les collectivités à un effort de développement partagé, autour d'objectifs locaux communs ou convergents. A l'évidence, le processus était des plus originaux. La conception du dialogue européen s'appropriait une dimension du vivre ensemble qui passait par une meilleure valorisation des coopérations administratives transfrontalières. Le fait de vouloir créer une dynamique de rapprochement des besoins et des moyens entre les

---

[125] Mathieu, 19.23-26.

collectivités concourrait de ce processus qui favorisait la concurrence non faussée entre les divers acteurs économiques des secteurs marchands et non marchands.

De manière rétrospective, et dès le milieu des années 50, la Grèce avait sensiblement perçu l'enjeu qui se cachait derrière le besoin d'efficacité administrative. Elle avait amorcé alors une première réforme qui tendait à un meilleur rapprochement des services de l'Etat (centralisateur) et des collectivités. Lorsqu'elle était entrée de plain-pied dans le cercle européen, la réforme de la territorialité était une réalité sur laquelle elle s'était déjà penchée. Il est vrai que l'étape de la précédente déconcentration administrative, puis l'étape de Madrid avec son admission définitive comme 10e Etat membre, inauguraient l'ère politique d'une coopération interterritoriale ambitieuse.

Le rythme des réformes ne laissait aucun répit au gouvernement Grec : il devait s'adapter en conséquence. Ainsi, en 1961, après avoir acquis le statut de membre associé, le pays avait-il dû déployer d'importants efforts pour s'habituer à un mode de raisonnement typique aux Etats coalisés.

A titre d'exemple, la recommandation 470 du 29 septembre 1966 votée par l'Assemblée (Conseil de l'Europe), avait fait comprendre aux dirigeants grecs qu'ils devaient être prêts à mettre en œuvre des réformes fondées sur un haut degré de technicité. En tant que dispositif pionnier, cette première approche de l'intercommunalité, à un niveau infra-frontalier, donnait nécessairement le ton pour les défis futurs. L'article 8, al. 1 offrait toute latitude aux collectivités territoriales pour nouer le type de partenariat requis en fonction des besoins spécifiques à chaque cocontractant. Conscients de cela, les membres du Conseil de l'Europe avaient stipulé que : « *Dans l'intérêt d'un meilleur accomplissement des services publics ou pour d'autres raisons, notamment d'ordre économique, les collectivités locales situées dans différents pays sont autorisées à entrer en négociation et à dresser un projet de contrat prévoyant que des prestations ou fournitures seront effectuées au profit d'une ou plusieurs collectivités locales par une ou plusieurs collectivités locales d'un autre pays* (…) ». Sous une forme non contraignante, le premier mot d'ordre avait été lancé. Par anticipation, il ouvrait la voie à une première étape (longue) de la convergence des politiques publiques des Etats membres. A pas feutrés, l'Europe songeait alors à refondre les diverses régions, et les préparait à accéder au pacte régionalisé imaginé dans un contexte préfédéraliste. Quoi de plus normal, dans ce cas, que les dirigeants européens aient estimé qu'il leur fallait renforcer les liens de solidarité entre les collectivités, avant que d'aller plus loin dans l'effort d'assimilation territorial ?

En toute logique, face à la diversité des pratiques de gestion et d'administration, le Conseil de l'Europe avait repéré un moyen ludique pour motiver les actes de bonne volonté. L'accomplissement de la mission de service public, c'est-à-dire la satisfaction des intérêts généraux relevant des activités courantes des administrations, avait été envisagé selon une double démarche. Soit les collectivités en question établissaient des contrats de « moyens », soit, au contraire, elles établissaient le périmètre d'action de leurs futurs contrats de « services » réciproques. L'efficience et le souci de l'efficacité dans l'action commune (concertée) ne pouvaient pas être optimisés sans qu'une démarche de coopération de proximité ait été déployée. D'où l'idée que les décisions d'engagement des dépenses sous-jacentes devaient être prises au plus près des besoins locaux. Une telle approche réduisait d'autant les coûts de gestion verticaux. Enfin, le regroupement de moyens et/ou de services participait d'un faisceau de bonnes pratiques destinées à faire réaliser des économies d'échelle à l'ensemble des citoyens.

Par voie de conséquence, le dispositif de modélisation territorial des compétences administratives permettait directement à l'Europe de pouvoir bénéficier de retours positifs sur investissements.

A l'échelle financière et budgétaire, les fonds structurels pouvaient être mieux optimisés. Leur allocation, au profit du développement des collectivités locales, était assujettie à 'une enveloppe globale de dotation. Seuls les projets à dynamiser pouvaient en recevoir l'affectation.

a) (...) lue à travers les initiatives du Conseil de l'Europe.

Pour approfondir l'intercommunalité, et s'en tenir à la réforme générale des collectivités territoriales en Grèce, un pas historique en avant s'impose.

Contraction historique. Le discours politiste reprend au lendemain de l'adhésion définitive des Hellènes à la Communauté Economique Européenne. Mais avant de faire irruption dans le vif du sujet, évaluons l'effort que la Grèce avait déjà accompli pour être reconnue comme l'égale des Nations coalisées.

Par définition, le degré de conviction d'un Etat à vouloir changer radicalement s'évalue à la lumière de l'expérience acquise sur le terrain communautaire. En l'occurrence, la Grèce avait bénéficié d'un long moment d'accoutumance et d'adaptation aux *habitus* européens. En effet, pour ne pas brusquer les choses et faire capoter l'opération, les dirigeants politiques grecs avaient bénéficié de 15 années de réflexion. Les Neuf leur avaient laissé tout le temps requis pour intégrer les paramètres philosophiques et idéologiques du changement utile. Aussi, tant Karamanlis que son successeur avaient bénéficié d'un retour d'expérience important. Il leur appartenait de les transformer en atouts pour réussir l'assimilation finale.

Le premier *feedback* provenait de la Résolution 75-4 du Conseil de l'Europe du 19 février 1975. La décision y décrivait les éléments qui permettaient à la régionalisation de devenir une dimension effective. Pour la première fois, le Conseil de l'Europe reconnaissait que les régions européennes, dans le contexte de la future architecture de développement, disposaient d'une fonction économique dans la structure d'ensemble.

En effet, en tant que sous-ensembles du domino communautaire, les régions avaient été consacrées comme pleinement aptes à favoriser le développement des objectifs économiques des Communautés. Pour l'anecdote, les premières assises des régions d'Europe de 1978 étaient arrivées à la conclusion que le processus de coopération entre les régions européennes allait dans le sens d'une promotion pratique des valeurs fondatrices de l'Europe. Aussi, outre le respect des différences, dans une matrice sociologique commune, ces entités étaient aussi la pierre angulaire sur laquelle reposait le processus intégrateur.

Post hoc, enfin, les Grecs avaient eu en main les conclusions des divers rapports qui avaient orienté le vote de la résolution sur la politique régionale communautaire et le rôle stratégique des régions[126], du 18 novembre 1988.

A l'évidence, cet acte législatif supranational avait conduit les députés européens à adopter la Charte[127] relative aux objectifs de la régionalisation en Europe. Poussés par une impulsion positiviste et avant-gardiste, les eurodéputés invitaient les Etats de la Communauté européenne à donner une fonction politique[128] (rôle exécutif) aux régions qui répondaient aux critères définis par cette même charte.

Dans le cadre de ce débat, les députés européens avaient souhaité :

- Donner aux régions leur autonomie décisionnelle. Le texte prévoyait qu'elles disposeraient de la personnalité juridique pour pouvoir légiférer dans le cadre de leurs territoires respectifs.
- Les doter des compétences d'élaboration législative et d'exécution fondées sur les lois nationales existantes. De cette manière, elles disposeraient des compétences d'exécution des décisions administratives prises en vertu de leurs attributions territoriales (disposer d'une fiscalité propre permettant d'assurer leur dotation financière).
- Accroître l'efficience participative des régions aux questions de développement économique de l'Europe. La Charte exhortait les Etats à promouvoir l'initiative régionale, c'est-à-dire à associer les régions aux grandes orientations structurelles décidées par l'Etat, en relation avec les objectifs des Communautés.

En l'espace d'une dizaine d'années, les décideurs européens s'étaient rendu compte de la portée économique de la régionalisation. En tant que collectivité territoriale, investie d'une mission de droit (service) public, la région était aussi un instrument de contrôle (modérateur) des décisions envisagées par les technocrates

---

[126] Cf. JOCE n° C 326, p.289.

[127] *Charte communautaire de la régionalisation*, adoptée par le Parlement européen le 18 novembre 1988, article 23, § 1 (JO C 326 du 19.12.1988, p. 289).

[128] *Charte communautaire de la régionalisation*, *ibidem*, supra, art. 2.

de la Commission. C'est Marcou[129] qui, dès 1999, rappellera que « *(...) les régions constitueraient la collectivité publique du niveau intermédiaire répondant aux besoins de la territorialisation de certaines politiques communautaires* (...) ». Du point de vue formel, les régions étaient capables de suppléer les carences réactives des Etats. Leur fonction de « relais » politique, les autorisait à conduire avec plus de précision les actions économiques destinées à répondre aux besoins spécifiques macrolocaux.

Nolens volens, l'heure des bilans à mi-parcours était arrivée. La taille des enjeux était importante, car la Grèce avait bénéficié d'un temps utile pour avancer.

Or, le temps et les objectifs communautaires évoluant, sa position la mettait sournoisement en porte-à-faux avec les objectifs mis en œuvre d'abord avec les avancées de Maastricht (1993), puis avec le projet initié à l'occasion du traité d'Amsterdam. A titre de comparaison, des Etats pionniers comme la France et l'Allemagne, mais encore l'Italie avaient réalisé de réels progrès en matière d'autonomie des collectivités locales. A l'inverse, la Grèce semblait pour le moins courir après des réformes qu'elle ne parvenait pas à totalement dompter.

3.3. L'heure des choix : le programme « Kapodistrias » du 26 février 1997.

La mise en œuvre de la régionalisation, impulsée par Bruxelles, avait pris le nom de « programme Kapodistrias » à Athènes. L'ambition affichée par le plan des réformes intérieures, et notamment en ce qui concernait les collectivités locales (les dèmes) allait être modulée, cependant, par l'hétérogénéité même des habitudes sociologiques grecques.

Sur le plan de l'architecture du modèle européen, il s'agissait de rendre effective la spécialisation administrative des collectivités locales. Cet objectif figurait nettement dans la déclaration d'intention[130] préliminaire. En toute objectivité, le programme

---

[129] Marcou, G., *Rapport au Parlement Européen. La régionalisation en Europe*, Strasbourg : Parlement Européen, 1999, cit. p. 9.

[130] Ministère de l'Intérieur grec, de l'Administration Publique et de la Décentralisation, Programme "Ioannis Kapodistrias" pour la modernisation de

gouvernemental de 1997 souhaitait franchir une étape supplémentaire dans la transformation administrative territorialisée. A cette fin, le programme Kapodistrias entendait conférer une plus grande autonomie aux départements et régions. Pour rendre le projet opérationnel, la rationalisation des compétences et la question de leur répartition équilibrée, sur la base de compétences générales et de compétences d'appui, avaient représenté le moyen le plus raisonnable pour parachever cette mutation.

Sous des considérations politiques, la réforme intérieure dite de « déconcentration administrative de l'Etat » visait d'abord à relocaliser les services publics administratifs afin d'en optimiser le maillage subséquent. Globalement, il importait que le mouvement de refondation opérât à partir des départements en direction des régions. Pour réussir à relever le défi, la loi n° 2503/1997 avait établi, dans l'intervalle, que les régions représenteraient l'échelon unique primaire de la déconcentration. Après moult tâtonnements internes, la décision s'inscrivait dans un schéma de cohérence avec les actes délibérés par le Conseil de l'Europe en 1988[131].

Ainsi, dès 1997, la stratégie de « Kapodistrias » reflétait-elle, pour la circonstance, ce que la loi précédemment citée avait projeté de rendre efficient. Le législateur avait considéré que les communes ne pouvaient être retenues comme aptes à représenter l'Etat, et qu'une réorganisation des compétences appelait à plus de rationalisation des moyens. L'idée avait consisté à élaborer un échelon susceptible de mettre en œuvre les décisions délibérées au niveau de l'Etat. Il devait occuper une fonction clef au sein même des régions, et montrer son aptitude à déployer les programmes étatiques sous la forme d'actions concrètes.

A l'évidence, au-delà des mots, les collectivités locales n'avaient disposé que de faibles capacités d'initiatives. La réforme

---

l'administration publique grecque et le gouvernement local : « (...) *Afin de parvenir à une organisation administrative plus rationnelle et adapter le cadre institutionnel en regard de l'expérience récente en matière d'exigences administratives et de développement de la société grecque moderne, on peut suggérer la spécialisation de certaines collectivités locales qui participent à la mise en œuvre des politiques publiques locales à l'échelon décisionnel primaire* ». (Trad. FD)

131 Se reporter à la sous-partie (a) de la page 91-92 de cet ouvrage pour l'historique de la régionalisation et de ses enjeux.

de leur organisation fonctionnelle[132] n'avait rien changé quant aux compétences d'appui dont elles auraient pu bénéficier. Une telle disposition aurait tenu en échec le rôle organisationnel des régions, et aurait mis à mal la centralisation administrative. Malgré toute la bonne volonté des dirigeants politiques grecs, le lâcher-prise sur une tradition centralisée continuait de mener la vie dure à l'Europe. Aussi, avec plus de modestie, et par analogie avec un système à la française, plus familier, la région grecque avait-elle été instituée comme l'organe chargé de représenter le gouvernement au niveau macrolocal. Premier degré administratif de la mise en œuvre des politiques publiques nationales, la région avait déplacé le problème sans l'avoir résolu au fond. La réforme avait laissé les communes dans un *statu quo* qui assurait aux dirigeants locaux la poursuite des habitudes administratives locales.

Ramenée à des enjeux constitutionnalistes et électoraux, la réforme envisagée par le Premier ministre en exercice (d'abord, Andreas Papandreou, puis, Kostas Simitis[133]) n'en demeurait pas moins « calculée ». La refonte administrative de la territorialité avait été suivie par un casse-tête politicien. En privilégiant la région comme étant le niveau administratif d'exécution des décisions locales, le politique avait compris que les enjeux politiques locaux auraient été modifiés. Les réformes avaient eu pour effet de rendre la dimension nationale des élections législatives moins importante que celle dédiée à l'élection du Secrétaire général de la région (SGR). La région, une fois redéfinie dans ses attributions et prérogatives[134], était appelée à concurrencer le discours étatique au gré des circonstances.

Vu la menace potentielle, Athènes n'entendait pas être concurrencée sur son propre territoire de compétences. Et, pour

[132] Programme "Ioannis Kapodistrias" pour la modernisation de l'administration publique grecque et le gouvernement local, Chapitre *Organisation institutionnelle* : « *Leur division* [communes] *est seulement un caractère opérationnel et il ne constitue pas une division d'éthique ou de l'organisation des collectivités locales* ».

[133] La grande réforme des collectivités territoriales avait été initiée entre Décembre 1996 et Février 1997. Il est concevable que le projet ait été amorcé tandis que Papandreou achevait son dernier mandat, et que son successeur a porté à son terme un dessein programmé de longue date.

[134] Elle devenait politiquement la circonscription électorale de base, tremplin des politiques publiques développées au niveau étatique.

pallier un danger potentiel d'autonomisation du SGR, le pouvoir politique avait pris soin de lui tenir la bride bien serrée. Usant de son pouvoir régalien, il avait été décidé que le Préfet aurait été nommé par décret délibéré en Conseil des Ministres. En cas de difficulté majeure, compte tenu de sa nomination discrétionnaire, ce serviteur de l'Etat pouvait être révoqué sur simple rapport défavorable du Ministre de l'intérieur. Non sans habileté politique, les dirigeants étaient parvenus à associer la refonte des enjeux électoraux à ceux officiellement attendus par l'Europe. Usant de subterfuges, le politique avait insidieusement déclaré son opposition à remanier la territorialité, et avait prorogé l'état de désorganisation des collectivités. La fragmentation antérieure à la réforme n'avait sensiblement pas évolué à l'issue du programme[135]. Au nom de considérations pseudo-fonctionnalistes, la réforme de 1997 avait servi de prétexte pour mieux conserver intactes les habitudes traditionalistes de la société politique grecque dans son ensemble.

Lorsque, d'une part, la région avait été élevée au rang de collectivité disposant de tous les pouvoirs à l'égard des sous-structures opérationnelles (départements et communes), de l'autre, en revanche, la régionalisation des enjeux électoraux avait été conçue par le politique comme une manière de faire obstacle à une polyphonie politique potentielle.

Pour minimiser les résultats politiques discordants (avec la majorité gouvernante) "la promotion des pouvoirs publics locaux" souhaitée par les européens avait fait l'objet d'une interprétation personnalisée de la part du pouvoir politique local.

Fortement monovalent, ou si l'on préfère unidirectionnel, le programme Kapodistrias avait réduit l'enjeu de la diversité et de la territorialité à la seule préoccupation de « *l'élargissement de la signification de la politique gouvernementale au niveau primaire local* [136]». Poursuivant sa propre logique, la Grèce continuait de

[135] Programme « Ioannis Kapodistrias », *ibidem*, « *la situation administrative actuelle est marquée par : (...) une diffusion territoriale accrue de la fragmentation et une allocation des ressources financières et des moyens humains inefficaces* ».

[136] Programme « Ioannis Kapodistrias », *ibidem*. Cf. « *les objectifs souhaités du programmes sont : (...)* [d'assurer] *la promotion du rôle des pouvoirs locaux et de leurs représentants élus ; et, par conséquent, promouvoir la modernisation du*

faire avancer un projet de développement, en apparence conforme aux attentes des autres partenaires, mais matériellement contraire à l'idée de libéralisation. Dans les faits, comme cela était prévisible, elle envisageait un dessein qui s'inscrivait dans un rebours historique. La diversité avait été l'enveloppe qui ceignait une typologie de considérations politiques, électoralistes et sociologiques. Mais à y regarder de plus près, les actes quotidiens étaient radicalement imprégnés par une forme de conservatisme latent.

a) Sauver les promesses et les engagements du compromis d'Athènes.

Le cérémonial qui avait entouré l'adhésion officielle d'Athènes à la coalition des Neuf avait eu lieu le 29 mai 1979. Les efforts d'ingéniosité déployés par Kostas Karamanlis, afin de donner les gages d'une adhésion active et dynamique de son pays, avaient été couronnés de succès. La modernisation de la vie politique, des institutions, et l'adaptation de l'administration aux critères de convergence économique furent les signes probants du changement parachevé. Cette mise en adéquation témoignait de l'engagement indéfectible de la Grèce à poursuivre l'élan, et à accompagner les efforts envisagés pour faire vivre l'Union dans la diversité.

En pleine idylle amoureuse, la remédiation des dysfonctionnements et des autres contradictions intérieures avait été célébrée non sans un certain contentement général. En la circonstance, c'était la première fois qu'un pays, disposant de faibles ressources financières et économiques, accédait au rang des Etats-nations souverains d'Europe. Et, plutôt que de faire cas des modestes perspectives de développement et de croissance du pays, la diète avait pris le contre-pied des experts de la Commission.

Le consentement donné au 10e Etat membre saluait avant tout l'effort de modernisation du pays, suite à 7 années de dictature militaire. L'acte était majeur : l'issue grecque constituait une

---

système politique local dans le pays, et l'élargissement de la signification de la politique gouvernementale au niveau primaire local ».

plateforme de travail[137] pour la construction européenne. Dans l'hypothèse où l'adhésion d'autres pays à faible croissance à participer à l'élan de croissance européen surviendrait, les guides pratiques étaient prêts à l'emploi. Leboutte ira jusqu'à souligner le caractère symbolique de cette adhésion. Il mettra en exergue le fait que « *la Communauté* [avait] *accompli là un acte politique d'une portée immense pour l'avenir* [138]». Car, l'ouverture en direction de ce pays faisait passer « *la construction européenne* [comme] *un acte de paix et de démocratie, conforme à la déclaration de Robert Schuman* [139]».

Mais, au-delà de la sphère émotionnelle suscitée par l'instant historique, l'adhésion recouvrait surtout une dimension économique et financière... Ce que les Grecs n'avaient pas manqué d'évaluer à son juste impact.

Certes, les réformes avaient pris une dizaine d'années pour être effectives et partiellement efficientes. La gestation avait été aussi une phase transitoire : elle figurait une période d'observation réciproque au cours de laquelle le moindre faux pas pouvait remettre la parole donnée en doute. Mais, pour ne pas porter atteinte à l'homogénéité du pacte compromissoire originel, les gratifications consenties pour soutenir le développement local avaient été maintenues. Les négociations avaient pris soin de fixer les objectifs sur lesquels la Grèce devait particulièrement montrer des efforts d'amélioration. La modernisation des territoires afin de réduire les écarts de développement en était une condition majeure.

Dans leur for intérieur, ces aides dissimulaient mal leur finalité. Elles permettaient à la coalition de pouvoir mener une politique expansionniste sur un territoire non belliqueux. Or, loin d'être dupe, la Grèce savait que les volitions expansionnistes des européens lui auraient servi à un moment donné pour raviver ses vieilles ambitions colonialistes. Comme l'Europe ne pouvait risquer une dénonciation sur des motifs inavoués ou inavouables, l'aide à la modernisation avait permis d'apaiser les doutes et les craintes résiduelles. C'est de cette façon qu'au nom de compensations structurelles, devant être

---

[137] Leboutte, R., « Histoire économique et sociale de la construction européenne », in *Europe plurielle - Multiple Europe*, Vol. 39, Bruxelles : éd. Scientifiques internationales (PETER LANG), 2008, passim, p. 343-346.

[138] Leboutte, R, *ibidem*, p. 345.

[139] *Ibidem*, ibidem.

utilisées pour combler le retard de développement, que la Grèce a bénéficié de près de 200 milliards de francs à compter du jour de son adhésion, selon la propre analyse de Deslondes[140]. Officiellement, l'Europe accompagnait les territoires défavorisés à rattraper leur écart de développement avec d'autres régions. Officieusement, ces fonds servaient une cause plus mercantiliste et foncièrement tournée vers la domination financière. Les autres partenaires le savaient pertinemment. Avec sagesse, et suivant cette maxime qui déclare que « *celui qui ne sait pas fermer les yeux quand il le faut ne sait pas regarder* [141]», les partenaires européens d'alors avaient agi avec clairvoyance. Leur volontarisme intégrateur répondait à d'autres impératifs catégoriques. Et, le fait de ne rien voir au-delà du visible était, semble-t-il, bien mieux qu'une dénonciation en règle de la réalité immatérielle qui était à l'œuvre. Avec raison, la philanthropie seule ne pouvait en soi expliquer ce « oui » unanime des neuf autres partenaires à l'inclusion de la Grèce dans le cercle vertueux. Une force plus profonde pouvait être licitement à l'œuvre.

La contiguïté géographique de la péninsule hellénique avec l'Albanie, la Macédoine et la Bulgarie voire la Turquie était une manne providentielle. L'Europe économique pouvait élargir considérablement l'assise territoriale sur laquelle elle pouvait espérer développer le jeu de l'offre et de la demande. L'infrastructure de marché potentialisé qui s'offrait à la CEE autorisait à de belles espérances : le développement des infrastructures utiles à la production et l'implantation de « comptoirs » de ventes dans ces nouveaux pays était une opération de séduction hors pair. L'Europe pouvait vendre son modèle économique et politique, et de manière subséquente, elle poursuivait son dessein expansionniste pour faire barrage à la Chinamérique ou à l'Inde.

Une fois que les décideurs eurent pesé le « pour et le contre », sans amplifier les dangers liés aux faiblesses structurelles que la Commission avait mis en lumière dans son rapport préalable, les Etats coalisés avaient tranché. Le scénario avait été mûrement réfléchi. Somme toute, aucun des partenaires n'avait exprimé le

---

[140] Deslondes, O., « Les dynamiques territoriales récentes en Grèce » [Recent territorial dynamics in Greece], in Géocarrefour, Vol. 77, n°4, 2002. « La Grèce aujourd'hui ». pp. 343-352.

[141] Samuel Butler, *Erewhon*, 1872.

souhait de se passer d'un "allié" stratégique comme celui-ci. La fin justifiait bien les moyens[142], donc.

Et nul n'y avait trouvé à redire.... à cette époque-là.

[142] Machiavel, en sa qualité de fondateur de la nouvelle théorie de l'Etat, n'hésitait pas à indiquer dans ses *Discours que* « *Un esprit sage ne condamnera jamais quelqu'un pour avoir usé d'un moyen hors des règles ordinaires pour régler une monarchie ou pour fonder une république. Ce qui est à désirer, c'est que si le fait l'accuse, le résultat l'excuse* ». En l'espèce, des moyens peu louables voire quelque peu à la marge des règles d'organisation générales peuvent être parfois utiles pour asseoir une vérité plus élevée ou un droit supérieur qu'il convient de protéger encore plus. Par analogie, fermer les yeux sur l'emploi des fonds alloués permettait aussi de placer des « pièces » maîtresses dans les Balkans.

TITRE SECOND

« La Grèce trente-deux ans après le rêve de la *European way of life* des origines »

Introduction

« *La vertu de justice est de l'essence de la société civile, car l'administration de la justice est de l'ordre même de la communauté politique, elle est une discrimination de ce qui est juste* », Aristote, *La politique*, I.

1er janvier. Cela fait exactement 32 ans que la Grèce participe à l'approfondissement politique de l'Europe. Pourtant, l'époque où les Neuf avaient convenu que son intégration dans le meccano communautaire était un acte profondément humaniste, a considérablement changé.

Depuis 2007, suite à la crise de "subprimes" américains, l'économie mondiale n'a jamais rompu d'avec le spectre de ce long "jeudi noir" de toute l'Histoire humaine contemporaine. L'euro-zone avait éprouvé les plus grandes difficultés à stabiliser la situation. La convergence d'action avait été mise à mal compte tenu de la forte turbulence spéculative des marchés.

Entre 2007 et 2011, au plus fort de l'instabilité et des incertitudes à court terme, l'inquiétude autour des dettes souveraines avait affecté la plupart des économies nationales.

Non seulement les citoyens avaient été impactés par ce dérèglement des mécanismes économiques et financiers, mais les collectivités locales avaient été foncièrement impactées. Nombre d'entre elles avait fait des paris sur l'avenir pour le moins hasardeux.

Suivant en cela les conseils des agences de courtage, un très grand nombre avait misé sur un accroissement substantiel de leurs fonds, en raison des dividendes perçus à terme. A l'identique, les prêts garantis en vue de moderniser l'habitat communal avaient été adossés à des supports en unités de compte. Leur attractivité majeure reposait sur le faible risque lié à un accroissement des taux d'intérêt d'emprunts en raison du support (indexation sur des monnaies refuges). Comme l'avait expliqué le journal Le Midi Libre, en France, « Avec la crise, de nombreuses communes ont vu leur taux d'intérêt grimper en flèche. Le surcoût des emprunts s'établirait à 3,9 milliards. Et la situation était loin de s'améliorer...[143] ».

La petite histoire rapporte que pour financer leurs besoins en fonds de roulement (BFR), la plupart des communes européennes avait aussi sauté sur l'aubaine. Elles avaient emprunté des liquidités auprès des établissements dédiés, sans avoir évalué l'intégralité des risques et sans comprendre la portée de l'engagement contractuel préalablement.

Dans l'absolu des faits, leur intérêt avait été aiguisé par le coût financier final. Les taux laissaient entrevoir une faible emprise sur le capital emprunté. Ajoutez à cela la confiance outrancière dans une stabilité monétaire de l'euro face aux monnaies convertibles, telles le dollar ou le franc suisse, et le cocktail détonnant était prêt à faire ses premières victimes. En apparence, rien ne laissait présager aucune hausse des taux d'intérêt modulaires, si l'on fait abstraction de l'effet amplificateur de la crise américaine dans tous les autres secteurs de production.

Au niveau macroéconomique, l'imprévision des cocontractants traduisait de façon concrète ce qui était ressenti au niveau des politiques économiques dans chacun des Etats membres. En effet, depuis le début de la crise spéculative de 2007, et en moins de trois ans, les déséquilibres budgétaires entre les pays riches et moins riches, de la zone euro, avaient été creusés. Ils avaient suscité bien des inquiétudes. Les prévisions alarmantes qui théorisaient une incapacité pour les Etats de l'Union à juguler l'inflation (réduction drastique des dépenses publiques, maîtrise des règles comptables et budgétaires) avaient donné du grain à moudre. Le scepticisme avait rapidement outrepassé la diplomatie du verbe.

Placés face à leurs responsabilités, les Etats souverains assistaient impuissants au délitement des principaux indicateurs macroéconomiques. En Espagne comme au Portugal, par exemple,

---

[143] Le Midi Libre, 21/09/2011, « Votre commune est-elle endettée par un emprunt toxique ? ».

le spectre d'une récession économique avait gagné les anciens keynésiens, devenus entre-temps anti-keynésiens. Le mal ayant été fait, les mesures que l'UE avait tardées à prendre (par excès de confiance ou par mollesse), n'avaient pas empêché de faire basculer les économies dans une inflation cyclique qui accroissait les occurrences négatives sur le court terme.

A cet égard, l'Espagne fut de ces premiers Etats à subir, de plein fouet, l'inconséquence d'une mauvaise gestion des deniers publics. La crise américaine avait mis en évidence des méthodes de gestion inappropriées des investissements. En dépit de toute règle scrupuleusement suivie, la prudence des établissements publics autonomes dans nombre de régions espagnoles avait été traitée à la hussarde. Avec l'aide des collectivités (qui assuraient la garantie de dernier prêteur), les entreprises espagnoles avaient obtenu le transfert des risques de mauvaise exploitation sur les collectivités elles-mêmes.

Sans trop de surprise, la fin de la "movida" avait coïncidé avec un modèle de développement économique qui avait prouvé son inefficacité à gérer les deniers publics en bon père de famille. L'économie espagnole s'était alors retrouvée, du jour au lendemain, à bout de souffle et dépourvue de solutions. L'économie espagnole avait révélé son visage des mauvais jours. Après l'euphorie et la croissance, la facilité déconcertante avec laquelle la plupart des entreprises avaient pu accéder aux fonds d'emprunts souverains avait été aussi la pire des sanctions que l'Espagne et les provinces s'était vu infliger par le Marché. Sans ingénuité, le partenariat public/privé n'était pas parvenu à masquer les liens indicibles qui cimentaient les relations de ce microcosme. Si les gouvernements locaux avaient compris l'importance de ce type de partenariat, le secteur privé avait su l'orchestrer sans honte. Il suffit de relire certains passages de l'historiographie espagnole autour des années 80 pour en être convaincu.

Dès le milieu des années 90, l'Espagne avait admis un principe de fonctionnement économique. Afin de maintenir son attractivité territoriale, les provinces autonomes devaient intensifier une politique incitative de relance de l'activité. Elles devaient déployer des trésors d'ingéniosité pour stimuler durablement l'augmentation de la consommation interne (demande) et maîtriser l'offre à son taux le plus rentable. Un économiste comme Phillips parlerait de la mise en place d'une politique de demande expansionniste fondée sur une politique de la demande. En accentuant la pénurie relative, les collectivités locales et les entreprises avaient développé un système fortement orienté vers la maximisation du profit et une réduction de l'élasticité de la demande.

Avec le concours de l'Europe et son modèle concurrentiel, l'ère du crédit facile et bon marché avait ouvert l'accès au rêve, pour de nombreuses familles. Ce furent notamment celles qui étaient issues de la classe moyenne qui avaient profité de cette offre. Pour le Sénateur Humbert, « *l'adoption de l'euro et la baisse des taux d'intérêt qu'induisait la monnaie unique a permis un financement à crédit de l'économie espagnole* ». En toute logique, une situation empirique qui laissait aux gouvernements l'espoir d'anticiper des jours radieux était appréciée à sa juste valeur par la majorité des espagnols.

Selon un schéma prédéterminé, les entreprises avaient permis à l'Etat espagnol d'anticiper une baisse du taux de chômage. La situation microéconomique avait été accompagnée, au cours de cette période faste, d'une hausse relative des salaires. Mais les entreprises qui avaient bénéficié d'une productivité du travail accrue avaient pris soin de ne pas répercuter intégralement cette hausse du coût salarial dans le prix de vente. Par choix politique, les décideurs avaient peu cru en un retour inopiné de la récession économique. Ils avaient pris l'option de laisser filer l'inflation.

Mu par l'euphorie ambiante, l'Etat avait développé des instruments simplifiés pour accompagner les primo-accédants. Chaque ménage avait reçu l'aval du gouvernement pour accéder à des moyens de trésorerie facilement mobilisables. Or, jusqu'à la veille de crise américaine, le pays était parvenu à faire progresser de 22% par an les accédants au crédit des particuliers. Près de 1700 Mds d'euros avaient été empruntés tous azimuts.

Dans un pays avec une plus forte productivité du travail, le politique avait estimé que les caractéristiques structurelles de l'économie, offraient les gages utiles pour accroître la fiabilité de son territoire. En dépit de toute règle prudentielle minimale, aucun dirigeant politique n'avait imaginé avec une grande anticipation le ralentissement de l'investissement dans le secteur de l'immobilier. Comment ne pas être tenté de prendre du bon temps ? En 1995, l'immobilier était devenu le premier vecteur de richesses. Prenant goût à l'effet grisant de la hausse naturelle de la productivité, les politiques étaient optimistes. Le rêve de l'accession à la propriété était une dimension sociologique qui, dans l'esprit du plus grand nombre, favorisait indirectement l'économie locale... Mais le drame de l'imprévision et de l'anticipation manquée n'étaient pas loin.

Sans trop se rendre compte de l'inversion de tendance, et de la transformation de la politique de la demande initiale, les entreprises et les collectivités régionales avaient laissé la machine tourner à plein régime. L'erreur allait s'avérer fatale. Elles étaient parvenues à une offre de logement supérieure à la demande, ce qui dans ce cas de figure avait ouvert la voie à la spéculation. Face à la forte élasticité des produits immobiliers, le logement n'était plus un espace pour vivre. A l'instar de ce que les fonds de pension cherchaient à maximiser, l'immobilier était vite devenu un investissement à moyen terme. Il devait rapporter des bénéfices conséquents aux ménages qui avaient investi leurs économies, et qui, dans la jubilation, avaient sous-estimé le taux d'absorption de l'inflation renaissante.

Théoriquement, la dynamique économique planifiée par le gouvernement espagnol laissait envisager une projection de croissance du marché intérieur. Elle y était favorisée par l'effet « immobilier », puis par le maintien d'une consommation importante. Mais, en réalité, l'ensemble dissimulait la forêt qui s'étendait derrière. Les données économiques étaient moins radieuses. Elles laissaient entrevoir une croissance du chômage sur la même période, et une inflation en reprise ascensionnelle. En l'espace de quelques mois, la confiance dans la pierre avait muté en une défiance dans l'immobilier. La movida se transformait en cauchemar économique sur fond de crise sociale importante.

Un autre exemple, significatif, mérite d'être rappelé. En Grèce, lorsque le nouveau gouvernement du socialiste Georges Papandreou avait accédé au pouvoir, une révélation avait créé un tremblement de terre dans l'ensemble du système européen. Dressant le bilan de l'économie intérieure, il est apparu que le déficit public du pays dépassait les 10 % du PIB. Dos au mur, sans possibilité de sauver la face par une pirouette comptable, le gouvernement avait dû lever le voile sur sa situation budgétaire intérieure.

Date clef pour la mémoire collective européenne, le 14 janvier 2010 marquait un changement de cap irrévocable. C'était là une transformation radicale dans les pratiques anciennes. Les européens affirmaient ouvertement qu'un resserrage des vis autour d'une nouvelle gouvernance européenne était des plus indispensables.

Au plan sociologique, le comportement des 26 n'était pas surprenant. Le responsable avait été pris la main dans le sac, et seule la crainte d'une admonestation redoutable l'avait obligé à se dénoncer. Aussi, quoi de plus normal que cet Etat licencieux ait été tenu pour seul responsable d'une simulation malhonnête. Elle avait gravement porté préjudice au système économique européen.

A la vindicte publique, le couperet était tombé. Toutefois, au-delà de la politique-spectacle, dominée par la densité des émotions et leur évanescence, la manœuvre avait permis de faire un exemple pour la forme. Sans être dupe par connivence, l'orchestration des événements mis bout à bout pour faire ressortir de la situation sa causalité première avait produit l'effet escompté. En l'espace de quelques jours, par période cadencée, l'opinion publique avait été quelque peu « influencée ». Le processus narratif qui repassait, en boucle, les désastres prévisibles et potentiels (en cas de crispation excessive de la politique internationale et du monde de la finance) avait eu un effet psychologique certain. C'est l'évidence même : la stratégie de la peur avait fini par déboucher sur un mouvement des foules teinté d'intransigeance, voire de rejet. Cette posture reflétait un comportement stratégique avec lequel la finance et la politique ont largement joué.

Positionné au-delà de la psychologie des foules d'un Lebon, le politique avait transformé l'essai initial. Par comparaison avec les siècles antérieurs, le XIXe siècle fut une période où les motifs de revendication sociale ont constamment miné l'action réformatrice du politique. Les revendications collectives puisaient leur source dans une volonté commune de pouvoir opérer des choix d'avenir en complémentarité de ceux du politique. A cet égard, la structuration du mouvement ouvrier en France reste un exemple probant de ce rôle.

1848 fut, pour la circonstance, l'événement qui permit à la souveraineté populaire d'être reconnue par le pouvoir politique. Elle fut motivée par au moins deux faits. D'abord, la montée en puissance de la bourgeoisie libérale qui souhaitait conserver ses prérogatives hégémoniques. Elle entendait dominer les instances de l'économie et imposer sa vision sociétale. Ensuite, un monde économique qui commençait à percevoir l'ébauche de la concurrence sectorielle. En raison du transfert de population d'une catégorie socioprofessionnelle à une autre, la coalition des forces ouvrières dans un monde industrialisé avait permis aux plus modestes d'être mieux entendus par la représentation nationale.

De manière comparative, le XXIe siècle naissant est l'ère historique au cours de laquelle la confusion des foules a été amorcée. Transformée progressivement en « collectif-citoyen », dotée d'une capacité de persuasion, l'esprit qui anime ces organisations civiles gêne le politique tout autant qu'il l'utilise. La société politique en use pour satisfaire ses propres fins. D'où cette considération complémentaire.

De nos jours, le collectif a cela d'extraordinaire que ses actions sont motivées essentiellement par des stéréotypes, des lieux communs, des habitus. Malgré la bonne foi apparente, les éléments constitutifs de cette foule ne peuvent prétendre à échapper totalement au cycle des affects. Suite à un déclin de la raison critique, l'Histoire sociologique a démontré que la foule postmoderne a été instrumentalisée. Faute de disposer d'une explication plus plausible, force est d'admettre comme le dit Houdremont que la foule contemporaine est « *à la merci du premier venu qui saura s'adresser à elle* ». Elle se croit influente mais se laisse guider par des émotions qui la font revenir à son statut de référence.

Avec insistance voire obstination, le politique ne se laisse jamais dessaisir complètement des questions sociologiques. Souvenons-nous : y renoncer reviendrait à renoncer à cette incommensurable fonction agissante. Sans vouloir exagérer le trait, lui seul, en cela qu'il est issu d'une société dotée de ses propres règles et usages, dispose de l'autorité légitime requise pour choisir en lieu et place du collectif.

I. Une question de souveraineté dans un monde fédéré par l'économie politique

L'Histoire contemporaine avait été riche d'enseignements. Les européens avaient perçu dans le vent de panique qui soufflait depuis la Grèce les signes avant-coureurs de l'urgence. La situation imposait aux dirigeants qu'ils eussent pris toute disposition pour limiter les effets collatéraux de la crise budgétaire. En l'espace de quelques réunions de travail, l'Europe était arrivée à la conclusion que toute mesure collective devait concourir du confinement de la crise à la seule Grèce.

Le Conseil avait donc fixé l'objectif de ramener le déficit budgétaire de 12,7% du PIB en 2009 à 2,8% en 2012. A l'appui de cet objectif, et trois mois après le scandale proprement dit, une série de mesures coercitives avaient été prises. Il s'agissait de recréer de l'excédent brut d'exploitation, en agissant d'abord sur la fiscalité, la réduction des dépenses publiques. Avec l'augmentation des recettes fiscales, la Grèce pouvait alors envisager de refinancer les objectifs imposés par les Traités. A cette fin, le taux de TVA avait été hissé à 21%, le traitement des fonctionnaires subissait une décote de 30%. A l'identique, le droit à retraite avait été techniquement gelé. Malgré ce premier train de mesures, les agences de notation n'avaient pas été convaincues de leur efficience. *De facto*, elles avaient lourdement sanctionné le manque de viabilité du programme d'urgence, et avaient abaissé la cote de confiance de l'ensemble de la coalition.

En pratique, l'Europe avait subi une première douche chaude puis une seconde douche froide des marchés. En exposant ses comptes publics à la vérification des agences de *rating* elle avait accepté deux choses : (a) la privatisation du processus de contrôle et de certification des comptes publics, avec transfert d'autorité (l'Etat était déchargé de sa responsabilité certificative) ; (b) l'abandon d'une fonction régalienne pour diminuer les coûts d'audits trop lourds dans le budget général. Pour gagner en transparence et accroître son degré de « probité » générale, l'Europe avait aussi accepté d'être plus sensible aux nuances. L'exposition au risque ouvert d'être "mal noté" avait comme condition *sine qua non* la possibilité de pouvoir emprunter des liquidités sur le marché à des conditions avantageuses.

Pour mémoire, à l'heure où les Européens en étaient à trouver le système « D » qui conclurait la crise grecque, les leaders du parti de la Démocratie nouvelle[144] avaient trouvé comment balayer d'un revers de main l'ensemble des critères établis à Maastricht. Fallait-il comprendre que le pays espérait secrètement reproduire indéfiniment les schémas trophiques qui avaient eu cours dans le passé ?

Installée dans son rôle, et pour répondre à la duperie collective, l'agence de notation Fitch avait procédé à une dégradation de la note de solvabilité de la Grèce. Ses chances de pouvoir recourir facilement à l'emprunt sur les marchés étaient devenues plus délicates. Suite au nouveau classement opéré en fonction des éléments d'actif et de passif budgétaire, la Grèce avait rejoint la queue du peloton des Etats les plus crédibles. Malgré leurs atermoiements, les Etats membres de l'Union européenne n'en étaient pas moins tenus de balayer aussi devant leur porte. L'opprobre était général et la Fortune, femme aux longs cheveux[145]

---

[144] Konstantinos A. (Kostas) Karamanlis est leader du parti politique dénommé “Démocratie nouvelle”, entre le 10 mars 2004 et le 6 octobre 2009. Au cours de ces 5 années d'occupation du pouvoir exécutif, les comptes publics de l'Etat grec ont été maquillés afin de pouvoir maintenir le pays dans une configuration de compétitivité optimale. L'attractivité suscitée par l'éligibilité aux fonds structurels (développement du tourisme, de l'agriculture) impliquait que le pays respectât les critères de convergence, fisse des réformes pour converger vers une libéralisation de son économie, s'assurât que les réformes structurelles de l'Etat eussent permis de limiter la tendance inflationniste inhérente aux plans de modernisation.

[145] Par référence à Machiavel, qui décrit la *Virtù* comme un être doté de grandes capacités. Elle permet au prince qui part au combat de commettre des actes de bravoure, dépasse les contingences humaines et permet à celui qui s'en pare de triompher de tous les obstacles. Dans le chap. XIX du Prince, et en introduction, Machiavel rappelle au prince que pour être un bon « politicien » (un administrateur de la société civile) il faut *« s'ingénier que l'on perçoive dans ses actions de la grandeur, du courage, de la gravité et de la fermeté ; quant aux affaires privées de ses sujets, il lui faut vouloir que la sentence soit irrévocable ;*

qui apporte les opportunités à celui qui sait les saisir, s'en était allée par d'autres chemins.

A l'inverse du politicien vertueux qui fait acte de gravité selon les circonstances, le parti de la démocratie nouvelle avait stigmatisé toutes les réprobations. En quelques semaines il était devenu comme ce « rapace » machiavélien. Il avait été décrié pour avoir privilégié des ambitions clientélaires au détriment de la volonté collective. Nonobstant les apparences, ce type de comportement individualiste avait été rejeté par toute la société politique européenne. Comme cela était prévisible, au nom de l'union sacrée qui fédérait les Etats, elle avait fait bloc.

I. LE FÉDÉRALISME RIME-T-IL AVEC UNE CONFUSION DE SOUVERAINETÉS ?

Pour répondre à cette question d'éthique et de droit, commençons par établir des relations entre les faits et l'Histoire sociologique. La compréhension des motivations qui ont présidé à la mise en œuvre de la contrainte par l'Union européenne est une piste de recherche qui s'intéresse à la psychologie. L'idée consiste à découvrir chez tous les acteurs en présence une composante particulière qui expliquera une convergence de leurs comportements, cela alors que leurs singularités auraient dû les empêcher d'y arriver. Par opportunisme de situation ou par souci de vouloir afficher un pouvoir en partage, l'adaptation par rapport aux modèles existants a engendré une forte auto-motivation[146].

---

et se maintenir en cette opinion de sorte que nul ne pense à le tromper ni à le circonvenir. Le prince qui donne cette image de lui-même est fort réputé : contre qui a de la réputation, il est difficile de conspirer, difficile de l'attaquer, pourvu qu'on sache qu'il est [...] révéré par les siens. », In *Le Prince*, Paris : Garnier-Flammarion, 1980, p. 163.

146 Suivant la théorie du besoin de réalisation de Mc Clelland (1961), on peut concevoir un modèle de réactivité collectif (européen) qui fait la promotion idéologique de la structure fédérative existante. Elle prouve son efficacité à agir dans le même sens. En parallèle, on peut imaginer que le fait de rechercher des conjonctions motivationnelles dans l'ensemble hétérogène européen répond aussi au besoin de fédérer autour de valeurs communes (unis dans la diversité). De ce fait, la motivation qui pousse à agir trouve son sens dans le fait que tous les Etats aient la même volonté de réussir, et qu'à cette fin, ils partagent des relations sociales constructives.

Comme chacun l'a gardé en mémoire, courant l'été 2010, et comme pour éviter une propagation des effets collatéraux de l'abaissement de la note de confiance des marchés, les Européens et le FMI avaient conclu un accord à la hâte.

Pour mémoire, il avait été convenu qu'en contrepartie d'une cure drastique de réduction des dépenses de l'Etat et d'un élargissement de l'assise des ressources, la Grèce pouvait prétendre à bénéficier de subsides transitoires pour assainir sa situation budgétaire. Echaudés par la tragique expérience de 2009, les 27 avaient dû entériner toute mesure destinée à prévenir les risques d'imprévision qui pesaient sur un dérapage potentiel de leurs dettes souveraines.

Sous le poids contraignant des « notateurs » externes, une première enveloppe de 30 Md € avait été débloquée pour colmater temporairement la brèche. En moins de 3 semaines, et pour des raisons similaires, l'ensemble des Etats avait voté une seconde réserve budgétaire. Elle devait alimenter le fonds de soutien à la Grèce. C'étaient alors 109 Md € supplémentaires qui venaient abonder dans le budget intérieur du pays défaillant.

Les européens n'avaient pas de droit à l'erreur : le regard inquisiteur des agences pouvait faire basculer l'approfondissement du projet économique et politique à 27 soit dans une impasse soit, au contraire, redonner confiance aux investisseurs. En contrepartie, le pays avait été dans l'obligation de revoir l'intégralité de son bilan budgétaire. Pour préserver les avancées significatives dans la résolution du déficit public, la Grèce avait consenti à d'importantes mesures d'assainissement des créances à moyen et long terme. On citera pêle-mêle la création d'un corps de fonctionnaires de réserve pour réduire la part significative des traitements dans le budget annuel de l'Etat. Ces personnels étaient payés à 60% de leur traitement indiciaire, et ne bénéficiaient plus d'une garantie d'emploi, au terme du contrat précaire qui leur était imposé. Conformément aux dispositions prises, le gouvernement grec devait développer un système de comptabilité plus pertinent. Sans le dire, la politique budgétaire était appelée à soutenir la politique monétaire. In limine litis l'Etat avait été invité à se conformer à une règle d'or spécifique. Il ne pouvait emprunter que pour réaliser de réels investissements et non plus pour réaliser des dépenses courantes. En lien direct avec la nécessité de respecter les critères de convergence établis à Maastricht et confirmés à Amsterdam, la seconde règle exigeait que la dette publique soit maintenue à un niveau stable et prudent. La viabilité budgétaire était devenue le seul principe moteur qui conditionnait l'intervention / sauvetage de la part des autres partenaires. Même si ces règles ont leurs limites de réalisation et d'efficacité, la coalition avait tablé sur une « cure d'austérité » sans précédent.

Fin octobre, et pour des raisons d'équité et de rigueur budgétaire, la Grèce devait réaliser des économies. De leur côté, ses partenaires s'engageaient à redonner du souffle à une économie au bord de l'asphyxie, moyennant la garantie que les coûts des services consommés au présent fussent efficacement répercutés sur les contribuables pour le futur.

Pour être certaine que les garde-fous fonctionneraient, l'Europe avait sollicité qu'un émissaire du FMI fût dépêché sur place. Cette demande, formulée par l'Etat Grec, avait été honorée par les partenaires. Sa mission était cadrée par une feuille de route aux objectifs précis. Le mandataire *ad hoc* devait réaliser des coupes sombres dans les dépenses devenues inutiles. Il importait de réduire les investissements à leur niveau minimum. Doté de larges pouvoirs d'administration et de gestion, le Chef de la mission Grecque, M. Thomsen avait été désigné par les occidentaux et le FMI en tant que coordinateur du redressement des finances publiques. Son débarquement en terre hellénique coïncidait aussi avec un transfert ponctuel de souveraineté. En pratique, celui-ci détenait le pouvoir d'administration générale, tandis que les autorités d'Athènes ne conservaient en pratique qu'une compétence de réserve. Sans vouloir exagérer, leurs compétences étaient très délimitées.

Un peu tenue à l'écart des tractations de couloirs, la rue avait fait s'élever une vague de protestations sans précédent. Une grève générale de 48 heures, auxquelles s'étaient ajoutées des manifestations d'indignation, avaient retenti dans tout le pays. C'étaient l'équivalent de 100000 personnes qui s'étaient mobilisées. D'un seul homme elles avaient dit « non » à la dévalorisation de leur pouvoir d'achat, « non » à l'austérité. Il est clair que cette émotion populaire avait été propice pour fustiger la froide candeur de l'Europe à faire du pays un exemple de mauvais comportement. Avec la soif d'en découdre avec les autorités de

Bruxelles, l'opinion publique avait désapprouvé l'ingérence du FMI après la déclaration d'intention initiale.

Coincé entre l'enclume et le marteau, le politique était pris au piège de sa propre manipulation. En désespoir de cause, le durcissement des mesures draconiennes pour assainir la dette souveraine avait profondément irrité les Grecs. Cette ingérence avait tout d'un "crime de lèse souveraineté". Le Premier ministre Papandreou avait pu objecter les conditions de sa propre reddition face au financialisme économique et technocratique, mais la coalition ne l'avait pas entendu de cette oreille à l'occasion du sommet de Cannes. Arguant que pour rendre l'acte licite, les mesures imposées par les 26 devaient être tranchées par un référendum populaire, le Premier ministre avait tenté son dernier va-tout. De l'intérieur, cet acte s'apparentait à un transfert de souveraineté juridique non consenti par le pouvoir constituant originaire. De l'extérieur, le groupe des Etats dits « pionniers », dont la France et l'Allemagne, s'en était fortement offusqué. Il lui avait été opposé que la condition de réalisation de l'ingérence n'était pas soutenable si la Grèce souhaitait que l'aide promise fût réellement mise à disposition rapidement.

En pratique, la France et l'Allemagne avaient agité leur premier carton jaune. En cas de refus d'obtempérer, la coalition pourrait envisager l'exclusion pure et simple de la Grèce de l'Eurogroupe. Cela revenait à signifier ex ante l'abandon des Grecs à leur sort, et les livrer en pâture aux agences privées qui auraient poursuivi sur la voie d'un abandon irrévocable.

2. Éthique et suivisme européen au service des intérêts communs

En première sous-partie, l'examen a porté sur les différentes phases politiques qui ont précédé la phase de sauvetage budgétaire de la Grèce et la façon dont l'Europe pouvait se mobiliser. Elle a mobilisé un certain nombre d'instruments qui ont eu pour objectif de gérer les occurrences négatives à plusieurs niveaux institutionnels. Cela a contribué à éclairer les performances de l'UE dans la gestion de crises liées à l'économie et à la monnaie. Ici, la question consiste à savoir si l'UE peut être considérée comme un acteur global compte tenu de l'ampleur de ses ressources propres et mobilisables. Pour ce qui regarde la question éthique inhérente à cette modalité d'action de l'Union européenne, il convient en premier lieu de déterminer les conditions opérationnelles de la contrainte.

Par sa mobilisation sur la scène intérieure, et son appel aux capacités de la BCE et du FMI à soutenir le redressement durable, les 26 avaient démontré leur périmètre d'influence. Ils étaient passés à l'acte, et le Conseil européen de Cannes y avait circonscrit les objectifs à atteindre selon des délais qui pouvaient être couverts. Mais, au-delà de l'urgence, ce droit d'ingérence consacré sans support juridique écrit respectait-il les conditions internes de légalité constitutionnelle ?

Du point de vue du droit des gens (*jus gentium*) la société européenne s'apparente à un regroupement d'Etats libres et d'égale capacité d'action. La coutume veut que ces entités aient renoncé à l'affrontement armé et que leurs différents puissent faire l'objet d'un règlement inter-conventionnel.

Par réciprocité de principe, chacun s'est engagé vis-à-vis des autres Etats à appliquer des modalités de résolutions de conflits qui les assurent de conduites respectueuses des conventions. C'est ce que l'on peut définir comme étant du libéralisme compréhensif par analogie aux théories développées par Weber. Afin de définir ce qu'est l'éthique européenne dans la question générale de l'action rationnelle en finalité, il convient de partir d'un présupposé. Aussi, en référence à Cordier[147], il s'agit de savoir quel rôle le « pluralisme raisonnable[148] » peut avoir joué dans la mise en place d'une réponse systémique non codifiée en droit positif. On sait que les idéaux du politique sont souvent fondés sur une raison pratique, et que leur réalisation dépend de la structure même des personnes sur lesquelles ont les applique. Une posture qui privilégie l'équité tout autant que la justice suppose une société globale dans laquelle des coopérations mutuelles peuvent donner lieu à des représentations symétriques du bien et du mal. Chacun peut adhérer par consensus commun à une certaine idée de l'action en finalité équitable. Au titre de la doctrine compréhensive, Kant

---

[147] Cordier, C., *Devoir d'ingérence et souveraineté nationale*, Paris : Editions L'Harmattan, 2005.

[148] *Ibidem*, cit. p. 48.

apporte sa conception normative de l'action pratique et compréhensive : « *Aucun État ne doit s'immiscer de force dans la constitution et le gouvernement d'un autre État* [149]».

Or, cette ingérence a été la source de bien des tourments. Suivant la pensée éthique et politique kantienne, l'ingérence correspond toujours à la mise en abîme du droit de l'ingéré, au nom d'intérêts supérieurs, et par des moyens qui sont préjudiciables à la souveraineté de celui qui y est contraint. Dans le cas spécifique de la Grèce, le volet constitutionnel de la contrainte fait naître quelque incertitude quant à la manière dont l'équité a été traitée. Car, en droit, nonobstant la masse considérable de littérature grise et les Traités (notamment la dernière version du Traité de Lisbonne), comment peut-on motiver la manœuvre coercitive européenne et la rendre recevable dans ses moyens et procédure ?

Jusqu'à preuve du contraire, jamais les Etats n'ont abandonné l'intégralité de leur souveraineté. C'est ce qui fait qu'à l'heure actuelle, malgré la réforme des diverses politiques publiques communautaires, les volets des "compétences exclusives" et des "compétences partagées ou d'appui" subsistent toujours dans l'architecture politique de l'Union. Jusqu'à de plus amples transformations, l'UE n'est pas une fédération d'Etats. Le modèle fédéral, quoique pouvant être évoqué par le recours à certaines pratiques de décisions internes à l'Union, n'est pas la norme sociologique à laquelle renvoient les Traités actuels. Pour être précis, les compétences d'appui demeurent dans le champ de la libre adaptation octroyée aux divers Etats membres. Si l'on veut bien considérer, en outre, que les Parlements nationaux participent de l'élaboration des politiques publiques européennes, la question de la souveraineté semble être restée à un état de *statu quo* durable.

Considérant ces arguments à leur juste portée doctrinale, l'idée de "forcer la main" à un Etat (reconnu comme intégré et fondateur) ne semblait pas relever des actes que l'EU pouvait mettre en œuvre. Au titre de la "jus gentium" le respect du droit des peuples à bénéficier d'un haut niveau de développement dans un espace de liberté peut représenter le contrat minimal dictant la conduite

---

[149] Kant, E., (1795), *Projet de paix perpétuelle*, collection Mille et Une Nuits, n°327, traduction de Karin Rizet. Paris, 2001.

mutuelle des Etats. La force qu'il contient se rapproche d'un fondement universaliste qui, sous certaines conditions, peut être rendu opposable aux Etats aventuriers. Mais ce principe aux accents universels n'est pas comparable en soi au droit des gens traditionnel.

Dans cette dernière acception, celui qui cherche à préserver les populations de toute atteinte à leur condition d'êtres humains, vise d'abord à prendre en considération une situation conduite par l'équité. Le respect des droits fondamentaux (droits de l'homme) suppose un traitement des situations factuelles suivant les règles de la décence. Leur force infiltre toutes les anfractuosités du vivre sociologique, et coordonne tous les domaines de l'action compréhensive en finalité. Tout bien considéré, et compte tenu de la nuance juridique évoquée, l'action collective ne pouvait légitimement passer outre l'avis prépondérant de la Grèce. Le prétexte consistant à dire que l'action projetée visait à sauvegarder les intérêts d'ensemble était mal fondé en droit. L'aveu de supercherie quoique extrêmement grave ne relevait pas d'une situation où la Grèce s'était mise « hors-la-loi » et avait attenté à l'intégrité des populations civiles. Au-delà de ce qui a pu être dit ou fait, le motif était inapproprié pour faire usage d'un droit d'ingérence détourné de son but.

Avec sagesse, l'Histoire de la construction européenne égrène la façon dont le subtil partage de responsabilités a pu être amélioré en près de 47 ans d'aventure commune. Il évoque en filigrane la manière dont les européens se sont accommodés, dans le passé, de certains usages grecs peu orthodoxes. Autres temps autres mœurs, la volonté commune avait muté au gré des circonstances économiques et des enjeux de l'élargissement du modèle commun. La raison d'Etat devait promouvoir le futur marché commun, et non pointer du doigt un mauvais usage des ressources allouées au développement économique des régions helléniques. En effet, au milieu des années 60, le contrat d'association mutuelle avait ouvert de nouvelles perspectives économiques pour l'exportation des produits fabriqués sur le continent.

La proximité géographique de la Grèce avec la Macédoine, la Yougoslavie et la Bulgarie représentait un formidable eldorado. Le débouché de la production européenne y trouverait de nouveaux consommateurs. Non sans bonne volonté, l'éligibilité de la Grèce à des fonds structurels avait été grandement facilitée par la position stratégique de son territoire. En toute hypothèse, même si les ressources prélevées sur le budget de la Communauté n'étaient pas affectées à la réalisation de leur objet, nul n'avait eu l'idée de s'y opposer ouvertement.

Un proverbe chinois a pour coutume de dire que « *l'on connaît le cheval en chemin, et le cavalier à l'auberge* ». De toute évidence, le cheval grec avait été monté à plusieurs reprises et sa disposition à la docilité était dépendante de la force avec laquelle son cavalier s'ingéniait à le tenir avec plus ou moins de fermeté. L'auberge, en revanche, y apparaissait lumineuse, ouverte et respirait la confiance. Chaque élément (selle, éperons, harnais...) y était disposé dans un ordre établi, et chaque casaque pendue aux diverses patères déclinait dans l'ordre la devise « unis dans la diversité[150] ».

L'union était économique, et reposait sur une stratégie de déploiement qui la rattachait, par certains aspects, à une politique de « bandwagoning [151]». Derrière un groupe d'Etats plus enhardis, les autres membres tentaient de faire bloc. Tous avaient l'espoir que leur ralliement à une cause principielle juste, les propulserait à une place de choix dans le vaste échiquier des relations internationales.

Même si le processus imposait des concessions, avec des contreparties inégales entre les membres, la subordination de principe veillait toutefois à ne pas porter atteinte aux relations équipolaires[152]. Avec habileté, leur structuration en réseaux hiérarchisés permettait à chaque Etat de se prévaloir de ses spécificités intérieures pour adapter les modèles européens à ses

---

[150] Devise de l'UE provenant de l'expression latin « et pluribus unum ».

[151] Walt, Stephen M., "Testing Theories of Alliance Formation: The Case of Southwest Asia." In *International Organization*, Vol. 42, No. 2, pp. 275-316.

[152] Walt, Stephen M., *ibidem*, p. 282 – 283: « *Bandwagoning involves unequal exchange; the vulnerable state makes asymmetrical concessions to the dominant power and accepts a subordinate role. Détente, by contrast, involves roughly equal concessions in which both sides benefit* » [la théorie du « suivisme » suppose la notion d'échange inégal; l'état de vulnérabilité pousse l'Etat dominant à passer des accords de concessions déséquilibrées. Il conduit à faire accepter une fonction subalterne. A l'inverse, la détente implique des concessions à peu près égales entre les parties (contractantes), chacun en tire un bénéfice équivalent.] (Trad. FD).

institutions. L'intérêt à agir dépendait essentiellement de toute une série de besoins équivalents dont la valeur générale trouvait à s'exprimer au sein même de la coalition. Même si tous pouvaient être sociologiquement proches, il n'en demeurait pas moins certain qu'ils devaient aussi soutenir une vision du développement politique telle que promue par les traités d'adhésion. Ainsi était né le « bandwagoning » à l'européenne. Il constituerait le socle commun de référence en matière de politique contractualiste dans l'Union.

3. Une idée cosmopolitique de la notion constitutionnelle de souveraineté et d'ingérence

Une réflexion sur la notion de violence, comme nous l'avons abordée dans les pages précédentes, oblige tout esprit cartésien à s'interroger sur son origine, son fondement moral. Par exemple, quand Hobbes s'interroge sur la sociologie des actions morales, il pose comme principe que l'homme est mu par une certaine démarche de développement. Elle englobe l'acte de conviction politique au moyen duquel une réaction de défense naturelle est potentialisée. Suivant une autre approche épistémologique Kant admet, en ce qui le concerne, que la nature duale de l'homme (bon, mauvais ; doux, violent, brave, mesquin…) est indissociable d'une posture qui l'oblige à s'interroger sur sa fonction, et qui le fait nécessairement évoluer. Le jeu des antagonismes offre la matière utile pour que l'individu soit un acteur de son propre devenir. Cette condition, c'est-à-dire ce choix de l'équilibre entre deux extrêmes, y apparaît comme le moyen le plus direct pour atteindre progressivement l'autonomie d'action et de conscience. Toujours selon Kant, l'homme serait le concepteur de sa propre insociable sociabilité.

Il est sans nul doute l'être de toutes les contradictions : il veut être en concurrence avec autrui, et rejette en même temps le retour d'expérience figuratif que l'extérieur lui renvoie. Cette posture dualiste, fortement conflictuelle, et qui met en scène des passions discordantes. Elle est ce point vers lequel les notions de souveraineté et d'ingérence réussissent à converger.

En fin de compte, l'homme est un être qui recherche la compagnie de ses semblables et qui, contradictoirement, veut se singulariser de leurs valeurs et de leurs modes de représentation. Ainsi, n'admet-il appartenir à l'ensemble, au tout collectif, qu'à la seule condition de pouvoir bénéficier des avantages que cette collectivité lui procure, sans avoir à se soucier des contingences. D'où cette observation tirée de la 6e proposition[153], et qui fait dire au philosophe que « *dans un bois aussi courbe que celui dont est fait l'homme, rien ne peut être taillé qui soit tout à fait droit. La nature ne nous impose que de nous rapprocher de cette idée* [154]». Dans le même ordre d'idée, pour en revenir à la notion de souveraineté et à celle d'ingérence, l'approche juridique ne peut être trop distante de la philosophie du droit. Dire si l'ingérence des européens dans les affaires intérieures grecques était fondée ou pas, oblige à rechercher les fondements moraux qui l'ont justifiée.

Question rhétorique. L'ordre légal est cette dimension collective qui, au nom des droits de l'homme, motive l'intromission au cœur d'une société qui a contrevenu aux conventions mutuelles. En lien avec cette notion, l'action en finalité morale des Etats européens pouvait-elle être légitimée par la crainte individuelle d'être personnellement affaiblis ?

Une réponse d'éthique juridique consisterait à démontrer que la libre expansion du modèle économique et politique européen ne pouvait pas justifier en soi la limitation d'une liberté naturelle appartenant de plein droit à un Etat tiers.

De ce fait, l'absolutisme juridico-politique qui a mu les 26 autres partenaires, sous la pression de la finance, portait apparemment atteinte à la légitimité de la Grèce à choisir librement de son sort ultérieur.

a) L'ingérence éthico-politique aux prises avec le droit primaire de l'Union européenne

Afin de donner un aperçu panoramique des faits juridiques, une dernière question appelle une réponse particulière. Si l'on se demande en quoi le droit d'ingérence humanitaire est si différent de ce droit coutumier d'ingérence dans les affaires intérieures d'un

---

153 Kant, E., (1784), *Idée d'une histoire universelle au point de vue cosmopolitique*, trad. Philippe Folliot, Coll. "Les classiques des sciences sociales", Québec : Chicoutimi, 2002.

154 Kant, E., *Ibidem*, cit. p. 11.

Etat membre, un détour obligé par la philosophie du droit s'impose. Dans la majorité des cas, l'ingérence éthico-politique est cette faculté d'un Etat, ou d'un groupe d'Etats, de pouvoir escamoter la souveraineté d'un Etat reconnue comme ne se conformant plus aux principes de droit, et portant atteinte au modèle de paix standardisé par les diverses conventions internationales. Selon une autre acception, l'ingérence se caractérise, dans le cas d'espèce, par une intrusion dans des affaires intérieures d'un Etat. Il ressort que l'action n'a pas été sollicitée par l'Etat ingéré, et que l'invitation à le faire n'a jamais été délivrée sous forme de blanc-seing. Avec le recul historique, on s'aperçoit que cette pratique diplomatique n'a pas connu de diffusion macrorégionale, et que son admission au rang des actes coutumiers "contra legem" est récente. En effet, il n'existe aucune source de droit positif tant en droit international public qu'en droit public européen qui précise ou fixe les conditions de mise en œuvre de cette ingérence spécifique. Aujourd'hui, aucun texte juridique n'en fixe le contenu, les limites, ou en propose une approche finaliste.

Toutefois, par effet de connexité juridique, on rappellera que ce droit nouveau relève d'un usage juridique oral. Il est accepté dans une société donnée pour un groupe sociologique déterminé, et ses effets ne peuvent être exportés au-delà de la communauté qui y a consenti. Influencés par le fait de disposer d'un droit d'ingérence accordé dans le cadre de l'aide humanitaire[155] apportée aux populations civiles, les Etats européens ont consacré par analogie de forme un élément psychologique. Suivant la croyance réelle d'être liés par une *opinio juris sive necessitatis*, i.e. la conviction d'être liés par une règle juridique incontestable, l'ingérence diplomatique a bouleversé la pratique suivie au sein même de l'Union européenne.

[155] Cf. Coursier, H., "Définition du droit humanitaire", in *Annuaire français de droit international*, volume 1, 1955. Il indique, notamment au vu des diverses sources écrites et non écrites du droit, que le droit d'ingérence « *repose sur un ensemble de règles et de principes propres à sauvegarder en tout temps et en toutes circonstances les droits essentiels et la dignité de la personne humaine* », P. 227.

D'une certaine façon, les Etats sont passés de la méthode de règlement « sage » à la méthode « sauvage[156] » de règlement des conflits. C'est ainsi que les accords passés dans le cadre de la Convention européenne des droits de l'homme (CEDH-LF), notamment, sont soumis à un régime juridique d'acceptation placé sous le sceau de la multilatéralité. Ils autorisent ce recours spécifique à l'ingérence. Ouverts à tout pays qui reconnaît les valeurs de l'humain et de l'universel, les Etats demeurent libres d'y adhérer ou pas[157]. A l'évidence, le besoin de protéger les populations des divers maux tels que la traite des enfants, le trafic illicite de matériels de guerre, a toujours été un idéal type que les Etats-nations se sont efforcés de prévenir. Dit cela, l'idéal type postmoderne de sauvegarde des intérêts économiques d'une coalition contre un Etat défaillant, au nom d'un droit naturel d'ingérence, demeure étranger à ce champ juridique. En toute sincérité, l'ingérence politique pour des motifs économiques reste très éloignée de ce droit « humanitaire ». En Grèce, aucune action préventive de protection des populations ne justifiait le recours à la méthode sauvage de la diplomatie du verbe.

Jusqu'à preuve du contraire, l'ingérence a toujours été conçue comme une réaction positive opposable à l'effet pervers, et négatif, d'un acte guerrier de vaste ampleur. L'idée de préserver les populations civiles contre les accès antagonistes du bien et du mal sous-jacents aux passions humaines ne se justifiait pas en soi. Entre 2010 et 2011, la situation intérieure de la Grèce ne permettait pas de motiver cet accès de zèle. La menace pesant sur les populations ne se justifiait pas : elle n'était pas une condition déterminante de la sauvegarde d'intérêts humains par l'Union, notamment en présence d'un Etat libéral et démocratique.

---

[156] On pourra se reporter à l'arrêt 1969, Dans l'affaire du Plateau continental de la mer du Nord, dans lequel la Cour avait déjà explicité cette notion : « *Les Etats doivent avoir le sentiment de se conformer à une obligation juridique. Ni la fréquence, ni le caractère habituel des actes ne suffisent* ». Dans la même affaire, la Cour indiquait que *l'opinio juris* doit « *témoigner de la conviction (que la pratique) est rendue obligatoire par l'existence d'une règle de droit* ».

[157] En effet, la convention dite « EDH-LF » signée à Rome le 4.11.1950, sous l'égide du Conseil de l'Europe, est entrée en vigueur officiellement en 1953. Douze Etats membres du Conseil de l'Europe l'avaient ratifiée à l'origine. Elle institue un mécanisme judiciaire de garantie internationale des droits civils et politiques. La France l'a ratifiée en 1974.

b) L'ingérence politique est une coutume dont l'autorité est inférieure au droit des Traités.

Si l'on s'en tient à une vision autonome de la dimension politique de l'Union européenne les moyens sont clairement établis. Aucun Traité européen à ce jour ne prescrit les modalités d'interventions objectives du Conseil, afin de pallier la carence d'un Etat envers ses obligations conventionnelles. Ni le TUE ni même le TFUE n'évoquent cette hypothèse.

A l'heure actuelle, il semble que le droit primaire ne prévoit aucune clause de "hardship" en matière d'exécution conventionnelle d'une obligation étatique résultant d'un manquement ou d'une dissimulation volontaire. Les rédacteurs du Traité de Lisbonne ont, semble-t-il, éludé la question de l'ingérence dans les affaires intérieures d'un Etat membre, dans un domaine ne relevant pas de la compétence exclusive de l'UE. Ainsi, l'aggravation de la prestation découlant de la communication de comptes budgétaires erronés, et soumis à agrément des autorités administratives européennes, n'était pas codifiée dans l'ensemble des sources du droit européen existant.

Dans une moindre mesure, la ratification du Traité de Lisbonne a ouvert la possibilité pour un Etat, qui ne se considérerait plus "en phase" avec les objectifs et les valeurs de l'Union, de quitter le Club. C'est ce que stipule depuis 2007 l'article 50 du TUE (version consolidée). Conformément aux règles constitutionnelles qui régissent l'organisation de l'Etat et des pouvoirs publics, ainsi que les valeurs morales auxquelles adhère l'Etat considéré, tout membre peut « décider de se retirer de l'Union » ponctuellement ou définitivement.

En l'état actuel du droit positif, ce droit de retrait volontaire doit être interprété comme un élément politique conséquent. Son poids dans la philosophie constructiviste de l'approfondissement politique, économique et financier y est notable.

La rédaction de l'alinéa 1er de l'article 50 TUE met en exergue le fait que les Etats sont souverains des décisions qu'ils prennent. En leur qualité de membre de la coalition chacun y est libre de faire sécession, si les circonstances politiques sont modifiées. Selon Priollaud et Siritzky, les fondements idéologiques qui présidaient à la raison d'être de l'Union après Nice ont été profondément modifiés par l'adjonction de cet article nouveau. Avec la ratification du Traité de Lisbonne *« ce droit de retrait relativise l'affirmation selon laquelle l'UE est une "union sans cesse plus étroite" entre les peuples d'Europe* [158]». Mais, quoique l'on puisse arguer dans une optique doctrinale, ce droit de retrait n'est pas la théorisation *a contrario* de l'ingérence politique dont les 26 se sont prévalus.

Si l'on s'en tient aux stipulations de l'article 7 TFUE[159], il résulte de manière assez évidente que la poursuite des objectifs économiques, financiers et de cohésion politique ne peut passer outre les compétences générales de l'Union. Et quoique, « *l'Union veille à la cohérence (...) en se conformant au principe d'attribution des compétences* », il n'en demeure pas moins certain que la coalition ne dispose pas de ce droit inférentiel. Les articles 5 et 48 TUE disposent que les Etats conservent dans l'Union une compétence de réserve. Cela signifie, entre autres, que les Etats peuvent apporter tout aménagement à la règle principielle et doivent veiller à ce que les droits fondamentaux garantis soient respectés, et que l'adaptation textuelle soit conforme aux principes généraux du droit. Dans l'hypothèse où les Etats disposent d'une faculté marginale d'adaptation à leurs spécificités territoriales, il semble que le choix grec de subordonner les options retenues par le Conseil européen, pouvait être légitimé en regard de ces mêmes dispositions.

Pour la forme, on se souviendra que le chef du gouvernement Grec avait souhaité soumettre le nouveau régime des sanctions et restrictions approuvé par les 26 au vote démocratique. Dans l'effervescence du moment, l'idée du référendum populaire[160] avait soulevé un tollé d'offuscations, notamment par le couple

---

[158] Priollaud, F-X., Siritzky, D., *Le Traité de Lisbonne*, Paris : La Documentation française, 2008, cit. p. 145.

[159] VERSION CONSOLIDÉE DU TRAITÉ SUR LE FONCTIONNEMENT DE L'UNION EUROPÉENNE, TITRE II : DISPOSITIONS D'APPLICATION GÉNÉRALE, article 7 « *L'Union veille à la cohérence entre ses différentes politiques et actions, en tenant compte de l'ensemble de ses objectifs et en se conformant au principe d'attribution des compétences* », Journal officiel de l'Union européenne, section C 83/47, du 30.3.2010.

[160] Le 31/10/2011 : Sans consulter ses partenaires européens, George Papandréou annonce la tenue d'un RÉFÉRENDUM en Grèce sur le plan d'aide annoncé quatre jours plus tôt à l'occasion du G20 de Cannes.

europrogressiste Franco-allemand. Telle l'inscription figurant sur les deux faces d'une même pièce, la réprimande unanime avait été sévèrement déclamée. Tout le monde a en tête cet épisode : pas de référendum en contrepartie du déblocage partiel de l'aide supplémentaire…

Sans vouloir polémiquer plus que nécessaire, les Etats sanctionnateurs de la négligence fautive de la Grèce avaient escamoté, en apparence, le contenu juridique de la Déclaration N°18[161] . Le texte avait trait aux dispositions concernant la délimitation des compétences de l'Union dans la coopération multiniveaux. Ce mode de structuration donnait sa cohérence à la notion d'approfondissement politique de la construction. En l'occurrence, le Conseil avait retenu un principe d'attribution de compétences assez simple lors de la négociation des dispositions du Traité de 2007. Aussi, toute compétence qui n'aurait pas été normée dans la diégèse des Traités appartiendrait, de plein droit, aux seuls Etats membres[162]. Par déduction, là encore, l'ingérence politique dans les affaires intérieures des Etats, à l'initiative de la coalition, ne figurait pas de manière univoque et formelle dans le *modus operandi* accepté par les 27. Cette subtilité fait dire à Priollaud que la ventilation explicite des compétences est sans commune proportion avec un système fédéraliste classique. Il diffère de ce qui a cours aux Etats-Unis ou en Allemagne[163], par exemple. En effet, pour ce qui est du "fédéralisme", l'ingérence dans les affaires intérieures des régions autonomes (ou länder) demeure une attribution de compétence de type « exclusive » de l'Etat fédéral. Là, le champ, la portée et l'étendue de la mission de surveillance générale qui est dévolue à l'Etat fédéral, à l'égard des diverses

---

[161] DÉCLARATIONS ANNEXÉES À L'ACTE FINAL DE LA CONFÉRENCE INTERGOUVERNEMENTALE QUI A ADOPTÉ LE TRAITÉ DE LISBONNE, signé le 13 décembre 2007, Journal officiel de l'Union européenne, section C 83/335, du 30.3.2010.

[162] DÉCLARATIONS ANNEXÉES À L'ACTE FINAL DE LA CONFÉRENCE INTERGOUVERNEMENTALE QUI A ADOPTÉ LE TRAITÉ DE LISBONNE, *ibidem*, cit. p. 344. « *La Conférence souligne que, conformément au système de répartition des compétences entre l'Union et les États membres tel que prévu par le traité sur l'Union européenne et le traité sur le fonctionnement de l'Union européenne, toute compétence non attribuée à l'Union dans les traités appartient aux États membres* »

[163] Cf. note Priollaud, in Le *Traité de Lisbonne*, p. 159 (pied de page).

régions fédérées, y sont encadrés au moyen d'une disposition constitutionnelle.

A l'opposé, le système coalisé européen présente des nuances de forme assez différentes de celles dont on vient de parler. Car, ni la CIG ni le Traité n'ont fait entrer les politiques économiques et budgétaires dans le cadre des compétences exclusives attribuées à l'Union. Bien au contraire, cette question a été aménagée selon un schéma qui ne s'en prenait pas frontalement à la souveraineté des Etats. Le consensus trouvé avait permis à l'Union de renforcer la coordination des politiques économiques, tout en laissant une compétence de coordination aux Etats. La définition des politiques publiques, eu égard à la spécificité de l'acte de coordination, avait échu de plein droit à la compétence des Etats membres.

4. Le suivisme comme théorie et comme fondement idéologique de la confiance entre Européens

Le chapitre précédent et ses sous-sections ont permis de mieux cerner à quels impératifs répondait la sauvegarde des intérêts européens. Il a été possible de déduire que la forme « coalisée » permettait de répondre à une motivation structurelle visant à relier les solidarités disjointes. A ce sujet, l'union des idéologies de progrès, au moyen d'une politique commune (adaptée à la morphologie des territoires) est un élément déterminant de l'Histoire de l'approfondissement de la dynamique européenne. Elle est cette posture morale qui justifie l'expérimentation de procédures de cohésion nouvelles, en reprenant à son usage interne des modes de résolution de conflits dégagés par le droit international public. Suivant l'idée de trouver une issue honorable à la crise budgétaire grecque, l'Europe n'a pas hésité à justifier son action au nom de l'*opinio juris* dégagée par la Cour Internationale de Justice, et de la jurisprudence qui a développé un principe fondé sur la pratique émanant d'Etats « particulièrement intéressés ». Lorsque le G20 de Cannes a décidé des mesures correctives que la Grèce devait mettre en place, elle a donné à son action une valeur juridique que tous les Etats membres ont « acceptée de reconnaître comme étant le droit ». L'ingérence quoique coutumière a répondu à ces critères matériels que le juge avait dégagés au préalable. Toutefois, parallèlement à cette ingérence politique, la question liée au consensus réellement obtenu autour de cette mesure, reste à élucider.

Ce « suivisme », par référence à la théorie des relations internationales, est apparu aussi comme une stratégie de positionnement. L'Histoire de la pensée européenne apporte des éléments qui plaident en faveur d'une convergence de l'ensemble des intérêts diffus. Ainsi, ces intérêts sont-ils en même temps politiques, économiques, financiers et commerciaux. La tactique, qui les anime, cherche avant tout à servir l'excellence du modèle sous-jacent. C'est pourquoi, à partir des intérêts macro-économiques de développement, les institutions sont parvenues progressivement à mettre au point une stratégie d'extension paneuropéenne. Dans le cas de la Grèce, elle était fondée sur un déterminisme identitaire ayant pour "base " l'origine des biens produits. Comme cela est connu, selon le lieu de production/fabrication, la conscience d'être européen s'apprécie au travers d'une référence qualitative quasi commune.

En géopolitique, il est une théorie qui consiste à identifier les biens de consommation courants, fabriqués à l'échelle d'un territoire donné, comme les vecteurs de la pénétration culturelle contenue dans un projet politique de puissance feutrée. Il y a moins de 30 ans de cela, le *bandwagoning* a représenté une stratégie diplomatique qui consistait à se ranger du côté du pouvoir le plus affirmé, en vue de pouvoir bénéficier en retour des avantages indirects apportés par la situation. Aujourd'hui, la densification du maillage des relations internationales "informelles" a modifié les fins poursuivies par ce type de dialogue. Il suffit de s'intéresser à l'évolution du contenu de l'approfondissement de l'Union européenne pour en être convaincu.

Depuis la mise en place du « marché commun », la montée en puissance des rivalités concurrentielles entre les produits manufacturés "hors-zone" ou dans l'espace européen, a gagné en puissance. Face à l'offre des pays émergents, l'Europe a changé d'approche stratégique. Avec le souci d'assurer la permanence de sa propre vision du "vivre ensemble", les décideurs politiques ont compris l'intérêt qu'il y avait à promouvoir un modèle de conquête territorialisée à partir de l'approche « produit ». En usant de moyens non destructeurs de l'humain, le modèle économique libéral a contribué au développement d'outils hégémoniques plus efficients.

Grâce au marché potentialisé, et surtout aux produits servant à déterminer le taux de perméabilité des frontières subjectives de consommation, ce changement d'approche a redonné de l'élan à la construction européenne. Sans réelle surprise, les produits manufacturés ont rempli ponctuellement leurs objectifs. Sous des considérations sociologiques, ils ont été les instruments au service d'une logique inégalée.

Depuis Maastricht, l'alliance classique des Etats se regroupant entre eux de peur de ne pas faire le poids, est une image surannée. On l'aura compris, le meilleur indice pour mesurer la pénétration des marchés intérieurs est fourni par les indices de l'INSEE ou de l'Eurobaromètre. En cela, le suivisme est-il de plus en plus distant d'une logique d'opposition à un Etat, évalué comme stratégiquement plus fort. Au final, la tendance actuelle s'exprime à travers le fait de pouvoir participer à un réseau existant, en vue de réaliser une certaine quantité de profit. Le *bandwagoning* à l'européenne a cela de particulier qu'il repose sur un équilibre tactique des intérêts économiques. Un peu comme le décrirait Schweller[164] dans son article (1994), l'enjeu stratégique majeur dépend alors du *ratio* qui émane du rapport entre le fait de rester dans la même situation (statu quo) et celle qui pousse à en sortir. S'il s'avère que la valeur obtenue est « large », la capacité à imposer sa propre vision est prépondérante. A l'inverse, si la relation révèle une valeur « faible », le changement est d'autant plus difficile à se produire. Dans un cas de figure tel que l'Europe, cette valeur a plutôt tendance à se maintenir dans une fourchette moyennement large. Elle met en exergue les moyens légitimés dont se prévaut l'union pour exister sur la scène internationale. Le plus important y est la réduction des concurrences conventionnelles entre zones de production intercontinentales.

A l'heure actuelle, la question du suivisme dépasse de loin les seules interactions entre sphères politiques. Elle force à tenir compte de tout ce qui vient d'être développé. En effet, la diversité n'est pas le signe d'un développement uniforme d'une culture se

---

[164] Schweller, Randall. L., "Bandwagoning for Profit: Bringing the Revisionist State Back", in *International Security*, Vol. 19, 1 (summer, 1994), pp. 72-107.

réclamant néolibérale ou libérale. Bien au contraire, elle met en exergue une configuration protéiforme des espaces territorialisés. Elle inscrit la concurrence économique comme un élément discriminant des autres politiques publiques de développement. La conquête territoriale, au moyen de la pénétration des produits manufacturés, a été instituée de longue date comme un cycle perpétuel de dominations idéalisées entre les diverses zones de libre-échange (ALENA, Marché commun[165], MERCOSUR...).

Cette nouvelle approche des relations internationales par le biais de la pénétration « produit » a considérablement modifié les repères sociologiques du suivisme européen. La production marchande joue pleinement un rôle limitatif pour les diverses politiques économiques de l'Union.

Il reste à se demander dans quelle proportion le suivisme » s'accorde avec les fondements mêmes du pacte européen[166] et qui entend assurer la stabilité des échanges dans tout l'espace de production réglementé.

5. LE SUIVISME : UNE THÉORIE POLITICO-JURIDIQUE CONTRAIRE AU PACTE EUROPÉEN ?

Du contenu du pacte de stabilité et de croissance politico-économique en Europe. La décision commune de promouvoir une politique budgétaire saine et transparente fut décidée lors du Conseil Européen d'Amsterdam du 17 juin 1997.

---

[165] C'est le droit dérivé de la Communauté européenne qui a défini les limites idéologiques et fonctionnelles de ce Marché Commun. Dans l'affaire 15/81 du 5 mai 1982, arrêt « Gaston Schul Douane Expéditeur BV contre Inspecteur des droits d'importation et des accises, de Roosendaal » - Demande de décision préjudicielle : Gerechtshof 's-Hertogenbosch - Pays-Bas. - Taxe sur le chiffre d'affaires à l'importation de marchandises livrées par des particuliers, le juge communautaire a indiqué que le marché commun était une étape du processus d'intégration multilatéral ; L'idée, soulignée en l'espèce, consistait à considérer que l'Europe devait procéder à l'élimination progressive de toutes les entraves aux échanges intracommunautaires. Elle devait mettre en œuvre la fusion à terme des marchés nationaux dans un marché unique. Le traité de Nice 26 février 2001 et entré en vigueur au 1er février 2003 a finalement substitué à la notion de marché unique la notion économique et politique de marché intérieur (repris à l'art. 21 TFUE, version consolidée après Lisbonne).

[166] Je pense notamment au pacte européen de croissance et de stabilité.

A cette époque-là, les divers Chefs d'Etat et de gouvernement avaient pris conscience de la disparité des situations entre les divers Etats appelés à disposer à terme de la monnaie commune. La première préoccupation avait été de définir les instruments de convergence qui assureraient la parité et la stabilité de la monnaie unique. Suivant la mission qu'il avait assignée à la Commission, le Conseil avait été alerté sur la situation anormale de deux Etats : la Grèce et la Suède.

Le rapport[167] portait à la connaissance de l'institution législative un certain nombre d'éléments qui plaidaient en faveur d'une admission prudente de certains Etats dans l'Eurozone. Une première partie de l'analyse indiquait que la Grèce « *ne satisfaisait à aucun des critères de convergence visés aux quatre tirets de l'article 121, paragraphe 1 du traité*[168] ». Les écarts de fluctuation enregistrés au cours des deux années précédentes ne permettaient pas à cet Etat de pouvoir intégrer en 2001 le club des 11. La Suède le talonnait de près en raison des mêmes causes d'inadéquation.

Sous forme de conclusion en demi-teinte, la Commission admettait que la Grèce avait réalisé « (...) *des progrès importants dans la résorption du déséquilibre de ses finances publiques : le déficit des administrations publiques est tombé de près de 14 % du PIB en 1993 à 4.0 % en 1997 et il devrait atteindre 2.2 % en 1998, tandis que le taux d'endettement s'est stabilisé, avec une première baisse de 2.9 points de pourcentage en 1997, ce qui l'a ramené à 108.7 % du PIB* [169]». Mais, elle parachevait sa péroraison en rappelant à la bienveillance des membres du Conseil l'imprudence qu'il y aurait à faire les choses avec précipitation. Selon les experts de la Commission, repousser l'admission de cet Etat dans le cercle des pays à monnaie unique aurait dû rester en vigueur tant que l'ombre résiduelle d'un déficit public aurait plané sur le budget intérieur. D'où cette appréciation négative : le « processus d'assainissement » n'avait pas été suffisant pour placer la Grèce

[167] *Recommandations de la Commission en vue d'une recommandation du Conseil*, conformément à l'article 121, paragraphe 2, du Traité, réf. COM/98/1999 final - CNS 98/0128.

[168] *Recommandations de la Commission en vue d'une recommandation du Conseil, ibidem.*

[169] Rapport de la Commission, du 25 mars 1998, sur l'état de la convergence, COM(98) 1999 final - Non publié au Journal officiel.

dans le cercle des pays raisonnablement éligibles à la monnaie unique. A l'appui de sa recommandation, elle excipait le rapport concomitant de l'OCDE[170] qui mettait en relief un certain nombre de défaillances, dans le système budgétaire et économique de ce pays. Courant l'année 1998, le gouvernement Grec avait eu connaissance de ce document et s'était empressé d'y apporter des modulations de formes. L'OCDE y avait pointé une série de problématiques de fond, non encore résolues :

- Le ralentissement de la consommation des ménages et une diminution de la demande intérieure,
- Un marché du travail peu ouvert à la concurrence et à la compétitivité,
- Une inflation toujours excessive malgré les efforts déjà consentis,
- Des investissements publics surévalués par rapport à la capacité réelle d'autofinancement du budget grec.

De toute évidence, la carence en fonds propres nécessaires à la gestion du service public grec était alarmante. En ce sens, le financement des politiques publiques prioritaires (travail, emploi, protection sociale, économie) avait été possible par un recours excessif aux emprunts extérieurs. Leur charge dans le budget de l'Etat grec allait peser lourdement sur une multitude de décisions ultérieures. Pour être précis, cet Etat accusait dès 1997 un déficit public important. Et bien que l'inflation fût jugulée de 15 %[171], il n'en demeurait pas moins certain que l'application des critères retenus à Maastricht faisait gravement défaut. La réduction du taux d'endettement par rapport au PIB (la richesse nationale) y était alors inférieure aux seuils préfixés par la Commission. Vu ces données, l'attitude réticente de la Commission paraissait fondée. Si l'on y ajoute ensuite, qu'entre 1997 et 1998 la politique budgétaire de la Grèce donnait déjà les premiers signes d'un essoufflement, là une situation structurelle critique répercutée en 2009 semblait bien

[170] OCDE, *Etudes économiques de l'OCDE*, « Grèce 1997-1998, la réforme des entreprises publiques », Paris : OCDE publications service, 1999.
[171] OCDE, *Etudes économiques de l'OCDE*, « Grèce 1997-1998, la réforme des entreprises publiques », *ibidem*, p. 3-6.

prévisible. Postérieurement à 1993, les aides accordées par l'Europe avaient eu un effet « make-up » sur la perception de l'économie à l'extérieur du pays.

C'était-là une conséquence positive de l'intégration. Mais elle avait eu aussi un effet "pervers". Sur le moment, la population avait eu le sentiment que son niveau de vie s'améliorait. Elle avait vu dans l'Europe cet espace dans lequel toutes les opportunités méritent d'être saisies. Jamais quiconque ne se serait hasardé à remettre en cause l'effet induit de ces aides. Or, des années plus tard, l'heure des comptes avait sonné. Les dirigeants politiques avaient eu pour coutume locale de les affecter en bonne partie au rééquilibrage des comptes publics, largement dispendieux voire en déficit chronique. En effet, ce détournement faussement consenti des aides communautaires au profit de la compensation de pertes budgétaires (ou de l'absence de ressources provisionnées) avait eu une autre conséquence. Elle avait entraîné une hausse variable, mais constante, de l'inflation.

La tendance haussière des prix à la consommation avait été le corollaire de cette "perception d'aisance relative" ressentie par les Grecs eux-mêmes. L'ajustement des niveaux de rémunération avait permis de compenser les augmentations du coût de la vie, et de faire progresser les coûts de main-d'œuvre horaire. Fortement keynésien dans la méthodologie, l'Etat grec avait opté pour une politique publique soutenant la demande intérieure des entreprises. De la sorte, l'effet placebo des aides structurelles au développement avait permis au pays d'apparaître comme une région d'Europe rivalisant avec celles les plus avantagées. S'il fallait tenter de relier ce comportement à la théorie du suivisme, qui a été développée dans les sous-rubriques précédentes, sans doute y verrait-on la traduction latente d'une tentation hégémonique paneuropéenne.

Depuis 1997, la Grèce a accompli un certain nombre de démarches qui justifient cette posture politique. En même temps qu'elle satisfaisait ses propres besoins, elle accédait à une demande européenne dont la finalité visait la domination économique de l'Europe. C'est en cela que le suivisme européen est particulier : il positionne les aspirations hégémoniques, non plus sur le terrain de la territorialité physique (géographie), mais bien sur le terrain de la production intercontinentale de produits manufacturés.

Pour dire les choses autrement, la guerre physique avait été supplantée par un "bras de fer commercial". Son mouvement oscillant perpétuel créait un cycle de tension perpétuel pour conserver des positions dominantes. Suite à la mise au point de leur stratégie de positionnement, les décideurs avaient convenu de renforcer leur convergence économique. Elle consistait à coordonner la force théorique d'achat offerte par la monnaie unique avec la capacité à produire plus et à moindre coût. La solution politique était incitative. Tous les Etats membres avaient dû procéder de manière coordonnée afin de démultiplier l'effet levier de la monnaie. De la sorte, le modèle de « Marché commun » avait pu être vivifié. Les relations d'échange entre les Etats membres et les pays limitrophes renvoyaient une image positive de cet espace de libre-échange. En quelque sorte, les moutures successives des diverses dispositions qui consacraient l'existence à terme d'un Marché unique libéré de toute entrave [172] avaient été un argument de "propagande" à forte valeur ajoutée.

Sous couvert des interprétations jurisprudentielles[173]que la CJCE avait rendues depuis le début des années 70, la notion de

---

[172] Il est fait référence ici à la révision des Traités qui modifie les objectifs, la forme et la structure de la coalition européenne. A toutes fins utiles, on rappellera que tous les Traités n'ont pas la même force. Certains ne font que compléter les traités « de base », tandis que d'autres changent en profondeur le contenu du droit primaire qui cimente les institutions supranationales. Les traités modifiant l'union sont au nombre de 3 : (1) le Traité CEE (traité instituant la Communauté économique européenne) devenu au fil des révisions le Traité CE (traité instituant la Communauté européenne). Il est devenu, avec l'évolution institutionnelle, et depuis 2009, le Traité sur le fonctionnement de l'Union européenne (TFUE). Le TFUE représente le stade d'évolution ultime du traité de Rome (1957) ; le traité instituant la Communauté européenne de l'énergie atomique (Traité CEEA) ; (2) le traité sur l'Union européenne (TUE) connu sous le nom de "Traité de Maastricht", et enfin le (3) Traité de Lisbonne.

[173] On citera de manière non exhaustive, les grands arrêts de la jurisprudence communautaire : *Arrêt de la Cour de justice, Dassonville, affaire 8/74* (11 juillet 1974). La Cour y opère une interprétation des articles 30 à 33, 36 et 85 du Traité CEE, devenus articles 28, 30 et 81 du Traité CE, pour déterminer les hypothèses dans lesquelles un Etat adopte des mesures économiques qui nuisent aux importations en provenance des pays tiers. Elle développe le contenu des "mesures d'effet équivalent" à des restrictions quantitatives à l'importation. *Arrêt « Keck et Mithouard »*, Arrêt de la Cour du 24 novembre 1993, qui a permis au juge européen de se prononcer sur les obstacles aux échanges, résultant de la

mobilité intracommunautaire laissait entrevoir d'autres perspectives de développement. Au niveau de l'organisation des Etats, elle refondait les bases conditionnelles d'un marché étatique.

En théorie, le nouveau modèle de développement multilatéral assurait la promotion d'un espace économique libéré de ses principales entraves. En pratique, et pour expliciter la théorie du suivisme à l'européenne, le marché commun était vu comme un instrument coercitif qui devait pousser les concurrents économiques (et étatiques) à s'aligner qualitativement[174] aux modélisations politiques et sociologiques préexistantes. A défaut, la sanction était quasi immédiate : l'application d'un tarif douanier unique était rendue impossible aux marchandises qui ne remplissaient pas les conditions de recevabilité requises.

Les notions jurisprudentielles du type "mesures d'effet équivalent", "restrictions quantitatives", quoique apportant des éclaircissements dans l'interprétation des Traités, rappelaient le caractère prédominant de la logique de marché mise en œuvre *via* le modèle des Communautés. A cette fin, la Cour avait été admise pour être l'appariteur final des questions économiques inextricables. Juge des conflits et juge de la légalité des actions européennes en dernier ressort, son action consistait aussi à soutenir indirectement le modèle de développement coopté. Ses décisions devaient concourir de la promotion « positive » de ce marché unique. A demi-mots, le politique s'était arrogé le droit de doter la logique de marché d'une *opinio juris* en mesure de faire passer la tentation paneuropéenne pour une question futile.

---

disparité des législations nationales, relatives aux conditions auxquelles doivent répondre les marchandises.

[174] De toute évidence, les nouvelles règles de fonctionnement de la zone économique d'échange, imaginées à la suite du changement de cap politique, allaient dans le sens d'une forme de concentration économique. Les entreprises exerçant une activité complémentaire ou périphérique, étaient alors appelées à trouver les moyens stratégiques pour fusionner leurs compétences et leur zones de chalandise. En toute logique, le paneuropéeisme consistait à asseoir une domination par l'économie (*softbalancing*) en favorisant le regroupement des entreprises afin de réduire la concurrence. En déjouant les effets externes des importations de produits fabriqués hors zone euro, le politique entendait surtout faire de la commercialisation des produits « made in Europe » un instrument économique au service du développement équitable des pays les moins favorisés.

La mondialisation des échanges sur les divers grands marchés et la méthodologie de fusion horizontale ou verticale des entreprises européennes, faisaient comprendre que la souveraineté des Etats-nations emprunterait des chemins plus sinueux à l'avenir. Le passage obligé par ces tropes de l'action collective dénotait une façon nouvelle de faire de la diplomatie par des moyens dérivés. L'avènement d'un nouveau genre de colonialisme était proclamé.

Aujourd'hui, l'ère d'un Rousseau ou d'un Montaigne, décrivant les modes de vie socio-tribaux des peuplades d'Amérique latine, et des clans familiaux, autour du mythe du « bon sauvage » n'a plus aucune signification sociologique. En revanche, la description qu'Amerigo Vespucci[175] avait faite de ces mêmes relations tribales expliquait la profondeur du changement qui s'était déjà produit. En parlant des modes sociaux-tribaux, le navigateur expose : *« Ils n'ont de vêtements, ni de laine, ni de lin, ni de coton, car ils n'en ont aucun besoin »*. Selon toute vraisemblance, le premier colonialisme avait consisté à exporter la souveraineté des Etats occidentaux en terre inconnue. Pour la circonstance, chacun avait agi comme autant de prophètes. Il y avait pu diffuser une méthode d'évangélisation des valeurs auxquelles ces mêmes peuples étaient originellement étrangers.

Le second colonialisme qui s'est diffusé à partir de la seconde moitié du XXe, avait tiré les conclusions de la première tentative. Au nom de la liberté des peuples à disposer d'eux-mêmes, toute manœuvre était exclue. La résurgence des anciens schémas de représentation du monde et de ses relations trophiques était impossible. Depuis les années 60, et a fortiori depuis 1990, la communauté internationale adhérait à une série de conventions pour lesquelles aucune dérogeance n'était admise… Sauf, à passer

---

[175] Vespucci, A., *Mundus novus*, troisième lettre, 1503 publiée à Vicenza en 1507. L'explorateur y parle d'une terre très étendue qu'il a baptisée *Mundus Novus*. Se mettant en scène dans cette lettre, un professeur de l'université de Lorraine, un certain Waldsee-Müller prit l'initiative de donner le nom d'AMERICA au pays dont le navigateur avait fait la découverte. On peut lire en autres choses, dans *l'Histoire générale du IVe siècle à nos jours*, T. IV, « renaissance et réforme : les nouveaux mondes (1492-1559), ouvrage publié sous la direction de MM. Ernest Lavisse que « *la dénomination ainsi imposée aux géographes fut acceptée par l'opinion en Allemagne et en Italie, et aussi au Portugal. (…) elle ne commença d'être appliquée à tout le continent que lorsqu'il fut assuré que les terres du nord étaient reliées sans interruptions à celle du sud* », p. 935.

pour un faux Etat démocratique et libéral, et encourir la condamnation des Etats réunis au sein de l'organisation[176] *ad hoc*.

Pour éviter toute condamnation morale, les Etats avaient dû plancher sur une organisation totalement nouvelle. Avec l'achèvement du marché commun, devenu par la suite le « marché unique », les "tentations irrédentistes" avaient pu refleurir grâce à l'avènement d'un nouveau projet de développement civilisationnel. La croyance en un *welfare-state Europeanism* permettait de fonder les plus grands espoirs de reconquête économique des territorialités dissidentes. Au niveau matériel, sa reconnaissance en tant que dimension collective des valeurs prenait appui sur l'économie et un discours de la diplomatie commerciale. Ce modèle permettait à la coalition d'exercer une redéfinition des valeurs des communautés concernées. Pour rendre le modèle performant, les divers opérateurs économiques y jouaient un rôle conditionnel déterminant.

---

[176] Il s'agit d'une référence implicite à l'adhésion des pays qui siègent de manière permanente à l'ONU, et qui cautionnent le contenu des textes à portée juridique internationale, tels que :
25/09/1926 – « *Convention relative à l'esclavage* », ratifiée dès le début par 46 Etats. Selon son article 2, les signataires s'engagent à réprimer tout acte de capture, d'acquisition et de cession d'un individu en vue de le vendre ou de l'échanger. Ce texte a été complété trente ans plus tard (4/09/1956) par la Convention supplémentaire relative à l'abolition de l'esclavage. L'article 4 de la Convention constitutive prévoyait, en outre, un devoir d'assistance mutuelle entre les Etats signataires, pour agir de concert afin de faire cesser toute situation illicite. Pour de plus amples informations sur ce texte spécifique, on pourra se reporter à Schreiber, M., Fischer, G., « Convention supplémentaire relative à l'abolition de l'esclavage », in *Annuaire français de droit international*, volume 2, 1956, p. 548-549.
On peut encore citer la « *Convention internationale sur l'élimination de toutes les formes de discrimination raciale* ». Elle fut Adoptée et ouverte à la signature et à la ratification par l'Assemblée générale dans sa résolution 2106 A(XX) du 21 décembre 1965. Elle était entrée en vigueur : le 4 janvier 1969. On se réfèrera enfin à la « *Déclaration sur le droit au développement* », qui avait été adoptée par l'Assemblée générale, dans sa résolution 41/128 du 4 décembre 1986. Cet acte de droit international impliquait « *le droit des peuples à disposer d'eux-mêmes, en vertu duquel ils ont le droit de déterminer librement leur statut politique et d'assurer librement leur développement économique, social et culturel* », Préambule de la déclaration, al.6.

6. LE SUIVISME : UNE IDÉOLOGIE DE LA PUISSANCE FONGIBLE AVEC LE DOGME DES SOUVERAINETÉS ?

Sans se détourner de la notion de « suivisme », il reste à cerner la typologie de l'action en finalité poursuivie par ce type de posture. Lors de l'examen formel, il est apparu que certaines situations mettaient en œuvre un discours structuré. Les idées qui l'organisent participent de l'entretien d'une dynamique de groupe. Elles fédèrent, par-delà les croyances, les habitudes partagées au niveau de la structure sociale. Aussi, le groupe d'origine les considère-t-il comme étant ses propres normes sociologiques de référence. Toute déviance par rapport à la norme sociologie est interprétée comme une transgression infligée au modèle culturel. Explicite ou implicite, elle exige une adhésion et suppose des sanctions dans un champ d'interactions comportementales diffus. Lorsqu'on s'attache à décrire le rôle des idées qui organisent la vie sociale en lien avec ces mêmes habitudes sociologiques, le "ciment social" dont parle Durkheim est révélateur d'une activité « dans » et « pour » le groupe.

En ce sens, une idéologie se définit par le fait qu'elle prend appui sur un corpus philosophique qui a pour objectif de dégager une ligne de conduite générale fondée sur l'expérience individuelle[177]. Mais la définition qu'en donne le dictionnaire Larousse mérite d'être complétée. En effet, Houle[178] approfondit l'observation sur le volet cognitif. Ainsi, une idéologie est-elle *« l'expression multiple, diverse du rapport au monde et à la nature qu'une société établit dans son histoire, comme son reflet* [179]». En tant que ligne de conduite, elle prend appui sur des faits tirés de l'expérience individuelle. En un second temps, elle tente une mise en perspective avec l'action finaliste projetée.

Elle se forge et se complexifie selon la culture, c'est-à-dire que son sens profond n'est donné à l'entendement que du moment où il entre en résonnance avec un savoir-faire anthropologique. Comme

---

[177] H. Garfinkel a nommé « ethnométhodes » ces connaissances implicites et savoirs pratiques que les acteurs sociaux utilisent continuellement au quotidien.

[178] Houle, G., " L'idéologie : un mode de connaissance", Notes de recherché, in *Sociologie et sociétés*, vol. XI, no 1, avril 1979, Montréal : Les Presses de l'Université de Montréal. pp. 123-145.

[179] Houle, G., *ibidem*.

l'a expliqué le sociologue d'origine norvégienne J. Elster, ce rapport dialogique au monde est nécessairement variable. Il est modifié en fonction des données économiques, politiques et sociales qui structurent le monde de l'action. Parfois, l'erreur de jugement y est inévitable. Des codes de croyance comme la famille, la religion, la solidarité intergénérationnelle, la manière dont les individus appréhendent le monde, tendent à modifier la dialectique qui fonde l'interprétation de l'idéologie.

Dans des temps anciens, la première idéologie européenne avait porté sur l'émancipation des peuples afin de construire une société plus harmonieuse et plus juste. L'expression d'un Jean Monnet, qui avait vu dans la construction européenne une manière d'en finir avec le déchirement des populations et l'anéantissement des valeurs, est demeurée valable jusque dans le milieu des années 90. La guerre froide, c'est-à-dire la division EST/OUEST du continent européen était demeurée le facteur de cohésion de cette première idéologie. Avec la fin de l'opposition des blocs, l'Europe aura à connaître les prémices d'une mutation interne. Elle changera le rapport de cette même émancipation par rapport à l'expérience.

L'avènement progressif d'une société mondialisée consacrera rapidement une seconde idéologie. Elle a peu à peu supplanté l'idéal premier que les anciens apprentissages avaient permis d'acquérir de manière implicite. Elle a fait de l'existentialisme moderne un lieu dans lequel les opinions, les postures types et les valeurs laïques non contraignantes ont réorganisé l'être humain dans sa structure moléculaire. Les nouvelles valeurs ont participé d'une mutation sociologique importante : l'individu, en tant qu'être social, vivant au contact de ses semblables, a fini par se concevoir dans un monde des idées où tout symbole le renvoie à une dimension sociocentrique de son propre bien-être.

Avec la structuration d'un monde européanisé, épris de liberté d'action et de choix, le recadrage sociologique des valeurs a suivi un formatage *sui generis*. La croyance en un marché omniprésent, en des conduites qui intègrent la notion de concurrence, modifie le contenu expérimental à la puissance. Il va jusqu'à relier "volonté de puissance individuelle" et "volonté de puissance pour elle-même". Sous cet aspect, la puissance est bien la condition qui organise l'idéologie. Elle se retrouve dans l'action politique.

De nos jours, l'idéologie est indissociable d'un instinct de puissance. Suivant des lois non écrites, mais d'usage courant, la puissance est une action exercée à distance sur un ou plusieurs individus. Elle tend à les contraindre au ralliement et rappelle, par bien des aspects, la matière avec laquelle le "*bandwagoning* à l'européenne" peut être fait.

A l'instar des américains, qui ont déployé aux quatre coins de la planète leur propre vision de l'équilibre et de la paix[180], les européens ont développé leur propre système d'équilibrage. D'un point de vue fonctionnel, l'Europe, d'une part, les USA, de l'autre, puis le continent asiatique (Chine, Inde), et enfin la Russie agissent de manière indépendante sur la scène des relations internationales.

Chacun agit comme une unité autonome, conceptrice de son propre champ de valeurs morales et philosophiques. Chacun s'accapare la prérogative de pouvoir dire le droit dans son environnement géostratégique immédiat, et chacun affirme son degré de tolérance à la douleur et à la persécution soufferte par autrui[181]. Vu les éléments évoqués précédemment, et en réponse partielle à l'interrogation initiale, une première réflexion pourrait consister à admettre que la « volonté de puissance » est l'expression légitime du dogme des souverainetés en Europe. Mais après avoir démontré le caractère indissociable qui pouvait être créé entre « puissance » et idéologie, une autre approche reste à explorer. Je pense notamment au lien qui peut exister entre l'idée de puissance, détournée à des fins idéologiques, et le caractère souverain des inclinations rétrocédées par la partie concédante.

Au XXIe siècle, la volonté de puissance s'exerce par des moyens détournés. Elle ne nécessite plus de contrainte physique, ou presque. En effet, l'évolution des mentalités et le bouleversement des valeurs morales (le bien, le mal, le juste, l'injuste, la

[180] Pour cette théorie politique, on se reportera à l'ouvrage de Kenneth Waltz intitulé : Man, *the State, and War : A Theoretical Analysis*, New-York : Columbia University Press, 2001.

[181] Aron, R., *Paix et guerre entre les nations*, Paris : Calmann-Lévy (1962), réédition 2004. Partant d'un postulat similaire à Von Clausewitz, et qui consiste à dire que la violence est le stade utile de la négociation politique, Aron poursuit son raisonnement jusqu'à démontrer que la menace de violence n'est là que pour permettre au politique d'imposer une volonté tout en évitant de placer l'adversaire (ou le destinateur de l'action) dans une position de défaite irrémédiable.

nécessité et l'indigence, la conviction et la persuasion...) ont accompagné les changements sociologiques de l'être collectif. Il est devenu, avec le temps, un individu qui a intégré dans ses modes d'action l'action morale en finalité, i.e. l'agir avec justesse dans le seul but de réaliser l'action déterminée. En synthèse, l'idéologie de la « gouvernance » a substitué toute référence directe à une quelconque forme de coercition légitime des Etats entre eux.

Aujourd'hui, les relations internationales d'hier n'ont plus recours aux mêmes arguments pour remplir une multitude « d'ambassades[182] ». L'art de la guerre tant d'actualité chez un Sun Tsu, fut longuement abordé en termes de relativisme de la puissance et de la force de contrainte. Ainsi avait-il écrit dans son traité « *attaquez à découvert, mais soyez vainqueur en secret* [183]». En effet, l'habileté de celui qui devait agir nécessitait un recours proportionné à la violence pour soumettre les volontés adverses.

De nos jours, au contraire, ces propos paraissent quelque peu inappropriés, car la seule guerre archétypale que notre société peut vivre, reste du domaine économique. Désormais, la concurrence est qualitative et quantitative. Elle touche d'abord le commerce des produits manufacturés et la compétitivité des entreprises, puis la capacité des Etats-nations à pouvoir imposer leurs appréhensions sociopolitiques des valeurs. Depuis ces dix dernières années, par exemple, l'Europe a fait usage d'une stratégie offensive et défensive pour asseoir ses positions.

Elle a généralement eu recours à des forces directes pour engager des pourparlers, et même susciter un lâcher-prise par ses interlocuteurs. Elle a eu recours, ensuite, à des ressources indirectes. Pour bien faire, elle a développé l'art de la persuasion multilatéraliste afin d'emporter la décision finale.

---

[182] Je ne parle pas du lieu de représentation extraterritorial de la puissance individuelle des Etats, mais de la méthode de négociation avec laquelle le politique arme son discours. Les images, auxquelles sont empruntées les références idéologiques de la négociation, utilisent un symbolisme emprunté au domaine de l'économie et de la finance. La macroéconomie stratégique a été mise au service du maintien de la paix et de la stabilité. Aussi, dans une zone déterminée, les Etats peuvent désormais réguler leurs « contraintes » en modulant l'offre de service (produits) que les entreprises nationales peuvent diriger dans tel ou tel secteur.

[183] Sun Tsu, *l'art de la guerre*, Paris : Garnier-Flammarion, éd. 1999, Article V : de la contenance.

Dans le cas de figure traité ici, il résulte que la volonté de puissance a servi principalement à développer une culture « libérale ». En l'occurrence, elle été employée par le politique aux fins de légitimer sa capacité de décision et d'action. Elle lui est toujours revenue de plein droit. En quelque sorte, le libéralisme économique a été un instrument. Il a contribué à affermir une certaine volonté de puissance chez ceux qui, appartenant à l'élite, participaient à visage découvert de la diffusion d'un panisme économique. Ce modèle affichait les couleurs de la liberté contractuelle, tout en ne révélant pas les mobiles sous-jacents. Aussi, considérant les faits relatés ci-avant, on pourrait voir dans la volonté de puissance (dissimulée) un prétexte pour mener ce que toute civilisation a toujours projeté de faire. Seuls les moyens pour y parvenir ont évolué, au fil des époques. Mais le discours, qui a toujours prétendu promouvoir la défense du modèle démocratique et libéral, ne peut faire oublier en soi l'intention inavouée.

Il convient de le souligner avec insistance. Les Etats ont appris à se comporter comme des unités autonomes. Leur évolution a répondu à un besoin d'indépendance doublé d'un regain de souverainisme de la pensée juste. Toutefois, il me semble opportun de voir comme Yotte[184] dans ce souverainisme moral et stratégique « un devoir d'obéissance » à une autorité régulatrice[185]. La doctrine souverainiste dans laquelle baigne toute l'Europe politique est partie d'un postulat qui, en toute réalité, n'existe pas en tant que tel. Faut-il y voir une posture idéologique importée ?

En se penchant sur la question, tout porte à croire que les tendances à l'autonomisation » s'entrechoquent avec une vision fédéraliste de l'individu. Elles égrènent leur discours sur la construction européenne, et placent les régions en état de concurrence négative. Tout bien considéré, ce type de fédéralisme

---

[184] Yotte, Y., Gras, A., *Sociologie-ethnologie - Auteurs et textes fondateurs*, 2e édition revue et corrigée, Paris : Publications de la Sorbonne, Col. Homme et société, 2001.

[185] Yotte, Y., Gras, A., *ibidem*, passim, p. 27-29. A propos de l'analyse du système constitutionnel américain analysé par A. de Tocqueville, et du transfert de compétences au pouvoir constitué. Il y est mis en valeur la volonté de placer le pouvoir constituant originaire (le peuple) dans une situation de pleine indépendance quant à la nature, l'objet et la « quantité » de pouvoirs délégués par lui à ses représentants (sénateurs).

n'appartient pas aux registres symboliques de la pensée sociale de notre continent. Cette vision culturelle de l'être sociologique ne correspond pas à la perception idéologique de l'autonomie totale. Elle est présente, de longue date, dans la pensée unioniste américaine, mais cette doctrine est aujourd'hui une pure vision idéaliste à l'intérieur même des modes de gouvernance européens. Croire en cet isomorphisme identitaire reviendrait à instituer l'Europe dans une pensée géopolitique arbitrairement ancrée dans un fédéralisme sociologique.

Pour la forme, le fédéralisme appartient à la pensée de Hamilton. Elle eut grand écho dans l'organisation institutionnelle de l'Amérique prémoderne. En l'espèce, cette pensée tendait à promouvoir une situation dans laquelle les citoyens étaient libres d'évoluer à leur gré, sans pouvoir être contraints par quelque autorité. Du point de vue constitutionnel, *i.e.* en matière de délégation des prérogatives « choisissantes », chacun pouvait opter pour un niveau de transfert plus ou moins important. Dans ce type de contrat social, il importait que la faculté d'organisation « originaire » fût placée hors d'atteinte du pouvoir délégataire ainsi constitué.

En Europe, le pouvoir constituant originaire s'est maintes fois vu dépossédé de ce pouvoir naturel, quasi essentiel. On le sait, une fois le transfert de compétences opéré en faveur du politique, la tentation de tout interpréter sur la base du choix d'action souverain fait échapper indiciblement ce droit à ceux qui le détiennent par essence.

II. De la souveraineté grecque face aux souverainetés coalisées

La contextualisation du jeu de rôle juridique. Refermons la grande parenthèse historique et reprenons le cours du jeu de rôle, au moment de la seconde crise. La narration reprend lorsque l'émissaire du FMI a transmis son suivi d'étape aux diverses institutions, et que les 26 doivent opter pour la poursuite ou la fin du renflouement de la dette souveraine grecque.

Narration *in media res*. Le déblocage des deux aides successives en vue de stabiliser le déficit excessif[186] des finances publiques du pays avait été peu efficient. Dos au mur, la Commission avait été obligée d'entamer une procédure d'infraction renforcée à l'encontre de cet Etat. Courant juin de cette même année, elle avait légitimé son action récursoire en invoquant à l'appui de ses prétentions la décision que le Conseil avait prise, en novembre 2011. L'action en manquement pouvait être raisonnablement introduite auprès de la haute juridiction de l'Union.

En réalité, au moins deux actes contraignants permettaient à la Commission de soulever le manquement grave et volontaire. Il y avait la directive 2011/85/UE du Conseil, et un règlement de 1996. Le premier document rappelait que l'objectif de l'Union et du Marché unique[187] imposait « *la nécessité de renforcer l'adhésion nationale et de fixer des exigences uniformes pour les règles et*

[186] La Commission européenne avait rédigé une série de documents sur la base de l'article 126, paragraphe 9, du traité UE. Elle avait pris une recommandation visant à établir le correctif de l'Etat des dépenses réelles, et la nécessité d'avoir des procédures de contrôle budgétaire plus rigoureuses.

[187] Il est appelé parfois « Marché intérieur » en lien avec le Livre Blanc que le Président de la Commission en 1985 avait soumis aux Etats membres, intitulé « L'achèvement du marché intérieur » (réf. COM (85) 310).

procédures formant les cadres budgétaires des États membres [188]». Conscient des enjeux, le Conseil avait préconisé, dans l'urgence du moment, que tous les Etats membres eussent consenti à l'adoption des normes de gestion budgétaires harmonisées. A des fins de bonne exécution des politiques publiques, les Etats étaient invités à « *produire des données statistiques de grande qualité qui soient comparables d'un État membre à l'autre* [189]». De la sorte, et sous l'impulsion de Jacques Delors, la standardisation des normes d'évaluation et de projection budgétaires, à l'intérieur de la procédure d'élaboration du bilan comptable pour l'année N (et les années N+1, N+2 et N+3), allait s'imposer progressivement comme une règle impérative. Elle ne laissait pas de place à l'approximation ou aux incohérences.

Enfin, dans le droit fil de l'obligation de transparence et de suivi des budgets nationaux, et compte tenu du règlement 2223/96 CE du Conseil du 25 juin 1996[190], la procédure en manquement invoquait une base légale supplémentaire à l'appui des prétentions initiales. Courant le dernier trimestre 2012, la Commission avait réuni tous les éléments de droit dont elle pouvait se prévaloir pour entamer sa procédure au fond.

I. De la procédure pour déficit excessif

Antérieurement à l'action en manquement devant la CJUE, la Commission avait notamment sollicité l'intervention amiable des compositeurs grecs en vue de fournir les efforts supplémentaires pour redresser la situation intérieure. De manière assez antinomique, notamment en regard du principe de souveraineté, la coalition avait choisi de ne plus s'en tenir aux règles de droit communément applicables.

---

188 *Directive 2011/85/UE du Conseil du 8 novembre 2011* sur les exigences applicables aux cadres budgétaires des États membres.

189 *Directive 2011/85/UE du Conseil du 8 novembre 2011*, ibidem.

190 En développé : « Règlement relatif au système européen des comptes nationaux et régionaux dans la Communauté ». Dans le jargon de la Comitologie, ce règlement a été baptisé « SEC 95 ». Depuis février 2000, ce texte entre dans le cadre conceptuel de référence, et devient juridiquement contraignant dans l'Union européenne. Cet acte juridique est largement prescriptif de sanctions en cas de manquement aux obligations comptables et financières pour les Etats de l'UE.

En regard du caractère exceptionnel de la situation, alors même que les divers Traités s'étaient attachés à préserver l'autonomie des Etats[191], les actes qui autorisaient l'ingérence dans la situation intérieure de la Grèce avaient nettement occulté cet aspect de la situation. A charge de l'ingérence, on retiendra ce primat de la souveraineté inexpugnable qui se manifeste via la clause de flexibilité[192]. Elle se rapproche dans sa mise en œuvre de la notion de subsidiarité, elle-même issue de l'article 5 du traité de Maastricht[193].

Depuis 1993, les Etats membres avaient anticipé le fait que certaines questions, non expressément inscrites comme relevant de la seule compétence commune, auraient échappé au contrôle strict de la coalition. Au fond, cela signifiait que les réponses apportées relevaient d'un exercice d'adaptation ou de composition avec la situation imprévisible et potentiellement menaçante. Lorsqu'on établit la relation avec la situation grecque, force est de constater que les deux notions précédentes n'autorisaient qu'un dessaisissement partiel de compétence de la Grèce.

L'aide pouvait être effectivement conditionnée à un certain nombre de conditions de réalisations intrinsèques. Elle ne pouvait pas passer outre la souveraineté du peuple, seul en mesure de

---

191 Au-delà du caractère nécessairement cohésif des textes à valeur supraconstitutionnelle, l'Europe avait veillé à ce que les politiques publiques fussent déclinées, dans les régions, suivant la règle de proximité la plus efficace. Par référence aux trois modes d'intervention ou/et de transfert de compétences entre l'UE et les Etats membres. Ils illustrent le contenu et l'étendue de la notion de supranationalité, en regard des compétences partagées ou de soutien que l'UE a souhaité organiser à l'intérieur même de son propre champ d'intervention politique et économique.

192 Cf. art. 352 TFUE (version consolidée après Lisbonne). Cette « flexibilité » fut introduite par la Convention lors de la rédaction finale du *projet du Traité établissant une constitution pour l'Europe* (article 1-18). Elle doit être vue comme un palliatif à la sénescence ou à l'absence de dispositions prévues à l'intérieur des Traités. Elle doit permettre une réaction, proportionnée, voire différenciée, en cas d'absence de cas prévus.

193 L'article 5 du traité instituant l'Union Européenne définit le principe de subsidiarité de la façon suivante : « *dans les domaines qui ne relèvent pas de sa compétence exclusive, la Communauté n'intervient, conformément au principe de subsidiarité, que si et dans la mesure où les objectifs de l'action envisagée ne peuvent pas être réalisés de manière suffisante par les Etats membres et peuvent donc, en raison des dimensions ou des effets de l'action envisagée être mieux réalisés au niveau communautaire* »

consentir, librement, aux impôts qu'il souhaite supporter. « *Legis virtus haec est imperare, vetare, permittere, punire*[194] » dit l'adage. En l'occurrence, les conditions dans lesquelles le droit a été appliqué à la situation grecque n'ont pas totalement paré à ce risque d'arbitraire. Nul n'ignore qu'une interprétation illégitime des dispositions d'un acte normatif dévalorise la loi. Elle ne remplit plus son rôle et perd de sa fonction régulatrice.

2. Les moyens de droit invoqués à l'appui de la procédure du Conseil et de la Commission

Les nouvelles règles de déontologie financière[195], auxquelles le Conseil avait consenti, offraient de nouveaux gages de transparence. Outre l'harmonisation des règles de procédures d'enregistrement des dépenses (les institutions procèdent à des évaluations *ex ante* et *ex post* de l'efficience budgétaire), le législateur entendait réduire les occurrences interprétatives pouvant générer des situations financières négatives durables. Dans l'intention de se prémunir contre tout déficit excessif, les Chefs d'Etat et de gouvernement avaient rédigé le règlement 1467/97 CE[196] . Daté du 7 juillet 1997, ce texte avait été approuvé par le

194 Adage de droit romain : « le propre de la loi est d'ordonner, d'interdire, de permettre, de punir ».

195 Le règlement financier est pour l'Union européenne la référence essentielle en ce qui concerne les principes et les procédures régissant l'établissement et l'exécution du budget de l'UE, ainsi que le contrôle des finances des Communautés européennes. Il relève de l'entrée en vigueur du Règlement (CE, Euratom) n° 1605/2002 du Conseil du 25 juin 2002portant règlement financier applicable au budget général des Communautés européennes, JO L 248 du 16.9.2002, p. 1. Ce texte a été modifié par le Règlement Rectificatif, JO L 48 du 22.2.2008, p. 88 (1995/2006), et le Règlement (CE, Euratom) n° 478/2007 de la Commission du 23 avril 2007, JO L 111 du 28.4.2007, p. 13.

196 Il avait été délibéré par le Conseil des Ministres (*organe législatif délégataire de compétences de réserve*). Le texte avait pour objectif d'accélérer et de clarifier la mise en œuvre de la procédure concernant les déficits excessifs. Depuis, ce texte dont la fonction est comparable à une Loi constitutionnelle (explicative d'un point de droit spécifique), a été amendé à plusieurs reprises. On évoquera deux modifications : (a) Règlement 1056/2005 CE du 27.7.2005, publié au JOCE n° L 174 du 7.7.2005 ; (b) Règlement 1177/2011 UE du Conseil du 8 novembre 2011, publié au JOUE n° L 306 du 23.11.2011.

Parlement européen, selon la procédure de codécision[197]. Ce mode de délibération fera l'objet d'une adaptation ultérieure lors de la rédaction du traité d'Amsterdam (ToA[198]). Suivant les dispositions qui y étaient contenues, l'exécution du budget avait fait l'objet de mesures de contrôle renforcées. A cette fin, le législateur avait accru les pare-feux qui organisaient les modalités d'exécution techniques du budget communautaire. Pour illustrer la réforme, on peut évoquer la mesure qui avait fait obligation aux Etats d'enregistrer les opérations budgétaires (dépenses et les recettes) en droits constatés. Le budget européen devait alors rattacher à un exercice les charges et les produits inscrits dès la survenance du fait qui les avait générés. Cette comptabilité se rapprochait déjà d'une comptabilité d'entreprise. En ce sens, par exemple, les budgets prévisionnels devaient être astreints à une comptabilité d'exercice. Ils devaient mieux valoriser le patrimoine et les engagements des administrations et les risques financiers encourus *in fine*. Avec Edimbourg, le rôle et l'organisation des acteurs chargés de la comptabilité publique, dans la chaîne d'exécution de la dépense et de la recette, avaient été profondément modifiés. Au final, cela revenait à dire que les opérations créditrices ou débitrices devaient être comptabilisées dans le budget, dès leur naissance. Dit plus simplement, toute dépense ou toute recette prévue, rattachable à un "fait générateur", avait pour vocation d'être comptabilisée à la date de survenance du fait. A l'inverse, les dettes ou créances devaient être détachées de leur date d'encaissement ou de mise en paiement, et être comptabilisées dès acceptation de la mise en œuvre de la commande publique.

Même si le Règlement du Conseil ne détaillait pas la forme et la nature d'une dette publique, ses rédacteurs avaient pris l'initiative d'en préciser la portée, en se fondant sur des critères discriminants. A cet effet, pour identifier une dette souveraine, les créances peuvent être ciblées en fonction de leur origine et de leur durée.

---

[197] Le principe de la « codécision négative » impliquait que le budget qui était arrêté par la Commission (proposition) était réputé adopté tant que le Conseil et le Parlement ne l'avaient pas modifié ou rejeté d'un commun accord. Ce nouveau cadre financier avait été négocié en 1992 lors du Conseil européen d'Edimbourg, suite aux nouvelles perspectives financières suggérées par le « paquet Delors II ».

[198] *Treaty of Amsterdam* : dénomination anglaise du Traité.

Selon la nature de la dette, le montant des encours des administrations publiques devait être enregistré dans les comptes nationaux « à leur valeur de marché », en fin de période comptable. Pour pouvoir suivre leur apurement, ils étaient tracés[199] dans le patrimoine sectoriel de clôture des administrations publiques concernées. Cette approche comptable de la dépense et de son suivi (exécution) incitait les Etats membres à amplifier leurs efforts de coordination. L'Europe entendait mesurer avec efficacité l'impact des actions publiques soutenues en région. Dès 1997, le principe de traçabilité financière était devenu une règle de la cohérence et de la stabilité économique dans la zone euro.

A vrai dire, les Institutions avaient eu la préoccupation de développer des contrôles préventifs des divers budgets, et de celui de l'Union. En matière de vérification des déficits excessifs, le Traité sur l'Union européenne (Maastricht, 1992) définissait la dette publique comme étant « *le total des dettes brutes, à leur valeur nominale, en cours à la fin de l'année et consolidées à l'intérieur des secteurs du gouvernement général*[200] ». Vu sous cet angle, la méthodologie d'évaluation participait de l'établissement d'une « vue instantanée » de la situation de trésorerie à court et moyen terme, pour chaque Etat. Enfin, au niveau supranational, il permettait de vérifier que le taux de liquidités était suffisant pour couvrir les dépenses projetées sur une période d'exécution donnée.

Pour bien être d'accord sur le signifié des mots, et la façon dont les Etats devaient ventiler leur « bilan », la Commission avait fourni des éclaircissements sur la mise en œuvre technique de ce même règlement du Conseil. Avec pédagogie elle détaillait la valeur de l'écart type à ne pas dépasser pour que le bilan budgétaire annuel des Etats fût cohérent avec les objectifs poursuivis par l'Union. Dans cette perspective, les rédacteurs du document avaient déterminé le seuil minima et maxima à l'intérieur duquel les Etats devaient maintenir leur budget général. Mus par un objectif de maîtrise, ils avaient explicité de manière chiffrée que la variation de la dette publique, entre la fin de l'année

[199] Il était impératif de pouvoir suivre la chaîne de commande ayant autorisé la dépense ou l'engagement de recettes comptables, et s'assurer de la parfaite affectation des ressources allouées au titre des actions concertées.

[200] Cf. Commission européenne, Manuel SEC95 pour le déficit public et la dette publique, version 2002, cit. p. 204.

N et la fin de l'année précédente (N-1), devait être égale à l'émission de nouveaux engagements pour l'année N, diminuée du montant des remboursements et des crédits d'engagement des dépenses[201].

Dans sa version consolidée de 2011[202], le texte avait été modifié par le Conseil de l'UE afin de pallier la carence de contrôle dont les institutions administratives européennes continuaient de pâtir. La survenance de la crise qui avait affecté le budget grec avait hâté le transfert de responsabilité. A l'aube de 2010, les Etats devaient tout faire pour envisager des mesures correctrices et éviter un effet domino à leur propre budget. L'oppression de la contagion impliquait de coopter de nouveaux "bons usages". Les Etats devaient tout faire pour se rapprocher de « *l'objectif à moyen terme d'une position budgétaire proche de l'équilibre* [203]». Pour éviter d'être désavoués par l'opinion publique, et sous la contrainte des agences de rating, les Etats avaient convenu de renforcer leur discipline budgétaire. Ils s'engageaient à évaluer les dépenses publiques d'investissement par rapport au déficit public général.

Considérant les remous que la crise de 2009 avait engendrés, la procédure pour déficit excessif avait été scrupuleusement codifiée. Ainsi, dans l'hypothèse où un Etat en infraction n'aurait pas pris de mesures suffisantes, la Commission détenait le pouvoir de déclencher la procédure de vérification. En cas d'absence de coopération, elle pouvait initier la procédure pour manquement.

Rappel de l'échelle des sanctions prévues par la procédure pour déficit excessif. Au premier stade, de la procédure, le Conseil avait disposé d'une procédure d'alerte avec demande d'avis. L'Etat devait s'expliquer sur les faits. Dans l'hypothèse où la demande d'éclaircissements était restée sans réponse, et sous réserve de l'application de certains délais de prescription, l'acte comminatoire

[201] Pour de plus amples détails, on se reportera au document de la Commission européenne, Manuel SEC95 pour le déficit public et la dette publique ; et, particulièrement aux pages 206 et suivants de l'ouvrage.
[202] Règlement 1177/2011 UE du Conseil du 8 novembre 2011, JOUE n° L 306, p. 33, du 23.11.2011.
[203] Cf. *Outil de documentation*, 1997R1467, 13.12.2011, 002.001-1, p. 2.

pouvait être converti en peine d'amende[204]. Pour toutes les situations qui résulteraient d'un déficit accru volontaire et non maîtrisé, la Commission pouvait être autorisée à introduire une procédure accélérée, devant le Conseil.

En apparence, la Grèce avait été sommée, début février 2012, de produire un bilan comptable rectificatif conforme aux exigences de convergence économique prévues par les Traités et le règlement du Conseil de 2011. L'histoire locale rapporte que ses dirigeants avaient été rétifs à adopter des mesures correctrices. La proposition de lisser le déficit sur une période quinquennale n'avait suscité aucune réaction...

3. Les éléments de fait réunis par la Commission et constitutifs du dommage

En toute logique, l'État membre aurait dû remettre au Conseil et à la Commission un rapport sur l'action engagée, suite aux premières recommandations du Conseil. Sur la base de l'article 126, paragraphe 7, du traité sur le fonctionnement de l'Union européenne, la Grèce avait marqué de grandes réserves à livrer l'intégralité de son analyse. A maintes occasions, les dirigeants grecs avaient été invités à faire valoir leurs arguments. L'Union européenne souhaitait connaître la date prévisible d'un retour durable à l'équilibre. Aux yeux de l'opinion publique, comme aux yeux des agences de notation, la Grèce devait indiquer quels efforts elle entendait déployer pour revenir dans la fourchette des objectifs de convergence fixés par Maastricht. A décharge, car prise dans la tourmente médiatique et politique, la Grèce avait été fortement pointée du doigt par les Etats pionniers. Pire encore, le scandale l'avait discréditée vis-à-vis des autres nations européennes. Lorsqu'il avait été question de participer matériellement au sauvetage, les slovaques avaient opposé un refus majoritaire. La solidarité économique[205]n'était pas à l'ordre du jour.

---

[204] Aux termes du règlement de 97 dans sa version consolidée (1177/2011 UE), la sanction pécuniaire est constituée d'une composante fixe égale à 0,2 % du PIB, et d'une composante variable.

[205] Le Figaro, économie, article de Arnaud Rodier du 29/09/2011 intitulé « Aide à la Grèce : un vote important en Allemagne ». Y sont rapportés les propos de la Slovaquie, quant à sa participation financière au sauvetage de la Grèce : « *La*

Devant faire profil bas, l'humiliation qui ressortait de la situation rendue publique avait ravivé des attitudes protectionnistes au sein même du peuple grec. Résolu à accepter le fardeau de la honte, le Premier ministre Panagiotis Pikrammenos s'était fait l'écho de ce souverainisme qui entendait reprendre le dessus sur une situation incontrôlable. On pouvait tordre le cou aux dirigeants Grecs, pour l'exemple... Mais pouvait-on escamoter le droit dont dispose une Nation de choisir librement l'orientation de son mode de vie, et l'obliger à renier ses valeurs morales au nom d'un principe souverainiste présentant un intérêt supérieur ?

Aussi grands qu'avaient été les efforts déployés par le pays pour démontrer sa bonne foi, la mise en demeure que le Conseil avait adressée à Georgios A. Papandreou (jr), puis à Loukas Papademos début 2012, était restée privée d'effets notoires. Sur la base des prévisions établies par la Commission, la Grèce aurait dû respecter des objectifs budgétaires annuels répondant à 0,5 % du PIB pour corriger le déficit excessif sanctionné en amont. A l'autre bout de la chaîne d'exécution conventionnelle, le pays avait-il fait quelque chose pour se rapprocher des objectifs prévisionnels de réduction de la trésorerie négative ?

Les organismes chargés du contrôle et de l'assainissement des comptes (UE, FMI, BCE) avaient alors exigé une réduction de l'ordre de 2% des dettes par an. La cure d'austérité s'élevait à 6,6 milliards d'euros. La part contributive de chaque résident grec aurait augmenté de manière progressive et significative. Les faits étaient significatifs : pendant près de 10 ans, jusqu'en 2008, la Grèce avait dissimulé une dette publique qui était proche des 100% du PIB.

Pour s'amender, le politique avait accepté les coupes claires dans les effectifs de fonctionnaires. Les traitements dans la fonction publique, par exemple, avaient été gelés, sans perte de pouvoir d'achat. Ce nonobstant, comme le soulignait le rapport de

---

Slovaquie a reporté son vote au 25 octobre. Son premier ministre soutient l'élargissement des missions du Fonds, mais les désaccords sont toujours forts au sein de la coalition gouvernementale. Membre de la zone euro depuis 2009, ce pays avait été le seul à refuser de participer au premier prêt accordé à la Grèce l'an dernier. [...] *Et le chef du Parlement se dit prêt à torpiller le projet. Mon but est d'éviter que la Slovaquie perde des milliards d'euros* ».

l'OCDE[206] (2009), les mesures correctrices étaient insuffisantes pour enrayer durablement le déficit structurel. Aussi, pour sortir de la situation d'imprévisibilité, les experts avaient recommandé une réduction du PIB de 6 %.

La crise n'avait pas fait réduire suffisamment les occurrences négatives, et laissait perdurer « *un accroissement des prestations, lequel était supérieur aux gains de productivité* [207]». Certes, la mise en place d'une structure centralisatrice, chargée de l'harmonisation des salaires (équiv. à un observatoire national de régulation) avait pu rassurer les marchés. L'idée d'une maîtrise des salaires allait dans le sens d'une maîtrise de l'inflation à court et moyen terme. Mais les mesures envisagées offraient une action trop « diffuse » pour apparaître comme pragmatiques.

Les observateurs « indépendants » étaient intervenus sans faire de détail. Suivant la feuille de route qui leur avait été remise, ils avaient agi de manière plus « chirurgicale ». Ils devaient contrôler, recadrer et stabiliser coûte que coûte. A ce propos, l'instauration d'une nouvelle taxe sur l'immobilier fut une mesure fiscale touchant au patrimoine des particuliers. Son acquittement était adossé à la présence d'un compteur d'électricité, et son recouvrement était assuré *via* le paiement de la consommation électrique effective de l'habitation. La diminution du point de pension pour les retraites dépassant les 1.200 euros par mois avait été entérinée, en parallèle à l'élargissement de l'assiette d'imposition sur le revenu. La plupart des ménages, et notamment ceux ayant des revenus supérieurs à 5.000 euros annuels avaient eu la surprise de devoir apporter leur contribution à l'effort de refinancement des dépenses publiques. Enfin, impôt contracyclique par excellence, la TVA sur la restauration avait été augmentée de 13 à 23% en septembre 2011. Toutes ces mesures furent accueillies non sans colère du collectif. La croissance exigeait une mise en péréquation des prix et des salaires, par rapport à ceux constatés dans la zone euro. Au même moment, le freinage important des salaires portait un coup d'estoc aux *habitus* de comportement historiques.

---

206 OCDE, *Etudes économiques : Grèce*, Vol. 2009/15, juillet 2009, passim p. 12-13.

207 *Ibidem*, supra, cit. p. 15

A l'évidence, ce réajustement aux forceps avait impliqué une grande flexibilité dans l'échelle de rémunérations. Il avait eu pour conséquence de faire de la flexibilité une variable d'ajustement économique des besoins et des fins. L'abaissement du coût de la main-d'œuvre quoique utile pour rendre la production compétitive, avait eu pour effet drastique de limiter l'échelle des rémunérations. En peu de mots, la Grèce expérimentait l'adage du "travailler plus" afin de disposer d'un pouvoir d'achat conforme au taux d'inflation intérieur.

4. LE PRONONCÉ DE LA SANCTION PÉCUNIAIRE

Nemo auditur propriam turpitudinem allegans[208]. L'heure des comptes avait sonné de manière drastique.

Décembre 2013. Le Conseil avait laissé 2 mois aux Grecs pour présenter un nouveau plan de restructuration de leur dette publique. Les comptes rectificatifs devaient être conformes aux objectifs préfix de l'UEM et du Marché intérieur. Il fallait que les critères de convergence fussent respectés. Dans l'intervalle, un nouveau document de "suivi" dressé par la Commission avait rapporté le manque de motivation réel des dirigeants politiques. Les experts avaient insisté sur la nécessité de « donner un coup de collier supplémentaire » pour faire réussir la mission.

L'avis interne[209] transmis au Conseil mentionnait que « *contrairement à ce qui avait été mis en évidence dans le second rapport de suivi, les efforts destinés à l'amélioration et à l'efficacité du financement de la politique de cohésion ont peu progressé sur le trimestre précédent. Ce processus récessif est le résultat d'un relâchement notable de coopération entre les acteurs et au niveau du gouvernement grec, mais aussi avec les institutions d'appui de l'UE* ». Suivant les dispositions du règlement 479/2009 CE, et

---

[208] Explication : la justification d'une inaction ou d'une mauvaise action considérée comme civilement (ou pénalement) fautive, ne peut être atténuée par le fait d'une circonstance personnelle qui aurait empêché d'agir de manière appropriée ou aurait poussé l'intéressé à s'abstenir de faire quoi que ce soit. [*Nul ne peut se prévaloir de ses propres turpitudes*, trad. FD].

[209] Commission européenne, *Task Force for Greece : Fourth Quarterly Report*, (September 2012). Ce document n'existe pas. Il n'a de valeur qu'à l'intérieur du jeu de rôle, objet de cet ouvrage. Les faits relatés ne sont qu'une projection imaginaire.

l'article 3, paragraphes 2 et 3 fixant les conditions d'activation d'une procédure accélérée, le Conseil avait pris acte de l'absence d'intention convergente. Suivant les dispositions légales contenues à l'article 126, paragraphe 8, la Commission avait émis l'avis de durcir le ton. La réunion extraordinaire qui avait été organisée le 12 décembre avait rendu un « arbitrage » sans appel.

Les membres du Conseil avaient pris acte de la résistance idéologique à peu se conformer à la stratégie décidée. Aussi, en raison de la persistance du déficit chronique qui ne parvenait pas à se résorber en deçà des marges autorisées, la sanction était tombée. A titre de rappel à la loi, il avait été enjoint à la Grèce de s'acquitter d'une amende "sanction" de 1600K€, non remboursable. Elle avait fait office de couperet.

Pour l'exemple, le président du Conseil en exercice, statuant à la majorité absolue des membres, avait tenu des propos sans équivoque. A la tribune officielle, il avait déclaré : « L*'amende est applicable dans la mesure où elle est compatible avec les traités sur lesquels l'Union européenne est fondée et avec le droit de l'Union européenne* (…) *Dans le respect total des exigences procédurales établies par les traités sur lesquels l'Union européenne est fondée, eu égard au non-respect des règles prudentielles en matière de rectification des déficits excessifs, l'Etat sanctionné est tenu de s'acquitter de son obligation pécuniaire dans les meilleurs délais. Sachant qu'à défaut d'exécution volontaire, et sur mise en demeure de la Commission, il pourra être ouvert à son encontre, une action en manquement suivie d'une éventuelle action en manquement de manquement, devant la CJUE* ». Il fallait marquer les esprits, et faire en sorte que jamais une pareille situation eût pu se reproduire.

Sans le dire, il avait mis en garde les quelques autres Etats ayant déjà fait l'objet d'un signalement par la Commission pour déficit excessif. Le message donné URBI ET ORBI semblait avoir atteint ponctuellement son but.

5. Le recours à l'impartialité du juge européen vu de Grèce

La Grèce avait accueilli la sentence arbitrale du Conseil non sans une certaine amertume. Fait compréhensible, cette mauvaise impression tenait davantage à une espèce de sentiment diffus de mise en abîme de sa souveraineté. Elle ne visait en aucune façon à s'opposer ouvertement à la sanction prononcée. Une question de culture, en somme, qu'il convient de réinsérer dans son contexte. En effet, sous l'angle de la sociologie et de la culture philosophique, la pensée hellénique a été forgée, au fil des siècles, par une conception unitaire de la liberté. Elle procédait d'une vision fonctionnelle de l'espace sociologique, à l'intérieur duquel plusieurs sous-ensembles disposaient de frontières communes (politique, philosophie, morale...). Pour faire référence à un trope commun, l'univers sociologique était cette enveloppe externe qui recelait un univers circonscrit, *i.e.* une organisation structurée dotée de règles de vie commune.

A cet effet, la société Européenne s'était dotée d'un langage, d'un raisonnement et de modes d'action fondés sur la fonction « modale » des échanges. L'interactivité entre les besoins collectifs (la somme des besoins individuels) et l'administration de cette forme d'organisation, reposait sur un équilibre : l'échange. En tant que fonction mythostructurante, il participe de la cohésion des éléments qui donnent vie aux images, fait naître les idées et pousse les individus à circonscrire le cadre d'un vivre ensemble *sui generis*. Il aide au dépassement des seules images qui s'agitent sur les parois sombres de la caverne platonicienne.

En tant que *princeps*[210], l'échange est l'élément externe qui permet de dépasser la futilité de l'opinion ou de la croyance. Il conduit à rendre l'esprit plus libre qu'il ne l'était, du temps où il était aux prises avec des chimères (les simples ombres de la caverne). L'échange fut, pour la Grèce, la *doxa* (la connaissance) qui permit de désenclaver l'esprit humain de l'enracinement empirique. La mutation culturelle qui s'était produite au cours de la période de l'antiquité devait être consubstantielle du rapport que les hellènes auraient avec la loi, *l'auctoritas*[211], les institutions et le rapport finaliste à l'économie. Face à l'imperium d'une décision qu'elle jugeait excessive dans les faits, et qui portait peu de

---

210 Le principe dynamique qui donne à l'action sa raison d'être.

211 Weber a rapproché cette notion ancienne de la conception moderne de l'autorité charismatique du chef. Une volonté de puissance qui s'appuie sur la reconnaissance de ses attitudes, ses connaissances et ses compétences personnelles à porter un projet de société.

considération à la souveraineté actantielle du peuple, la Grèce avait fini par entrer en résistance contre ses pairs.

En substance, après une dernière tentative de conciliation, le Conseil n'avait plus eu d'autre alternative. Il avait requis de la Commission qu'elle déférât la décision au juge européen. A ce stade de l'incompréhension, aucune autre institution n'avait souhaité s'empêtrer dans une série de considérations éthiques propres à la « mentalité » de cet Etat membre. Les faits argués étaient suffisamment graves. Le mutisme des dirigeants grecs avait fait l'effet anticipé d'un aveu de culpabilité sans précédent. En foi de quoi la Commission avait rédigé l'acte introductif d'instance, conformément aux dispositions des articles les articles 258 à 260 du Traité sur le fonctionnement de l'UE.

Sous le coup de la précipitation et en raison de l'émoi que l'attitude grecque avait provoqué, la Cour de justice européenne avait été appelée à trancher le litige. En dernier ressort, elle devait statuer sur les conditions dans lesquelles la Grèce avait manqué à ses obligations conventionnelles, et évaluer le préjudice matériel subi par les autres partenaires. La question qui lui avait été soumise était la suivante : un Etat qui bénéficie de fonds structurels européens, pour assurer le développement économique d'un secteur défavorisé, et les a employés à d'autres fins que celles initialement accordées, peut-il faire abstraction des dispositions techniques du pacte de stabilité et de croissance[212] ?

---

[212] Le pacte de stabilité (PSC) de 1997 a été révisé en 2005, lors du Conseil européen de Bruxelles (22-23 mars 2005). Les conclusions de la présidence du Conseil européen réformaient les clauses d'objectif du pacte. En l'espèce, il avait été convenu de peaufiner une méthodologie commune de mesurage des charges administratives (il s'agissait de réduire la participation financière des Etats au développement économique du secteur privé, et de promouvoir une offre de service d'intérêt économique général efficace). La chasse au subventionnement à fonds perdus était ouverte. La stratégie d'Amsterdam a été donc révisée par la nouvelle « stratégie de Lisbonne ». afin d'améliorer les procédures de contrôle en amont et en aval, les contours d'une nouvelle gouvernance politique et financière étaient dessinés : « (...) *faciliter l'identification des priorités tout en respectant l'équilibre global de la stratégie et la synergie entre ses différents éléments ; améliorer la mise en œuvre de ces priorités sur le terrain en veillant à impliquer davantage les États membres ; rationaliser la procédure de suivi afin de mieux appréhender l'application de la stratégie au niveau national* ». cf. *Conclusions du Conseil européen de Bruxelles*, 22-23 mars 2005, document de travail 7619/1/05 REV 1, p. 12-13.

Au fond de la cause, la Grèce avait été appelée en défense de ses intérêts. Elle avait fait valoir l'argument selon lequel la sanction prise à son encontre avait été décidée en violation de sa souveraineté. Lors de la remise de son mémoire en défense, le Premier Ministre avait fait valoir qu'une fois la mesure de sauvetage prise, les voies de droit inscrites dans la Constitution de la République hellénique n'avaient pas fait l'objet d'un strict respect.

6. L'ÉTAT GREC DANS TOUS SES ÉTATS CONTRE L'INJUSTICE DU CONSEIL

Il est une maxime de droit romain qui rappelle « *iudex iudicare debet juxta alligata et probata partium* [213]». Dit en d'autres termes, la preuve appartient à la partie qui entend faire concourir au succès de ses prétentions. En droit procédural, le juge européen était appelé à statuer, d'abord, sur les éléments découlant des divers procès-verbaux apportés par la Commission. Au terme des débats, sa décision devait comporter les motifs propres à « justifier la décision et répondre aux chefs péremptoires des conclusions des parties [214]». Mais, il devait, ensuite, se prononcer sur les faits spécifiques : il lui appartenait donc de s'expliquer clairement sur les raisons qui l'avaient conduit à se déterminer. C'était là une lourde tâche d'appréciation[215]à la seule lumière de sa propre

---

[213] "Le juge ne peut statuer que sur les faits allégués et prouvés par les parties". L'obligation de motivation oblige le juge à « *la mettre en mouvement en direction des parties et des juridictions supérieures pour la soumettre à leur critique et à leur contrôle* » (Cour de Cassation, RAPPORT ANNUEL 2010, *Le droit de savoir*, cit. p. 223.

[214] Cour de Cassation, RAPPORT ANNUEL 2010, *Le droit de savoir*, cit. p. 229 ; conclusions, Crim., 14 décembre 2010, pourvoi n°10-85.879).

[215] La motivation des arrêts rendus par la CJUE repose sur une solidité du raisonnement de principe. La longueur de l'arrêt, ainsi que la longueur pédagogique de ses motivations, sont la garantie d'une grande rigueur juridique. Dans tous les cas de figure, le juge communautaire entend expliciter le raisonnement par lequel la solution s'impose comme la seule conforme au respect des traités. L'usage de l'argumentation par accumulation, qui a tendance à faire des motifs subséquents des *obiter dicta* extérieurs à la vrai raison (cause) du procès, a pour fonction de légitimer la solution sur laquelle le juge a statué en dernier ressort.

conviction et de sa propre perception de la situation juridique[216]. De leur côté, les avocats, dépêchés par la Grèce, avaient considéré que leur rôle consistait à être le « *juge d'instruction de son client* [217]». Au nom du principe de l'égalité des armes, qui suppose que les parties aient bénéficié de la faculté « raisonnable de présenter leur cause », dans des conditions qui ne la placent pas dans une posture désavantageuse par rapport à son adversaire, les avocats avaient privilégié l'effectivité du débat contradictoire.

De toute évidence, ce débat de fond n'avait pas eu lieu dans de bonnes conditions, et l'acceptation de se plier à la décision de la majorité n'avait pas été consentie de plein gré. Les responsables hellènes n'avaient pas eu droit intégralement au chapitre. Si bien qu'aux conclusions formulées par la Commission, il n'avait pas été possible d'y adjoindre les éléments à décharge de leur responsabilité.

a) CJUE, 4 juin 2014, Aff. C-511/03, Commission c. Grèce (recours en manquement).

Rappel. La procédure prévue à l'article 258, paragraphe 1, TFUE (ex- art. 226 TCE version de Nice) a pour objectif d'attraire un État membre défaillant devant la juridiction européenne afin qu'il soit contraint d'exécuter une recommandation essentielle du processus de convergence économique et politique. Au plan qualitatif, la procédure en constatation de manquement dispose de la fixation d'une somme forfaitaire et l'astreinte, dont l'objectif est de contraindre par la force l'Etat défaillant à rentrer dans la norme instituée par les Traités. Dès la procédure engagée, la demande

216 Comme le souligne RANOUIL, Professeur d'histoire du droit à l'Université de Paris 1, « *Contrairement à certaines idées reçues, la Cour de justice ne privilégie pas en permanence les techniques interprétatives dites téléologiques, en faisant prévaloir les buts des traités sur la lettre des textes* (...) *elle combine toutes les techniques d'interprétation sans exclusive mais de manière très éclectique, y compris l'interprétation littérale la plus classique. Ce qui marque en revanche l'originalité du processus interprétatif communautaire, c'est la constance de ce qu'on a pu appeler l'interprétation systématique* ». Cf. « L'office du juge », in *Actes du Colloque du 29 et 30 septembre 2006*, Paris : Sénat, 2006.

217 Expression consacrée par OBERTO en matière de procédure civile, en droit italien. Cf. Oberto, G., « LES ELEMENTS DE FAIT REUNIS PAR LE JUGE : L'ADMINISTRATION JUDICIAIRE DE LA PREUVE DANS LE PROCES CIVIL ITALIEN », in *Revue Juripole*, Paris.

forfaitaire avait été sollicitée du juge, compte tenu des conséquences qui avaient résulté suite au défaut d'exécution des mesures conventionnelles prévues.

Par la force du mensonge, la stabilité de la zone euro avait été mise à rude épreuve. Dans son sillage la Grèce avait déclenché l'ire des agences de notations. Elles avaient amorcé une dévaluation de la note de confiance budgétaire de l'Italie, mais aussi de la France. Le secteur privé bancaire avait pris note de cette dégradation générale de l'indice de confiance. Leur réaction ne s'était pas fait attendre : les taux d'emprunt au jour le jour étaient devenus excessifs, et l'assise des emprunts aux entreprises avait été réduite de 35 % en l'espace de 18 mois. Cette stratégie de la prudence excessive, du secteur bancaire, contrecarrait sérieusement les objectifs de croissance établis par le Conseil. La stratégie d'Athènes était venue brouiller sérieusement la lisibilité des objectifs fixés au moment de la mise en œuvre de la stratégie de Lisbonne.

Commémoratifs des faits. Par son action contentieuse, la Commission européenne demandait à la Cour de Justice de l'Union européenne de confirmer la décision par laquelle le 8 avril suivant elle ouvrait la procédure en constatation de manquement au titre de l'article 258 TFUE à l'encontre de la République hellénique, et, d'autre part, de constater l'abstention fautive de l'Etat membre.

Au titre des antécédents du litige, la Commission rappelait qu'à la suite d'une injonction amiable du 8 février, demeurée sans effet, la Grèce avait été récipiendaire d'une mise en demeure du 4 octobre[218] adressée par le Conseil. Par ce dernier titre, les membres de l'assemblée avaient fait injonction à la Grèce de prendre toute mesure visant à éteindre le litige en cours. Le défaut d'exécution dans les délais impartis, et la gravité des faits rendus opposables à cet Etat membre, n'avaient laissé d'autre alternative. Seule la résolution judicaire du conflit restait acceptable.

La Direction des affaires juridiques avait alors rédigé la procédure en manquement à l'encontre de la République hellénique. Cette procédure visait à contraindre cet État membre à

---

[218] Il s'agit de la procédure administrative appelée « procédure d'infraction ». D'une façon générale, cet acte entre dans la phase précontentieuse de la procédure relevant de la 'art. 258 TFUE.

faire cesser les différentes atteintes à l'intégrité des Traités auxquelles étaient exposés non seulement le pays incriminé, mais encore l'ensemble de la zone euro.

La procédure devant la CJUE. Par requête déposée au greffe de la Cour le 23 mars, la Commission avait demandé aux juges de l'Union européenne de :

- Constater que la Commission n'avait pas d'autre choix que de faire droit à l'action en manquement fautif de la Grèce,
- Constater le préjudice occasionné à l'ensemble des autres Etats membres,
- Ordonner, sous astreinte, la mise en conformité des actions restant à accomplir par cet Etat[219], et prononcer la peine d'amende prévue à l'art. 258 TFUE.

La Commission fondait la légitimité de sa démarche sur la méconnaissance de la portée juridique du Règlement de 1997 et de sa version consolidée de 2005. Elle dénonçait l'absence d'effort constant de convergence des politiques publiques grecques avec le projet européen. Elle invoquait, à l'appui de son action, le non-respect des conventions signées dans le cadre formel de l'UEM. Elle versait aux débats écrits le Règlement 3605/93 CE du Conseil, du 22 novembre 1993, qui organisait les modalités de rectification des déficits publics excessifs. En foi de quoi, la Commission faisait grief à cet Etat de ne pas avoir appliqué avec automaticité les solutions de redressement des finances publiques élaborées par le Conseil. Coupable d'avoir consenti avec réserves et réticences non explicites au plan de restructuration, elle avait pêché par manque de constance morale.

b) De la légitimité de l'action en constatation de manquement

Pour faire valoir son droit à un procès équitable, et au respect du contradictoire, la Grèce avait transmis son mémoire en réplique

[219] En regard des objectifs préfixés par les divers traités communautaires, et des engagements découlant de l'Union Economique et Monétaire (notamment, l'effort de convergence sans cesse plus étroit entre les diverses économies nationales et les objectifs élaborés par la coalition).

au Greffe. Les plaideurs avaient eu l'opportunité de soulever, à l'appui de leurs prétentions, une série de moyens. Ils avaient été examinés en regard du caractère exceptionnel de la situation, mais aussi en regard du droit constant. Ainsi, tout d'abord, au sujet des raisons de l'inexécution partielle, les avocats avaient fait valoir que le principe de primauté dans l'ordre juridique communautaire était aussi inscrit dans le droit constitutionnel de la République hellénique. A ce titre, l'Etat grec avait inscrit dans sa Loi fondamentale la primauté des Traités, signés dans le cadre de l'Union européenne, et avait admis que toutes les dispositions internes contraires au droit primaire étaient abrogées.

Cette sécurité juridique admise, et non contestée, était toutefois assortie d'une condition. Pour être applicable, elle était subordonnée à :

(1) un principe de droit international public qui ne reconnaît des effets qu'aux actes dûment approuvés et ratifiés ;

(2) un effet avéré de « réciprocité », et seulement lorsque la mesure est opposable *inter partes*.

De la sorte, la satisfaction des obligations conventionnelles entre les membres de la coalition dans le même ordre de grandeur, était un acte de droit positif qui confirmait la reconnaissance de cette primauté. Par comparaison de situations analogues, au moment où l'Espagne s'était trouvée dans la tourmente des marchés, et que son déficit public avait été décrit comme relevant d'une procédure en rectification dite « PDE », le Conseil n'avait pas souhaité faire application des dispositions impératives figurant au Règlement 1467/97 CE du Conseil (1997), modifié par le Règlement 1177/2011 UE du Conseil du 8 novembre 2011.

Or, à défaut de prouver la dangerosité moindre de la situation espagnole, le cas du déficit excessif de la Grèce représentait un contexte de défaillance budgétaire non moins équivalent en ses effets économiques. Tous moyens réservés au fond, la Grèce y avait décelé une exception conventionnelle, opposable, sur le fondement doctrinal de l'« *exceptio non adempleti contractus* ».

Par ailleurs, en se penchant sur le principe tiré de l'adage *De minimis non curat praetor*, auquel la Cour avait accordé un large volet explicatif, comme dans l'affaire *Commission c/ Belgique*, C 263/96, REC. 1-7453, paragraphe 30, les avocats avaient soulevé une illégalité de moyens. Elle était tirée des conséquences de l'inexécution fautive sur les autres Etats membres. La culpabilité de la Grèce, dans le fait de ne pas avoir pu mettre en place immédiatement tout le dispositif de correction budgétaire, était dépourvue de fondements probants. En effet, la vie interne des décisions qui régissent l'activité et le fonctionnement des activités budgétaires ne permettaient pas de servir de moyen pour accabler l'infraction commise par l'Etat membre incriminé.

Si les autres Etats n'avaient pas été suffisamment prévoyants, leur propre erreur d'appréciation du contexte général (économique et politique) faisait obstacle à toute action tirant un moyen de ces effets. Cet argument, avancé par la Commission, n'était pas fondé à déterminer une causalité indirecte. En d'autres termes, les modalités d'organisation de la discipline budgétaire, interne aux Etats membres, et *a fortiori* leur dérèglement compte tenu d'un facteur incident externe, ne pouvaient être invoqués comme moyen[220] justifiant une procédure en manquement devant la CJUE.

7. Une forte mobilisation de l'opinion publique contre l'austérité

Dans l'intervalle, tandis que le contentieux juridique occupait une place importante à Luxembourg[221], l'opinion publique avait été fortement mobilisée. Les faits sont dans toutes les mémoires : la première crise avait fait de nombreux laissés-pour-compte. On ne dénombrait plus la quantité de personnes qui, ayant vu le sol se dérober sous leurs pieds, avaient subitement mis fin à leurs jours.

La presse internationale n'était pas restée insensible au sociodrame qui se jouait en Grèce. Ainsi, le Figaro avait-il titré

---

[220] Cf. Arrêt de la Cour, 5e Ch., 18 décembre 1997 : Commission des Communautés européennes c/ Royaume de Belgique. Manquement d'Etat - Directive 89/106/CEE - Produits de construction. Affaire C-263/96. Dans ses attendus de principe, la Cour avait procédé à l'exégèse du contenu interne du principe de transposition d'une directive. A son 30e considérant, faisant œuvre de création, elle avait indiqué que : « *Enfin, dès lors que la constatation du manquement d'un État membre n'est pas liée à celle d'un dommage qui en résulterait, un État membre ne saurait exciper du fait que l'absence de mesures de transposition d'une directive n'a eu aucune conséquence néfaste sur le fonctionnement du marché intérieur ou de cette directive* ».

[221] Selon le Protocole n°8 sur la fixation des sièges des institutions, la CJUE a son siège permanent dans le Grand-duché de Luxembourg, version consolidée du TUE.

« *Grèce : un retraité se suicide sur l'autel de l'austérité* [222]». Une histoire sordide, qui a été oubliée, hélas, d'un revers de manche par la coalition... Placé dos au parlement d'Athènes, le septuagénaire avait mis fin à son propre drame en se suicidant sous le regard stupéfait, voire horrifié, des passants qui déambulaient le long de la place Syntagma.

Dimitris, pharmacien de profession, était arrivé au terme d'une longue crise qui l'avait conduit à commettre un acte d'une violence sans nom. Dans l'une des poches de son manteau, il avait laissé une épitaphe qui en disait long sur la perception de la crise économique sur la représentation sociologique du mal-être grec. Faisant allusion aux périodes sombres du fascisme et des temps immémoriaux de la dictature, dans un acte prémonitoire désespéré, il avait exhorté ses compatriotes à s'insurger contre la dictature du tout économique et du capital. Aussi, rejetant la responsabilité première sur les dirigeants politiques, le septuagénaire avait prédit une lourde vindicte publique, une fois la période de privation passée. Les comptes devraient être soldés... Avec de la patience, et une foi inaltérable, ce jour adviendrait pour les générations qu'il laissait derrière lui.

La seconde crise, celle du mécontentement du couple « germano-français », et des autres Etats suiveurs, avait créé un électrochoc puissant. La population grecque n'en était plus à son coup d'essai, elle qui avait été déjà minée par une longue série de privations cooptées par l'UE, le FMI et la BCE. Le sommet européen de Cannes et ses suites, c'est-à-dire le rapport de suivi remis par la Commission au Conseil pour défaut de correction efficiente du déficit public, avaient produit un effet que personne n'avait imaginé. Au lieu de susciter un ralliement à plus de convergence, et sauver le modèle économique développé par les Traités, les derniers événements politiques avaient réveillé de vieilles postures nationalistes.

Face à son propre drame, le collectif avait pu mesurer la dimension dramatique que la « cure d'austérité » imposait au pays et à la nation grecque tout entière. Comme cela fut dit par Homère puis revivifié dans une Grèce démocratique et moderne « *La honte*

[222] Le Figaro, sec. International, article d'Alexia Kefalas du 5/04/2012.

n'est pas de saison quand on est dans le besoin[223]». Or, ce message quoique évocateur de sens, n'avait pas été perçu dans sa dimension sociologique. En effet, que peut-on espérer d'une nature humaine qui, pliée sous le joug de la privation de liberté, doit se soumettre à un dispositif inique ? En apparence, le plan « Marshall » pour la Grèce avait rabaissé l'être humain à une situation utilitariste.

Il suffisait pour cela de se souvenir du rôle théorique que le FMI devait jouer dans le pays entre 2011 et 2012. Il semble que ce rôle n'était pas « taillé » à la mesure des vrais défis. La soumission était apparue aux yeux des Grecs comme une solution impropre. Elle ne s'attaquait pas aux causes induites qui avaient fait éclater la crise budgétaire de 2009. Les quotidiens européens en avaient fait des gorges chaudes, d'ailleurs. Lors d'une conférence de presse en novembre 2010, le Chef de la mission grecque du FMI avait reconnu l'erreur d'appréciation et d'évaluation[224] que l'institution avait commise. Ces propos avaient été immédiatement repris, notamment par le journal *Libération*[225] (en France). Le journaliste y soulignait l'inadéquation des moyens et des fins comme cause principale des difficultés de mise en œuvre du plan d'austérité développé par le Conseil, et coaché par la Commission.

Il était clair que le « pilotage » de la performance était devenu un dogme de référence pour les économies développées. Mais l'audit technique du FMI avait été réalisé en Grèce en l'absence de règles indéfectibles. Entre vitesse et précipitation, le triumvirat UE-BCE-FMI avait favorisé la précipitation irréfléchie.

a) L'excès de zèle du FMI, le désengagement de l'Etat à soutenir des efforts insoutenables

Le mémoire en réponse aux allégations de la Commission était des plus rageants. Il avait pour toile de fond les multiples erreurs

---

[223] Homère, *L'Odyssée*, XVII, 347.

[224] Journal Libération, pages économie, article intitulé *« Le chef de la mission grecque du FMI reconnaît des erreurs* », 01/02/2012, source AFP. En l'espèce, Paul Thomsen avait déclaré « L'adaptation *budgétaire a été fondée de manière exagérée sur les hausses d'impôt, nous aurions dû mettre davantage l'accent sur la limitation des dépenses ; c'est l'un des secteurs où nous aurions pu être plus convaincants auprès du gouvernement [grec] ».*

[225] *Ibidem*, supra.

de trajectoires que les erreurs de pilotage du superviseur atlantiste avaient continué d'engendrer. Dans la rue, le quotidien grec Kathimerini avait été le porte-voix de ce mécontentement. En quelques paragraphes, les faits indiquaient que le gâchis était conséquent. Outre le transfert de souveraineté, auquel avait dû se plier le Premier ministre, l'intromission du FMI dès 2010 avait rimé avec incompréhension. Somme toute, cette erreur n'aurait jamais dû se produire, de l'avis même du journaliste. Or, sa survenance et sa très tardive détection prouvaient là encore que « *le fait d'être guidé par des conjectures formulées à partir d'un présent imperturbable devient vite une attitude dangereuse pour un gestionnaire guidé en bon père de famille* [226]». En fin de compte, le quotidien affichait clairement l'exaspération collective. Le ressentiment y était palpable.

Nourris dans leur longue tradition démocratique par la pensée d'un Platon ou d'un Aristote, les dirigeants avaient considéré ce « plan Marshall » comme un moyen terme. A l'inverse de la communauté internationale, ils ne l'avaient pas intégré comme une fin en soi. Aussi, leur vision avait-elle différé d'avec les occidentaux. La fin de la tourmente, le retour dans les bonnes grâces des marchés financiers et la poursuite du dessein constructiviste à deux échelons avaient été des préoccupations périphériques au vrai problème.

Plusieurs mois après, car excédé par l'agitation virtuelle autour du risque grec, le Chef du gouvernement était alors sorti de sa réserve. En s'adressant à l'assemblée parlementaire, il avait souligné que jamais un plan ne pouvait servir à forcer un environnement social, économique, et productif à entrer dans un moule "mal taillé" ou inapproprié. L'idée que les Européens pouvaient faire entrer un carré dans un cercle relevait davantage de l'utopie que d'une réflexion conduite par un système de veille interne performant.

Sachant cela, la Nation grecque avait vécu la période de mise sous tutelle renforcée comme un temps profondément anxiogène. En réalité, l'impréparation des Etats à la compréhension du paradoxe grec était venue défier la théorie économique de Mintzberg. Là où les experts avaient supposé que le détachement

---

[226] Kathimerini, sec. Politique, article (fictif) du 4/04/2012.

conduirait à repérer les constantes dans une série de turbulences, les divers chargés de mission n'avaient su repérer l'essentiel.

Le plan de redressement avait été plus "anxiogène" que rassurant : les experts de la Commission y avaient d'abord projeté leur désarroi intérieur. Cela avait rendu quasi impossible toute approche logique dans un contexte sociologique auquel nul ne s'était réellement intéressé.

Faute de mieux, l'Etat s'en était remis aux recommandations du Conseil, mais sa mission de rétablissement de la croissance avait été sérieusement affaiblie. Pour des auteurs comme Gervais et Thenet[227] « (...) *la capacité de persuader les autres d'adopter une conception de la réalité servant ses intérêts est une source importante de pouvoir ; diriger, c'est notamment être apte à définir la réalité des autres* [228]». Contré dans ses choix par les objectifs que les nettoyeurs avaient décidé de mettre à exécution sur place, l'Etat grec avait été persuadé de l'inefficacité de la méthode utilisée.

Deux ingrédients avaient fait particulièrement défaut : Il y avait eu, dès le départ, un manque de flexibilité qui n'avait pas permis de mieux exploiter le *feedback* renvoyé par le terrain. Il y avait eu, enfin, un manque de psychologie dans l'animation générale du plan. La confiance avait été abandonnée à un expert venu remettre de l'ordre, mais la notion de partage de la fonction choisissante avait été niée à un Etat somme toute républicain et démocratique.

En parallèle, la société grecque avait été progressivement coupée des niveaux d'informations qui lui permettaient de consentir pleinement aux efforts déjà en cours de réalisation. Non sans étonnement quant à la méthode utilisée, le peuple grec n'avait pas eu l'opportunité de s'exprimer sur le changement de régime constitutionnel en passe de réformer le système de consentement à l'impôt. Pour stabiliser l'environnement budgétaire, la solidarité entre les Etats coalisés avait assis une forme de domination. Dans les faits, elle se passait de toute référence excessive à la liberté, à l'égalité.

---

[227] Gervais, M., Thenet, G., "Planification, gestion budgétaire et turbulence", in *Finance Contrôle Stratégie*, Volume 1, N° 3, septembre 1998, université de Rennes : CREREG, p.57 - 84.

[228] *Ibidem*, cit. p. 60.

Le FMI en terre hellène l'avait compris à ses dépens mais avec un train de retard sur l'évolution de la situation du pays. Ce manque d'expérience dans l'administration de la chose publique avait eu raison de la patience légendaire du politique.

8. La décision rendue par la Cour dans l'affaire Commission c/ Grèce

Prolepse. Mois d'Août. Près de 2 mois s'étaient écoulés depuis que la Grèce avait remis ses conclusions écrites à la Cour. Le débat contradictoire avait eu lieu, et la procédure orale avait été conduite à son terme.

Même sous un soleil de plomb et des températures avoisinant les 40°C, la tension était palpable à l'intérieur du pays. Il n'y avait pas un seul jour qui voyait tel ou tel esprit débattre, s'échauffer puis s'apaiser à la nuit tombée. Au cours de cette période d'expectative, qui avait paru interminable, les quotidiens nationaux avaient trouvé le moyen d'ergoter sur tel ou tel point de procédure, telle ou telle attitude.

Dans leur grande majorité des articles, y compris dans le quotidien *To Víma* (la Tribune), le parti pris de l'Union européenne pour une sanction exemplaire laissait peu de place à une sentence de la Cour qui aurait été plus clémente. Selon toute vraisemblance, la procédure exigeait un exercice de style et de logique procédurale auxquels ne pouvaient déroger ni la Cour, ni les avocats, ni le juge rapporteur ou l'avocat général.

a) L'ordonnance de mise en Etat et l'ouverture de la procédure orale

Un certain nombre d'informations avait filtré des débats contradictoires. Elles n'avaient pas manqué d'être reprises par les principaux quotidiens. L'opinion publique avait pu obtenir des "détails" sur la préparation de l'audience de plaidoierie, d'abord.

A la suite de la procédure de mise en état, le juge rapporteur avait présenté le rapport préalable à la réunion générale. Y étaient présents tous les membres de la Haute juridiction. Compte tenu de la complexité du dossier, les avocats du défendeur avaient été appelés à préciser leurs conclusions et moyens. Après examen des faits et de la procédure, le magistrat instructeur avait souhaité approfondir certaines particularités du dossier. Le rapport d'audience adressé aux parties, quinze jours avant l'ouverture de la procédure orale et contradictoire, avait donné du "fil à retordre" tant à la Commission qu'à l'Etat grec. Au cours de la procédure, le premier point d'achoppement avait porté sur la description succincte des faits pertinents et des règles applicables.

La Grèce avait souligné, dans ses observations, que les conclusions contenues dans le rapport de la Commission tronquaient la matérialité des faits. En toute bonne foi, le commémoratif des faits, en ce qu'il faisait preuve de partialité subjective, avait introduit un doute raisonnable en matière d'égalité de traitement devant la loi. Le cabinet chargé de la défense des intérêts helléniques avait suggéré d'amender le rapport de mise en état. Il avait requis d'y compléter les informations qui leur paraissaient inexactes, et assurer les plaideurs du principe de l'égalité des armes tel qu'il figure à l'article 6§1 de la convention EDH-LF.

Au cours de ces préliminaires, la Cour avait interpellé l'Etat défendeur. Elle avait souhaité entendre de vive voix les raisons apparentes qui avaient poussé la Grèce à ne pas suivre les moyens de droit interne. A la question « *pourquoi ne pas avoir sollicité l'expertise technique de la Cour des comptes pour vous aider à rétablir la situation de déficit budgétaire, et éviter le travers qui a conduit à la situation du recours en manquement ?* », les avocats avaient fait valoir l'incompétence *rationae materiae* de l'institution nationale. En effet, en raison du décret organique qui lui confère la compétence d'action et de moyens, cette Cour ne disposait ni de *l'imperium* ni de la *jurisdictio*[229] pour contraindre l'Etat défaillant à prendre des mesures correctrices. De même, selon son règlement intérieur, elle n'était pas non plus habilitée à prendre des sanctions.

[229] En droit, la *jurisdictio* correspond à la faculté que l'Etat a conférée à une institution pour « dire le droit ». Il faut comprendre par cette expression, la faculté d'interpréter et d'appliquer au cas d'espèce une réponse fondée sur une interprétation stricte des règles de droit écrit ; *L'impérium* est ce pouvoir de contrainte (voire de coercition) qui découle de l'autorité de la chose jugée au fond. Les décisions rendues en vertu de ce principe ont un effet inter partes (une obligation découlant de la sentence et qui est opposable à la partie qui succombe dans le cas d'un procès). Dans un contexte plus général, *l'impérium* est le droit de commander et de faire appel à la force publique.

Même si elle avait décelé des mesures de gestion inappropriées du budget national sa force contraignante n'était que symbolique. Evoquant les dispositions de l'article 98§1 de la Constitution Hellénique[230], et l'article 15 de la loi organique 774/1980 (Décret présidentiel), les avocats avaient éclairci un point d'organisation constitutionnel. La procédure de rectification/sanction des dépenses budgétaires en cas « d'anomalie » ne ressortissait pas de la compétence juridictionnelle de la Cour des Comptes. Pour des raisons culturelles, le constituant lui avait assigné une fonction et les membres de la Cour des comptes ne pouvaient pas y déroger. Son rôle était de conseiller, non de contraindre l'Etat à se conformer à des règles de gouvernance économique qu'il ne souhaitait pas adopter, de toute façon. Aussi, les avocats avaient-ils expliqué que la Cour des Comptes grecque était d'abord une autorité administrative, jouissant d'une relative indépendance ; et, qu'à ce titre, elle ne disposait que de compétences limitées, en matière de contrôle budgétaire strict[231] des dépenses.

b) Des approfondissements oraux sollicités par la Cour en phase de clôture de la mise en état.

Vu la complexité du dossier, la Cour avait indiqué aux avocats de la Grèce que, conformément aux dispositions procédurales contenues dans le Code de l'organisation judiciaire de l'UE, ce temps d'approfondissement ne serait pas décompté du temps oratoire et de la plaidoierie, fixé à 20 minutes par parties requérantes et défenderesses. Sur sa lancée, la Cour avait été interpellée par un autre fait. Elle avait souhaité approfondir l'allégation d'atteinte à la souveraineté : la Grèce l'avait invoquée en réponse à l'accusation portée par la Commission. Loin d'être une question « piège », elle permettait d'éclairer les magistrats sur la nature ou la portée de l'atteinte invoquée en défense. Cette façon

[230] Constitution Hellénique de 1975, art. 98 § 1, qui stipule l'étendue des compétences de la Cour des Comptes grecque : « (d) *Le contrôle des comptes des comptables publics, ainsi que des comptes des collectivités territoriales et des personnes morales de droit public mentionnées à l'alinéa a* ». Le contrôle du budget de l'Etat et des collectivités territoriales ne peut être assorti d'un contrôle juridictionnel par cette même institution.

[231] Cf. interprétation de l'article 98 de la constitution hellénique par Raikos, A., *Droit constitutionnel* (grec), T. A, Athènes : Sakkoulas, 1991.

de procéder illustrait, en l'espèce, la méthode téléologique mixte d'usage auprès de la Cour. Elle permettait de dégager une solution cohérente et suffisamment motivée[232] pour clore définitivement le litige.

Pour la forme, on rappellera que du point de vue moral, la motivation doit garantir de l'arbitraire. Elle impose, à celui qui dit le droit, de faire preuve de rigueur dans son raisonnement. Par définition, les magistrats se doivent d'employer des motifs dont la pertinence doit contribuer à trancher la question de droit, de manière non équivoque. En droit interne, c'est la Cour de Cassation en France, qui a rappelé ce principe fondamental. Il rappelle qu'« *en droit positif, le principe résulte de l'article 455 du code de procédure civile. (...) le jugement doit être motivé. Bien qu'issue d'un texte de nature réglementaire (comp. avec article L. 9 du code de la justice administrative, de nature législative), l'obligation de motivation a sans aucun doute une valeur supérieure puisque aussi bien, le Conseil constitutionnel et la Cour européenne des droits de l'homme en ont consacré le principe*[233] ». Et même si le principe de motivation n'est pas formellement inscrit dans la Convention EDH-LF, notamment à l'article 6, l'obligation demeure. La Cour de Strasbourg a œuvré pour que les décisions puissent constamment évoluer vers plus de rigueur morale et intellectuelle.

Pour en revenir aux questionnements, la Cour avait objecté : « *Vous faites valoir, dans l'intérêt de votre client, que le défaut d'appréciation de la réalité grecque par les experts dépêchés par l'UE, la BCE et le FMI a conduit à accroître les difficultés intérieures. Vous dites notamment que l'attitude "détachée" de ces experts, à l'égard des questions sociologiques et économiques*

---

[232] La notion de motivation dans le système juridique français est d'une importance majeure. En effet, le législateur, à l'origine du Code civil, par exemple, avait disposé que le défaut de motivation d'une décision de justice était un manquement grave en regard du droit des parties à bénéficier d'une justice indépendante, souveraine et rendue à droit constant. Il suffit, pour en être convaincu de se reporter en droit français aux articles 4 et 5 dudit code.

[233] Cour de Cassation, *Rapport annuel 2010 : le droit de savoir*, § « 1.2.2.1.1. La motivation dans le procès civil », cit. p. 223. Les auteurs du rapport, citent en référence l'arrêt CEDH, Ruiz Torija et Hiro Balani c / Espagne, 9 décembre 1994, requête n° 18390/91 ; CEDH, et Hiro Balani c / Espagne, 9 décembre 1994, requête n° 18064/91.

internes, a conduit à surévaluer la capacité contributive soutenable du pays. Qu'entendez-vous exactement ? ».

La réponse avait été tout aussi directe : « *Monsieur le juge, Madame et Messieurs les membres de la Cour, l'Etat grec a souligné avec insistance, dans le mémoire en défense produit aux débats, que les experts dépêchés au chevet du pays ont méconnu, par excès d'imprudence, les lois qui régissaient les modalités d'organisation de l'environnement sociologique et politique du pays. En effet, il s'est avéré que par excès de confiance (ou par manquement à des règles d'audit spécifique) ces techniciens de la finance ont tout fait pour plaquer leurs représentations sur des schémas réputés impropres. Nécessairement, à défaut d'avoir fait un diagnostic complet et approfondi, les effets de distorsion et de déformation sont inévitables.*

Or, la communauté des européens a fait le reproche à ma cliente de n'avoir pas su réagir de manière appropriée. Sans vouloir être irrévérencieux, ces mêmes experts n'ont pas rapporté la preuve objective que leur méthodologie de gestion était moins dépensière que celle de ma cliente. Je salue, à cet égard, le courage de M. le Chef de la Mission grecque pour avoir reconnu publiquement qu'il avait eu un mal fou à s'extirper de la pression environnementale extérieure.

Sous la pression du politique, le donneur d'ordre principal, il avait été amené à forcer le passage dans un espace qui lui était fort peu connu. Dans l'intervalle, sa feuille de mission lui intimait l'ordre de faire le ménage, mais dans la plus grande obscurité. Avait-il eu seulement le temps d'interroger la réalité du moment, à la lumière des difficultés intérieures, celles que l'on avait volontairement non répertoriées ?

Comprenez, Monsieur le Juge, l'étonnement doublé de scepticisme du Premier ministre, lorsqu'ayant appris la nouvelle par la presse, le FMI avait mis plusieurs techniciens de haute voltige pour apurer les comptes déficitaires du pays. La stupeur du pays était à la hauteur de ce même fourvoiement : vingt-quatre mois d'audit n'avaient eu aucun impact positif durable. A l'évidence, eux aussi, comme ma cliente précédemment, s'étaient fourvoyés « en silence ». Une fois installés, ces experts ont pris des mesures inappropriées alors que leur impact négatif accentuait la crise souveraine...

Pour répondre directement à la question sous-jacente à la vôtre, l'outil de planification développé par ces institutions avait démontré là son inefficacité. Mais, du moment où la Coalition avait donné l'impression de se saisir du problème à bras le corps, le tour de force était joué. Car, le fait de céder à la pression des agences de rating n'a été qu'un leurre. La peur de la contagion, a poussé la classe politique tout entière à déployer des trésors d'ingéniosité. Mais, loin de se laisser défaire de sa capacité agissante, cette même société politique s'est livrée à un usage détourné du sociodrame grec.

Qu'on ne s'y méprenne, car au-delà des incantations, la crise a eu son utilité. Elle a fait passer un message politique qui ne trouvait que peu d'écho au sein même de cette coalition[234] *bien pensante. Trois institutions avaient trouvé un stabilisateur psychologique idéal. Cela avait permis de freiner la courbe descendante des principales places financières, et de rassurer les prêteurs des Etats. La démonstration de l'efficacité de l'Union*

---

[234] Il suffit pour cela de se reporter aux formules reprises quasi à l'identique, dans les comptes rendus des décisions du Conseil, par exemple, depuis les années 97 (processus d'Amsterdam) jusqu'à très récemment. L'une d'entre elles exhorte inexorablement les Etats membres à faire preuve d'une cohésion renforcée dans les domaines de la politique sociale et de l'emploi. Ces documents sont :

a. Conseil européen de Bruxelles, 22-23 mars 2005, Conclusions de la Présidence, p. 2 : « *Cinq ans après le lancement de la stratégie de Lisbonne, le bilan est mitigé. À côté de progrès indéniables, il y a des lacunes et des retards évidents* » ; p. 7 « (...) *le Conseil européen demande que tous les efforts soient entrepris dans le cadre du processus législatif pour dégager un large consensus répondant à l'ensemble de ces objectifs* » ; p. 21 : « *le Conseil invite les États membres à coordonner leurs politiques budgétaires et à éviter des déficits excessifs* ».
b. Conseil européen, Conclusion du 1-2 mars 2012, document EUCO 4/12, partie introductive. « *Les États membres doivent progresser plus vite sur la voie des objectifs de la stratégie Europe 2020 et intensifier les efforts déployés pour concrétiser les réformes énoncées dans les recommandations par pays pour 2011* » ;
c. p. 2 « *Toutefois, les efforts entrepris à ce jour restent insuffisants pour que la plupart de ces objectifs puissent être atteints* » ;
d. p. 4 « les *États membres devraient* (...) *accroître leurs efforts* (...) *mettre en œuvre des politiques actives* (...) » ;
e. p. 6 « *Le Conseil européen considère qu'en accentuant la "pression des pairs", il sera possible d'augmenter l'adhésion et la responsabilité au niveau des chefs d'État ou de gouvernement (...) pour ce qui est de développer le marché unique et d'en respecter les règles* ».

économique et monétaire avait pu être faite par des moyens détournés.

Les critiques à l'encontre de la BCE, notamment celles relatives à son inefficacité et son manque d'audace, s'étaient tues, le temps de la crise paroxystique. Souvent décrite comme "molle", ou encore sous la coupe des Etats, la Banque centrale avait bénéficié des retombées positives de la crise. En pleine tourmente, sa force vertueuse y avait été largement célébrée. Sans vouloir être un visionnaire, l'implication des institutions de l'Union (pour faciliter le retour à la normale) permettait de « resserrer les rangs » politiques trop distendus. Parmi les Etats quelque peu sceptiques, quant à la finalité poursuivie par la convergence et la cohésion des politiques-cadre de l'Europe, certains s'étaient ravisés de faire bande à part sur certains dispositifs qui ne les satisfaisaient guère ».

Un long silence avait alors envahi la salle. Le Président de céans, ainsi que les divers juges et assesseurs, réunis en audience de mise en état, étaient restés sans voix.

TITRE TROISIÈME

« La Grèce tire sa révérence à l'Union européenne »

Introduction

> « *Je désire l'ordre et le maintien d'une République sage, grande, intelligente ; et, puisqu'involontairement je favorise le désordre, je dépose, non sans de vifs regrets, ma démission entre vos mains* », Louis Napoléon Bonaparte, *Lettre au Président de l'Assemblée nationale*, 15 juin 1848.

Il n'est de plus dur sentiment que celui qu'éprouve tout homme confronté à un constat d'échec auquel il ne peut remédier. Un peu à la manière d'un Louis Napoléon qui s'était adressé à la Nation française, les Grecs n'étaient pas sortis indemnes de cette mise sur la sellette.

Quelques jours avant que la Cour de Justice de l'Union européenne rende sa décision, le Premier ministre s'était adressé à la Nation hellénique : « *Notre pays a toujours été fier de pouvoir espérer qu'un jour nous ferions partie intégrante d'un vaste ensemble de paix, de sécurité et de développement économique. Notre attachement à parfaire nos méthodes de travail, à mieux correspondre au modèle d'une Europe solidaire et sans cesse plus unie dans la diversité, nous a fait surmonter les pires atrocités de ce siècle. Et pourtant, fièrement mais dans l'humilité du régime, nous avons toujours conservé au plus profond de nous cette lueur qu'un jour, nous aussi, nous pouvions être une grande Nation intégrée à un vaste projet politique.*

Notre pays a été fier qu'à l'issue des sept années de privations et d'austère mémoire, nos relations avec les Neuf aient été aussi solides qu'au jour où nous avions signé notre premier accord d'association. Aux yeux de nos pairs comme aux yeux de nos prédécesseurs la victoire de la raison sur la tyrannie avait terrassé le monstre qui avait transformé nos jours en ténèbres.

La longue préparation qui a amené notre pays à l'intégration définitive dans le cercle des plus grandes puissances européennes sonnait dès 1980, comme une ample réparation pour les sept années d'exil et de captivité de notre mémoire collective. Mais les soupçons récents ont été à l'origine de troubles inconsidérés quoique préjudiciables pour la confiance entre les Etats coalisés et nous-mêmes.

Les remous et autres agitations qui ont entouré la révélation des comptes publics délibérément faussés ont été à l'origine d'une déstabilisation de l'architecture économique et politique européennes. Tant à l'intérieur qu'à l'extérieur, les diatribes, les injures, l'opprobre, ont rejailli sur notre peuple. Ils en ont fait pâlir notre civilisation si prestigieuse.

Face à nos détracteurs, suivant une bonne foi que seul un Solon pourrait comprendre, la sisachtie[235] *me semble être une issue dédiée au rachat de notre condition de maître devenu esclave. L'hostilité que nombre de nos partenaires ont distillée dans l'esprit des plus modérés m'a imposé le devoir de refuser plus longtemps des honneurs que l'on nous fait l'affront d'avoir acquis par l'intrigue ou la dissimulation. La période qui s'avance aujourd'hui laisse espérer peu de radoucissement : l'horizon y est dominé par un chapelet de nuages* ».

A l'instar d'un Aristote qui avait compris que « *le courage ne consiste, ni dans les craintes, ni dans les sang-froid de ce genre*[236]», et avait conclu qu'il « *ne consiste pas davantage à braver le tonnerre et les éclairs, et tous les autres phénomènes redoutables qui sont au-dessus de la puissance humaine*[237]», le

---

[235] La sisachtie, ou rejet du fardeau, a consisté dans l'abolition des dettes et dans la suppression de l'esclavage pour dettes. C'est à Plutarque que l'on doit la description détaillée de la réforme entreprise par Solon, et sa transmission aux générations futures. Il faut se reporter aux écrits d'Aristote, notamment à la *Constitution d'Athènes*, Partie 1, I-XXIX, CHAPITRE VI : SOLON (SUITE), Réformes sociales. - Abolition des dettes. Il y rapporte notamment que « *Devenu maître du pouvoir, Solon affranchit le peuple, en défendant que dans le présent et à l'avenir la personne du débiteur servît de gage. Il donna des lois et abolit toutes les dettes, tant privées que publiques. C'est la réforme qu'on appelle la délivrance du fardeau (seis‹xyeia), par allusion à la charge qu'ils avaient comme rejetée de leurs épaules* » (trad. de Philippe Remacle).

[236] Aristote, *La Grande Morale*, liber I, Chap. XIX, §1 et 2.

[237] Aristote, *Ibidem*.

Premier ministre grec était parvenu à la croisée des chemins de la réflexion. Son discours plein de réalisme lui avait fait conclure, dans un dernier accès de résistance « *(...) la folie consiste à braver les éléments dont seule la nature dispose par essence, le courage n'a de sens que lorsque la fermeté le seconde, et impose à une renonciation volontaire, au nom de la morale collective* ».

Quelques jours après cette déclaration publique et solennelle, la Cour de Justice de l'Union Européenne rendait sa décision. Tant les Grecs, que les avocats avaient retenu leur souffle. L'heure tant attendue, et néanmoins redoutée, avait sonné.

Le contentieux était arrivé à son dénouement : la sentence des Juges tranchait définitivement le conflit qui avait été ouvert quelques mois auparavant.

I. L'heure de la sisachtie et du nouveau départ

Les avocats chargés de la défense des intérêts de la Péninsule avaient reçu copie du jugement rendu par la Cour, et ce de manière quasi simultanée à la partie ayant introduit le recours en manquement. Assez rapidement, la Commission, pour sa part, avait rendu compte au Conseil des conclusions auxquelles était parvenue la Cour.

De son côté, le Président en charge de faire appliquer les décisions approuvées, lors du sommet européen de Cannes, en avait immédiatement informé les Chefs de Gouvernement et d'Etat respectifs. La presse locale avait eu vent des conclusions le même jour. Cela avait laissé peu de marge de manœuvre au gouvernement Grec pour préparer l'opinion publique. Il avait fallu parer au plus urgent, tout en laissant penser que la situation était sous contrôle.

La "une" du quotidien *Kathimerini* trahissait une décision de justice en demi-teinte. Il titrait en caractères d'imprimerie : « *HIER IL Y A EU LA CAROTTE AUJOURD'HUI IL Y A LE BÂTON* ». Sans ambages superflus, les Grecs avaient eu le sentiment d'être le bouc-émissaire de la coalition. Le chroniqueur expliquait en guise d'introduction qu'outre la survie économique de la Grèce, « *la crédibilité et la bonne foi de toute la Nation reposaient sur une appréciation factuelle des événements, c'est-à-dire une interprétation monofocale des circonstances et du contexte*[238] *réel* ». Sans la citer, la Cour avait été suspectée, de loin, d'avoir eu quelque parti pris. Elle avait nécessairement penché en faveur d'une interprétation stricte des circonstances négatives qui avaient

---

[238] Quotidien grec « Kathimerini », article du 17/11/2013 – revue de presse fictive.

été détaillées par la Commission. Fortement ému par la situation, le chroniqueur renvoyait dos à dos deux circonstances déterminantes. Il y avait, d'abord, la coopération loyale de l'Etat grec pour mettre en œuvre les préconisations impératives de l'UE et du FMI. Il y avait, ensuite, l'irascibilité d'une Commission qui n'avait pas cherché à mieux comprendre les difficultés auxquelles le pays se heurtait de longue date.

Non sans y voir un coup de gueule, le commentateur avait fini par écrire : *« les experts n'étaient-ils pas tout aussi responsables de leur inconséquence dans la crise que ne l'étaient les dirigeants nationaux ? »*. Bref, la polémique avait enflé autour du défaut de gestion du coordinateur du FMI. De l'avis même de son auteur, cette mauvaise appréciation de la situation était tout aussi préjudiciable à l'Union. Mais, contrairement à l'erreur fautive de la Grèce, celle-ci ne méritait pas un déchaînement des passions. Son impact était « local » et n'affectait pas directement la stabilité économique et budgétaire des autres Etats membres. La position des juges, par rapport au recours en manquement d'Etat, attendait quelque éclaircissement pour être intelligible.

1. Contenu et portée la décision CJUE

Le texte de la décision répondait à une structure, et à une formulation, aptes à dégager une solution juridique réputée revêtue de l'autorité de la chose jugée au fond. En l'espèce, les juges avaient dû faire preuve d'une rigueur interprétative qui devait être aussi "compréhensive".

Tout intéressé pouvait y lire : *« Dans l'affaire C-511/03, ayant pour objet un recours en manquement au titre de l'article 258 TFUE, introduit le 12 juin de l'année de référence, par le Conseil et la Commission européenne, représentée par Mme X. et M. Y., en qualité d'agents, ayant élu domicile à Luxembourg, partie requérante,*

Contre

République Hellénique, représenté par MM. X' et Y', Avocats associés, en qualité d'agent, et ayant fait élection de domicile à Luxembourg, partie défenderesse,

LA COUR (5e chambre), composée de M. A. (rapporteur), président de chambre, MM. B… et C…, juges ; avocat général : M. D. ; greffier : M. E,

Vu la procédure écrite,

Vu la décision prise, l'avocat général entendu, de juger l'affaire après avoir formulé ses conclusions dans l'affaire citée en référence, rend le présent Arrêt ».

Pour étayer son raisonnement, la Cour avait rappelé, en amont de la décision, l'ensemble des moyens de droit soulevés. Elle s'était ensuite livrée à l'interprétation exégétique classique. Pour des motifs inhérents à l'identité des parties et à la procédure, la Cour avait rappelé les motifs de sa saisine. Elle avait repris les propos de la Commission : « P*ar sa requête, la Commission européenne demande à la Cour de constater que la République hellénique a manqué aux obligations qui lui incombaient en vertu des articles 2, 3 § 2-4, 4 § 1-2, 5 §1, 7 §2 de ce même Règlement* ». Puis, comme requis, avait rappelé les motifs de sa saisine : « *en n'ayant pas pris les mesures nécessaires pour que les autorités compétentes veillent, par des autorisations délivrées conformément au Règlement (UE) 1177/2011 du Conseil du 8 novembre 2011 modifiant le Règlement (CE) 1467/97,l'Etat Grec a réitéré des infractions au code de conduite établi entre les partenaires européens* ». Tous droits et moyens réservés au fond, la Grèce n'avait pas « *clarifié la mise en œuvre de la procédure concernant les déficits excessifs ou, s'était abstenue de manière inappropriée, par le réexamen des conditions et, le cas échéant, leur actualisation, à ce que les actions entreprises existantes soient conformes aux exigences prévues aux articles de ce Règlement, au plus tard le 1er octobre* ». Eu égard aux règles de droit en vigueur, et de manière assez concise, la Cour venait aux droits communs de la Commission européenne et du Conseil, puis de la Grèce.

Son jugement entendait intervenir dans le cadre d'un défaut volontaire de communication d'un rapport de prospective budgétaire par la Grèce, et le refus d'appliquer des mesures de sauvegarde supplémentaires. Question de méthode oblige, et dans un premier temps, donc, les juges avaient justifié leur raisonnement en retenant et/ou en réfutant les arguments objectés à la lumière du droit positif (prudentiel et textuel) de l'Union européenne.

2. Le cadre juridique

Comme l'avaient rappelé, à juste titre, les juges du fond, « *la procédure concernant les déficits excessifs est consacrée par l'article 126 du traité sur le fonctionnement de l'Union européenne.*

(1) *Cette disposition de droit primaire s'impose à tous les Etats membres. Elle légifère en matière disciplinaire quant au respect des critères de convergences, et regarde la maîtrise stable des dépenses publiques. Le Règlement (CE) n° 1467/97 du Conseil du 7 juillet 1997 visant à accélérer et à clarifier la mise en œuvre de la procédure concernant les déficits excessifs, modifié par le Règlement (CE) n° 1056/2005 du 27.7.2005, puis par le Règlement (CE) n° 1177/2011 du 13.12.2011, prévoit une série de mesures graduelles dont l'objectif est de pallier les carences de gestion ayant porté à une situation de déficit budgétaire excessif. Conformément à l'article 2 § 2 et 3 du Règlement 1056/2005 du 27.7.2005 fixant les mesures d'interventions dans le cadre des déficits publics excessifs, celui-ci a pour objet la prévention des occurrences négatives résultant d'une mauvaise gestion des ressources et des besoins à la charge des Etats membres, il résulte que "La Commission et le Conseil, évaluent et décident s'il y a ou non un déficit excessif, conformément à l'article 104, paragraphes 3 à 6, du traité".*

(2) *Dans l'hypothèse d'un déficit excessif notoire et prolongé, la Commission dispose alors d'un droit de suivi et de contrôle des mesures correctrices mises en œuvre, selon les dispositions du § 3. Un déficit excessif est défini à l'article 2 § 2 : il correspond à une situation budgétaire dans laquelle "le dépassement de la valeur de référence résulte d'un taux de croissance annuel négatif du PIB ou d'une baisse cumulative de la production pendant une*

période prolongée de croissance annuelle très faible du PIB par rapport au potentiel de croissance". Ainsi, le Protocole n°13 annexé au Traité sur l'Union européenne (Maastricht, 1992) définit la dette publique comme étant : "le total des dettes brutes, à leur valeur nominale en cours, à la fin de l'année et consolidées à l'intérieur des secteurs du gouvernement général" ».

S'attachant au devoir de loyauté et de respect qui est le corollaire de l'adhésion politique (morale et éthique) à l'Union des Etats dans une structure commune, les juges avaient pris soin de relever les conditions de réalisation de ce principe fondamental. A ce propos, selon les stipulations du 3e considérant de principe, les États membres étaient tenus de prendre toutes mesures appropriées pour sauvegarder le modèle économique et politique coopté. Les juges s'y étaient référés avec conviction.

(3) Conformément à l'adage *PACTA SUNT SERVANDA*[239] « *les États membres, le Conseil et la Commission réaffirment leur volonté de mettre en œuvre le traité et le pacte de stabilité et de croissance de manière effective et rapide, avec le soutien et la pression des pairs, et d'assurer la surveillance économique et budgétaire en coopération étroite et constructive afin de garantir la sécurité et l'efficacité des règles du pacte* ».

C'est dans cette optique que les stipulations du 10e considérant, corroboraient le principe de convergence des méthodes d'élaboration et d'harmonisation des comptes publics.

(4) A cet égard, pour *« assurer une correction rapide des déficits excessifs, il est nécessaire que les États membres en situation de déficit excessif engagent une action suivie*

[239] D'une manière très générale, tout traité en vigueur lie les parties cocontractantes et doit être exécuté par les parties de bonne foi. Cela explique notamment qu'en droit international public une partie ne peut invoquer les dispositions de son droit interne pour justifier la non-exécution des dispositions figurant dans le traité qu'elle a signé et ratifié.

d'effets et parviennent à une amélioration annuelle minimale de leur solde budgétaire ».

(5) « *Enfin, en regard des dispositions qui régissent le Règlement (UE) 1177/2011 du Conseil du 8 novembre 2011 les articles 1, 2 bis §1-2, 3§4, 4§1-2 définissent respectivement les principes généraux des obligations fondamentales de chaque Etat en matière de responsabilité quant au respect des critères définis à Maastricht. L'article 5 stipule notamment que : " Toute décision du Conseil de mettre l'État membre participant concerné en demeure de prendre des mesures visant à réduire le déficit, conformément à l'article 104, paragraphe 9, du traité, est prise dans un délai de deux mois à compter de la décision du Conseil constatant qu'aucune action suivie d'effets n'a été prise, conformément à l'article 104, paragraphe 8* " ».

a) Les antécédents du litige et la procédure pré-contentieuse

Pour resituer les griefs dans leur contexte historique, et déterminer les causalités internes, qui ont été à l'origine de la procédure contentieuse, un rappel chronologique avait été annexé à la procédure. Il permettait de rechercher les causes de nullité internes à l'acte de saisine, notamment de soulever l'exception de forclusion d'une action intentée en dehors des délais légaux impartis.

(6) « *Lors de plusieurs réunions des experts ad hoc et par lettre du 8 février, les services de la Commission ont attiré l'attention des États membres sur la nécessité de respecter la clause de réduction du déficit excessif qui prévoyait l'adoption de mesures économiques correctives. Cette injonction était formulée à l'Etat défaillant en conformité avec les dispositions de l'article 5, paragraphe 1er et 1 bis, du Règlement UE 1177/2011* ».

(7) Par lettre complémentaire du 20 février, la Commission avait invité tous les États membres à lui fournir des

renseignements sur l'état de leurs finances publiques, conformément aux dispositions de l'article 10 bis du règlement 1177/2011 UE. Avec l'aval du Conseil et suivant les dispositions de l'article 3§5 final, elle avait adopté une recommandation révisée en vertu de l'article 126, paragraphe 7, du traité sur le fonctionnement de l'Union européenne, afin qu'elle fût applicable à l'ensemble de la zone euro.

(8) Dans sa réponse écrite du 8 mai, la Grèce avait indiqué à la Commission que les mesures destinées à corriger le déficit excessif, nonobstant l'adoption de mesures d'austérité antérieures, demeuraient incertaines quant à leur objet et à leur impact « réducteur » de trésorerie négative. Pour plaider sa cause, elle avait invoqué les tâtonnements permanents des experts du FMI. Et, avait souligné qu'elle ne pouvait se substituer à cette autorité internationale de vigilance, et de contrôle budgétaire, pour décider de l'application de mesures non concertées.

(9) Considérant que cet État membre avait manqué à ses obligations résultant de l'article 3§5 et 7 du Règlement du Conseil, la Commission a engagé la procédure en manquement prévue à l'article 126 TFUE et a, en vertu de celle-ci, le 20 septembre, mis cet État membre en demeure de lui fournir des indications détaillées sur les meures effectivement déployées.

(10)En raison de l'urgence, et de la situation budgétaire grecque, dont l'effet négatif se propageait à l'ensemble des autres pays de la zone euro, la Commission a ensuite adressé un avis motivé au Conseil. Son action était motivée en vertu des dispositions de l'article 10 bis § 4 du Règlement UE de 2011. Dès le 9 septembre de cette année là, la Commission invitait les membres saisis du litige à adopter les mesures requises pour forcer « l'Etat resquilleur » à se conformer aux préconisations de la Commission, dans un délai de deux mois à compter de la réception de celui-ci.

(11) Suite à la réunion organisée le 20 septembre, entre les services de la Commission et le Conseil, il avait été décidé de relever une « situation de déficit prévue et délibérée[240] », et de mettre en œuvre une procédure accélérée de rattrapage et de rectification budgétaire. Placée dans l'incapacité de pouvoir mettre en œuvre une surveillance renforcée, la neutralisation des actions de l'UE étant manifeste en regard des actions conjointement diligentées par les experts du FMI, la Commission n'était pas en mesure de satisfaire aux exigences de contrôle et d'évaluation telles qu'elles ressortissaient de ses attributions.

(12) Avec le consentement unanime des membres du Conseil, estimant que la République hellénique n'avait dès lors pas satisfait aux obligations lui incombant en vertu du Règlement du Conseil N°1177/2011, la Commission a décidé de former le présent recours devant la plus haute juridiction européenne.

Ce commémoratif des faits ayant été achevé, la Cour avait évoqué les moyens de droit sur lesquels les parties fondaient leurs prétentions, et requerraient que justice leur fût rendue. Sur le recours proprement dit, tout d'abord. Deux thèses, diamétralement opposées, se faisaient face.

D'un côté, les avocats agissant en défense des droits de l'Union européenne avaient choisi de fonder leur argumentaire sur une démarche intentionnelle de la Grèce. Sans rien dire, elle aurait profité d'une manne économique indue.

De l'autre, les avocats de la Grèce avaient opté pour une stratégie de défense plus offensive. La posture choisie rejetait une grande responsabilité sur l'Union européenne, d'une part, et sur les incompétences de pilotage des experts dépêchés par le triumvirat « européano-atlantiste » (UE-BCE-FMI). Dépossédée de sa souveraineté, au nom d'un bien « pensant » cercle vertueux, la

---

[240] Cf. article 7 du RÈGLEMENT (CE) 1467/97 DU CONSEIL du 7 juillet 1997, modifié par les nouvelles dispositions du Règlement (UE) 1177/2011 du Conseil du 8 novembre 2011.

Grèce ne pouvait interdire ou différer, sans qu'en amont, on l'en eût ou persuadée ou dissuadée énergiquement.

b) L'argumentation des parties

Nota Bene. Pour faciliter la compréhension de la procédure qui avait eu lieu, et saisir la profondeur des débats, seule la réponse formulée par la partie défenderesse est examinée ici. Revenons, donc, aux arguments d'autorité. En l'espèce, lorsque la Commission avait opéré la saisine de la Haute Cour, elle avait fondé sa requête introductive d'instance en se référant au fait que :

(13) La République hellénique avait manqué aux obligations qui lui incombaient en vertu de l'article 5, paragraphe 1er et 1 bis, du Règlement UE 1177/2011. Et que, consécutivement à l'inexécution fautive, justifiée par des moyens qui n'exonéraient pas ledit Etat de ses obligations à l'égard des Traités, les diverses mesures correctives du déficit n'avaient pas fait l'objet d'une exploitation conforme aux exigences de ce Règlement du Conseil.

Les moyens de défense opposés par la République hellénique à l'accusation portée par la Commission.

(14) Dans son mémoire en défense, la République hellénique avait alors fait valoir que la requête de la Commission ne pouvait faire l'objet d'une exécution sans cesse plus restrictive, à l'égard des populations, et du système productif intérieur, compte tenu du facteur conjoncturel sans précédent en Europe (a) ; et, compte tenu, aussi, du transfert de souveraineté forcé résultant (b) de l'intromission des techniciens du FMI pour redresser le déficit public.

Les avocats avaient insisté sur le fait que, pour qu'un État membre puisse défendre utilement ses droits procéduraux, il est nécessaire que la Commission indique aussi tôt que possible et de manière précise ses demandes et les circonstances sur lesquelles le recours est fondé.

(15) Les avocats de la défenderesse avaient expliqué ensuite que « *dans la présente affaire, la Commission disposait d'informations précises communiquées par l'État membre concerné par cette procédure. Le Premier ministre avait fait preuve de clarté et de précision, dans le respect des exigences fixées par le Traité de Lisbonne. Eu égard aux compétences étendues et accrues, dont la Commission dispose en ce qui concerne les demandes de sanctions, au titre de l'article 260, paragraphes 2 et 3, TFUE, la République hellénique ne s'est jamais opposée à la moindre mesure imposée* ». Le fait de l'accusation portée par la Commission, à l'encontre de sa cliente, laissait entrevoir la constitution d'un faisceau de présomptions peu concordantes entre la réalité du terrain et les désirs affichés de faire un exemple au service de la cause.

(16) Des faits tels qu'ils ressortaient de la requête de la Commission, il apparaissait évident que la nécessité impérative de faire converger toujours plus les habitudes politiques vers un point préfix, ne pouvait s'accorder avec un modèle coalisé où le chacun des partenaires était libre de choisir de composer son menu « à la carte ».

c) L'appréciation des faits à l'épreuve du droit selon la Cour

In limine litis, la Cour avait rappelé que selon une jurisprudence constante, l'existence d'un manquement devait toujours être appréciée en fonction de la situation telle qu'elle se présentait au terme du délai fixé dans l'avis motivé.

Afin de pouvoir donner une interprétation du droit applicable au cas d'espèce, elle avait rappelé que les circonstances qui seraient intervenues à la suite de la forclusion des délais, pour se mettre en conformité, ne pouvaient être retenues à décharge de la partie qui s'en prévaut. Sous forme de bref rappel, elle renvoyait synthétiquement à *l'arrêt du 27 septembre 2007, Commission/France, C-9/07, point 8*, pour justifier de cette mesure d'appréciation objective.

(17) Ce nonobstant, la Cour reconnaissait qu'elle n'avait pas eu à juger de cas similaire à celui qui lui avait été soumis en juin de l'année suivante. Même si elle disposait des éléments épars qui lui permettaient d'apprécier la validité d'un certain nombre d'arguments de droit avancés par les parties, elle était appelée, pour la circonstance, à faire acte de création prudentielle. Les juges avaient souligné que *« le législateur de l'Union a imposé aux États membres des obligations* » au rang desquelles figurent le respect des Traités, et l'exécution complète et conforme, par les États membres, des obligations mises à leur charge par les actes de droit dérivé (Directives, Règlements).

(18) Par égard aux circonstances exceptionnelles qui avaient entouré la procédure de déficit aggravé, la Commission était fondée à saisir le juge de l'Union européenne à l'issue de la procédure de négociation amiable. Cette procédure était prévue à l'article 3§4 du Règlement 1177/2011 du Conseil du 8 novembre 2011, lequel stipule : « *Dans la recommandation qu'il adresse conformément à l'article 126, paragraphe 7, du traité sur le fonctionnement de l'Union européenne, le Conseil prescrit à l'État membre concerné un délai maximal de six mois pour engager une action suivie d'effets. Lorsque la gravité de la situation le justifie, le délai pour engager une telle action peut être de trois mois* ».

(19) A l'évidence, la République hellénique ne contestait pas les délais qui lui avaient été impartis pour rectifier l'erreur. Toutefois, elle soulevait l'exception de moyens résultant de son incapacité à faire application des dispositions qui établissaient que « (…) *les États membres demeurent responsables de leurs politiques budgétaires nationales, sous réserve des dispositions du traité ; que les États membres prendront les mesures nécessaires pour faire face à leurs responsabilités conformément aux dispositions du traité* ». Elle avait fait valoir que l'intervention prolongée d'au moins 3 instances, dont le rapport d'autorité hiérarchique n'avait pas bien été défini, avait fait obstacle à

sa propre obligation de vigilance, quant à la mise en œuvre de toutes les mesures préconisées par le rapport de la Commission.

(20) Toutefois, considérant les interventions des instances respectives, et qu'il n'était pas démontré que la Commission ait fait diligence pour garantir de manière certaine la souveraineté de la République hellénique, les juges avaient reconnu que c'était à tort que la Commission faisait grief à la défenderesse de ne pas avoir déployé suffisamment tôt, et de manière précise, les moyens qui devaient servir à recadrer l'apurement des comptes incriminés. En effet, cette indication, ainsi qu'il résulte des points 8, 12 et 15 du présent arrêt, ne ressortissait pas de l'échange de correspondance au cours de la procédure précontentieuse, tout comme elle n'apparaissait pas en termes explicites dans la requête introductive d'instance.

(21) Dans ces conditions, il y avait lieu de considérer le recours introduit par la Commission comme partiellement mal fondé en droit.

(22) Par ailleurs, la Cour avait observé qu'en omettant de prendre des mesures appropriées, pour garantir la souveraineté de la Grèce au cours des opérations d'évaluation et de stabilisation diligentées par le FMI et les instances de l'UE, même dans le cadre d'une procédure accélérée de résolution de déficit excessif, la Commission avait manqué aux obligations qui lui incombaient en vertu des Traités.

(23) Cependant, attendu que la Grèce ne saurait exciper sa propre responsabilité en ne retenant que la responsabilité des techniciens du FMI, dont l'erreur d'appréciation a conduit à aggraver la situation économique et budgétaire intérieure, il résultait des débats oraux que la République hellénique ne pouvait être excusée de ne pas s'être conformée aux clauses formelles visant à faciliter le dialogue entre le Conseil, le Parlement et la Commission.

Le défaut d'ajustement, quand bien même causé par la faute de tiers, ne remettait pas en cause la notion de convergence économique prévue de longue date par l'ensemble des Traités de l'union.

(24) Selon la jurisprudence antérieure rendue dans le cadre des recours en manquement d'Etat, entre 1988 et 2009, la Cour avait normalement fait état du principe juridique selon lequel seule la force majeure (imprévisible et inévitable) peut excuser l'inaction d'un Etat à agir selon un schéma prédéterminé. Ainsi, dans les affaires suivantes : Arrêt de la Cour du 17 septembre 1987, *Commission des Communautés européennes c. / République hellénique*, Affaire 70/86[241], Arrêt de la Cour du 11 juillet 1985, *Commission des Communautés européennes c. / République italienne*, Affaire 101/84[242], la Cour avait conclu à une série de motivations inopérantes pour

[241] Dans l'affaire citée, la force majeure invoquée à l'appui de l'abstention de faire à charge de l'Etat italien avait été rejetée par le juge communautaire. Il avait été estimé par la Cour que « *LA NOTION DE FORCE MAJEURE VISE ESSENTIELLEMENT* (...) DES *CIRCONSTANCES ETRANGERES RENDANT IMPOSSIBLE LA REALISATION DU FAIT EN CAUSE* ». Le 8ème Considérant de l'arrêt rappelle le contenu et le champ couvert par la « force majeure ». En la circonstance, elle « *ELLE NE PRESUPPOSE PAS UNE IMPOSSIBILITE ABSOLUE, [mais] ELLE EXIGE TOUTEFOIS QU'IL S'AGISSE DE DIFFICULTES ANORMALES, INDEPENDANTES DE LA VOLONTE DE LA PERSONNE ET PARAISSANT INEVITABLES MEME SI TOUTES LES DILIGENCES UTILES SONT MISES EN ŒUVRE* ». Pour la forme, on rappellera que la force majeure fait partie des principes généraux du droit (PGD) et que la jurisprudence de la Cour de Cassation en France la définit comme étant irrésistible, sa réalisation doit être insurmontable et être externe à la personne chargée de faire ou ne pas faire quelque chose.

[242] En l'espèce, le juge communautaire avait jugé que « *UN ETAT MEMBRE QUI S'EST HEURTE A DES DIFFICULTES MOMENTANEMENT INSURMONTABLES PEUT INVOQUER LA FORCE MAJEURE* (...) *A CONDITION TOUTEFOIS DE FAIRE LA DEMONSTRATION QU'UNE ADMINISTRATION NORMALEMENT DILIGENTE A ETE DÉPLOYÉE POUR Y REMEDIER* ». La preuve de la force majeure incombe à celui qui l'invoque (cf. adage de droit romain ACTORI PROBATIO INCUBIT) et se rapporte par tout moyen (faits juridiques) destiné à prouver que l'Etat membre a agi de manière raisonnable et diligente pour pallier la carence éventuellement décelée.

caractériser la force majeure. Le Changement de gouvernement en était un de ces motifs.

(25) Dans le cas d'espèce, la République hellénique ne rapportait pas la preuve d'une causalité directe entre son inaction *post hoc* et la présence des techniciens extérieurs. La force majeure ne pouvait être valablement retenue. Malgré tout, le lien entre ces deux élément n'étant qu'indirect, il importait que la faute du tiers mis en cause dans la réalisation de l'inexécution fautive de l'Etat membre fût prouvée. Il fallait que son action ait empêché l'Etat en question de prendre des mesures correctives majeures, dans le cadre de la procédure amiable de résorption du déficit excessif de ses finances publiques. Les Conseils de la défenderesse avaient rapporté une série de faits dont l'intensité pouvait être rattachée à une omission fautive du représentant du FMI, lequel avait reconnu antérieurement à la procédure contentieuse avoir « *commis une erreur qui a aggravé la récession économique dans l'Etat membre* ».

(26) Aussi, sur ce dernier moyen invoqué, les juges avaient retenu qu'il y avait lieu de considérer que la Commission avait fondé les motifs de son pourvoi devant la Haute juridiction en s'appuyant partiellement sur des allégations que la Cour ne pouvait verser à ses propres conclusions.

3. Les attendus de la Cour et la solution juridique apportée au conflit

Avec solennité, et sous le regard croisé des Grecs et des autres membres de l'Union européenne, la Cour de Justice de l'Union Européenne avait formulé une série d'attendus. Pour la rédaction matérielle du jugement, elle justifiait des moyens téléologiques qui l'avaient conduite à la délibération finale.

(27) « *Attendu que les actes de droit dérivé bénéficient du principe de primauté au même titre que les autres sources du droit communautaire ;*

(28) *Attendu que la primauté du droit communautaire a été affirmée et confirmée, à maintes reprises, par la jurisprudence de la Cour de justice, et ce depuis l'arrêt du 15 juillet 1964, Costa, 6/64, Rec. p. 1141 ;*

(29) *Attendu qu'en la circonstance, le Règlement litigieux invoqué à l'appui de la requête introductive d'instance répond aux critères formels et matériels de cette primauté ;*

(30) *Attendu que la Commission a agi dans le cadre de ses compétences statutaires et en conformité avec les dispositions contenues à l'article 2 et Ss. du Règlement (UE) n°1177/2011 du Conseil du 8 novembre 2011 ;*

(31) *Attendu, cependant, que l'urgence avérée de la situation avait fait peser une lourde contrainte sur l'Etat grec, et avait conduit les experts, détachés au chevet de ce même Etat, à accroître une situation intérieure fortement déficitaire ;*

(32) *Attendu que la force majeure ne peut être totalement excipée par le défendeur, mais qu'indirectement la commission de fautes d'évaluation et d'appréciation lourdes, de la part des experts détachés, tant par l'Union européenne que par le FMI, est formellement reconnue et prouvée* ».

Par ces motifs, la Cour avait ordonné :

(33) La condamnation aux dépens partiels de la République hellénique, et avait dit que la partie défenderesse supporterait la moitié des frais exposés,

(34) Le rejet de tout constat visant à obtenir une homologation de l'amende forfaitaire établie à un maximum de 3% du PIB, et déclarait que l'erreur commise par les experts *ad hoc* était source d'atteinte indirecte au "droit de regard souverain " que les Traités d'union reconnaissent comme irréfragable.

(35) Le rejet partiel du recours en manquement formé par la Commission et le Conseil, aux motifs d'une violation du droit souverain dont bénéficiait tout Etat membre, et qui le rendait apte à décider librement des mesures et du rythme que son pays pouvait raisonnablement soutenir.

4. La Grèce à l'heure des choix

Le verdict de la Cour de Strasbourg avait fait naître, dans l'opinion publique, un sentiment de victoire en demi-teinte. Si d'un côté la majorité des gens avaient senti cette joie qui marquait la fin de l'opprobre que la coalition avait injustement fait peser sur l'un d'entre eux ; de l'autre, en revanche, c'était aussi un sentiment de profonde déception qui s'était emparé des esprits les plus optimistes.

La population n'était pas dupe et avait éprouvé ce malaise lancinant. La suspicion, puis la défiance, avaient attisé tour à tour le dénigrement. Certes, la Grèce avait été lavée des soupçons les plus graves. Mais la crainte de voir le fardeau s'appesantir davantage, du fait des conséquences d'une condamnation judicaire, avait miné son moral jusqu'à l'heure du délibéré.

Sur le terrain de la diplomatie du verbe, le couple « germano-français » avait pris acte de la décision irrévocable des juges. Sous couvert d'une déclaration commune, le groupe « pionnier » (comme ils se plaisaient à se décrire dans l'Union à 27) s'en était tenu à une formulation laconique. Il ne pouvait s'attaquer à la décision souveraine des juges, car toute intention contraire aurait fait d'eux des Etats antilibéraux et antidémocratiques. Lors d'une conférence de presse, donnée au quotidien *Die Welt*, le couple historique avait déclaré que « *cette décision poussait les 28 à renforcer leur vigilance* ». Pour la forme, le chef de l'Etat Français et le Chancelier allemand avaient rappelé, en filigrane, les défis futurs imposés par la dynamique européenne.

De concert, les deux dirigeants réaffirmaient leur attachement au pacte passé le 26 octobre 2011[243]. Leur volonté de « *contribuer*

[243] Il s'agit de l'accord des chefs d'État ou de gouvernement des États membres de la zone euro, améliorer la gouvernance de la zone euro. Il avait été convenu à l'unanimité des membres que deux sommets de la zone euro au moins auraient lieu par an. Leur convocation devant intervenir à la suite des réunions du Conseil.

au renforcement du pilier économique de l'Union économique et monétaire, en adoptant un ensemble de règles qui amélioreraient la discipline budgétaire » était un invariant de la posture idéologique et politique cooptée pour la circonstance. Avec une sagesse millimétrée, ils avaient conclu que « *Cet objectif ne pouvait être atteint qu'en acceptant les conditions de mise en œuvre d'un pacte budgétaire, apte à renforcer la coordination de leurs politiques économiques et à améliorer la gouvernance de la zone euro* ». En des termes moins alambiqués, l'interprétation du contenu du pacte budgétaire, tel qu'il avait été ratifié par le Conseil, permettait de passer outre les interprétations de la CJUE. C'était là l'essentiel de la mesure approuvée. Le politique s'était réapproprié une autonomie interprétative qu'il avait confiée maladroitement à l'office du juge communautaire.

Même si le pouvoir des juges fut un concept initié dans la patrie d'un G. Washington ou d'un J. Ford, il n'en demeurait pas moins vrai que le pouvoir judiciaire européen ne pouvait être un "quatrième ordre" qui concurrencerait le pouvoir exécutif ou législatif. Or, sans en donner l'impression, le politique était parvenu à minimiser le pouvoir normatif prétorien de la CJUE.

Une délimitation plus rigoureuse de son champ d'intervention occupait de longue date les esprits. La crise de 2009 et le verdict rendu par la Cour avaient représenté l'occasion de faire passer sous silence une réforme beaucoup plus "délicate".

5. Le fait vient en premier, c'est un point de départ pour mieux anticiper l'avenir

La Grèce était à l'heure d'un tournant historique. Tandis que l'Europe continuait son avancée inextinguible vers une nouvelle étape de l'approfondissement politique, la péninsule s'interrogeait sur la portée de la décision rendue par Strasbourg. Rester ou partir,

---

Au moyen de cet accord, les membres du conseil étaient tombés d'accord sur une méthode de valorisation des dettes souveraines de la zone euro, sur la recapitalisation du secteur bancaire, de mettre à disposition d'autres pays rencontrant un déficit excessif des moyens financiers destinés à soutenir leur trésorerie et éviter la propagation de la crise. D'une manière générale, l'accord du 26/10/2011 visait à entériner le projet de création d'un Fonds européen de stabilité financière destiné à parer les attaques des Marchés qui spéculent sur la dette des Etats.

telle était la question de fond à laquelle les dirigeants politiques avaient dû réfléchir avec prudence.

La mise au banc des accusés était un fardeau trop lourd à porter, même si la nouvelle avait permis d'exonérer la Grèce des soupçons les plus graves. Mais le mal était fait, l'humiliation avait blessé les esprits les plus optimistes.

La crise avait permis aux marchés de spéculer sur la probable faillite irrémédiable du système monétaire européen et de la coalition. Dans son sillage, ils avaient déclenché une onde de choc : elle avait concouru d'une situation d'instabilité latente, et avait ébranlé les croyances les plus ferventes dans les valeurs constitutives de l'Union. Sans autre alternative, et avec la clairvoyance d'un Aristote, le chef du gouvernement s'était résolu à l'impossible. Considérant que « *le fait vient en premier, c'est un point de départ* [244]», l'idée de quitter la coalition 32 ans après la grande épopée fantastique des années 80, laissait un arrière-goût amer en bouche.

Le 4 juillet 2014, peu de temps après l'audition par la CJUE, après une longue consultation qui avait porté les Grecs aux urnes, le référendum avait été implacable. La veille du scrutin, les quotidiens nationaux parlaient beaucoup plus des suites de la consultation que de son résultat. En effet, comme un dernier "barouf", les marchés boursiers avaient semé une énième panique ce vendredi-là. Paris terminait à -3,38%, Francfort à -2,25%, Milan (-5,80%) et Athènes (-6,20%). De l'avis des principaux traders, ce jour avait été néfaste. On avait enregistré les plus fortes décotes depuis le fameux « jeudi noir » de 2009. A New York, le Dow Jones avait finalement perdu 3,22%, le Nasdaq 2,89%. Les valeurs bancaires, notamment grecques, avaient été à nouveau en première ligne. Le défaut de paiement était dans la tête des principaux investisseurs, et chacun se demandait « qui » allait payer les pots cassés. Les partenaires de l'Eurogroupe affrontaient une situation prévue, quoique jamais expérimentée auparavant.

a) Du résultat de la consultation référendaire

Ce soir-là, les électeurs attendaient avec une certaine appréhension le résultat de la consultation. A la question

[244] Aristote, *Ethique à Nicomaque*, *ibidem*.

« *Souhaitez-vous que la République hellénique reste un acteur du projet de construction européenne ?* », chacun avait dû choisir de manière tranchée entre le « oui » et le « non ». L'enjeu était considérable, car deux possibilités s'offraient au peuple grec. Si la réponse ressortait "négative", la Grèce ne pouvait plus participer au dialogue et à la construction de l'Union. Elle se devait d'appliquer les dispositions de l'article 50 TUE (version consolidée après Lisbonne). Dans l'hypothèse inverse, la Grèce devait concéder plus d'efforts pour couvrir la distance avec le Pacte budgétaire voté en décembre 2011.

Individuellement, les Grecs avaient déjà consenti à de nombreuses privations. Pour « rassurer les marchés » rien n'avait été négligé. On le sait, les mesures avaient été envisagées dans l'intérêt des autres Etats membres, après celui de la Grèce. Les restrictions de tous ordres avaient été vécues comme un choc traumatisant. La Nation grecque assistait quasi impuissante au délitement d'une coopération fructueuse sous la bannière étoilée. Pire, elle subissait sa première chute aux enfers. Tel ce docteur Faust, mis en scène par Berlioz, la Grèce devait choisir sans attendre entre la damnation éternelle et le purgatoire à vie.

Pour atténuer la violence de la décision ultime, le Premier ministre grec avait annoncé, environ 5 jours avant le scrutin, que le ralliement au choix du peuple ne serait effectif qu'à deux conditions précises. Il importait que la participation atteignît au moins 45%, et que le résultat fût « sans ambiguïté », c'est-à-dire que le « oui » ou le « non » rassemblât au moins 70% des suffrages exprimés.

A 18H00, les divers bureaux de vote avaient fermé. Le Ministère de l'Intérieur s'était activé pour dépouiller les votes et en transmettre le résultat au chef du gouvernement. Impatients, les 26 autres partenaires suivaient avec attention le choix que les Grecs s'apprêtaient à faire.

20H00. Déclaration solennelle du Premier ministre : « Οι Έλληνες μίλησαν απόψε .... *Le peuple grec a parlé ce soir. Le résultat est clair. Naturellement, je ne puis que me rallier à cette décision dont le peuple tout entier porte la charge.*

Le peuple a exprimé ses plus profondes hésitations sur la poursuite du processus de construction européenne, mais ce vote n'est pas contre l'Europe. Chacun ne peut envisager l'avenir sans se demander ce qui va se passer avec sa souveraineté, et ne trouve aucune réponse tangible à l'extérieur sur le rythme des changements en Europe.

L'erreur de 2009 est dans toutes les mémoires, et nul ne cherche à se défausser de ses responsabilités. Toutefois, alors que l'on a cherché à rétablir une situation de prospérité apparente, une question est demeurée en suspens.

Quelle sera notre contribution financière à Bruxelles, lorsqu'on aura demandé aux Athéniens de faire encore plus de sacrifices ? [245]». Après une courte pause, les résultats définitifs étaient communiqués : 73,4% des électeurs avait voté « non » tandis que 26,6% s'était exprimé en faveur d'un maintien de la Grèce dans l'Union européenne. La participation avait dépassé toutes les attentes.

Les commentateurs politiques, qui avaient succédé à l'allocution solennelle, l'avaient qualifiée « d'exceptionnelle ». C'était une première en Europe : un scrutin portant sur une question européenne réussissait à bouger les consciences civiques. En définitive 2 électeurs 3 s'étaient sentis concernés, moins de 1 électeur sur 3 avait fait le choix du *statu quo* dans la coalition.

b) Des implications découlant de la "vox populi"

Dès la proclamation officielle des résultats, l'Union entre les Etats coalisés subissait de plein fouet les dures conséquences du dégagement de la Grèce. Suivant les modalités de l'article 50 TUE, la République hellénique avait informé le Conseil Européen de son intention irrévocable de quitter l'Union. De longs pourparlers avaient été ouverts : la Grèce et l'union devaient convenir des conditions inhérentes au retrait anticipé. Il fallait revoir la manière dont la Grèce pourrait contribuer au dialogue futur, et établir le cadre juridique et politique des relations extérieures avec l'UE. Suivant les modalités définies à l'article 218§3 TFUE[246], l'accord

[245] Nota bene, il s'agit d'une déclaration fictive qui entre dans le jeu de rôle objet de la présente section.

[246] Art. 218§ 3 TFUE : « La Commission, ou le haut représentant de l'Union pour les affaires étrangères et la politique de sécurité lorsque l'accord envisagé porte exclusivement ou principalement sur la politique étrangère et de sécurité commune, présente des recommandations au Conseil, qui adopte une décision autorisant l'ouverture des négociations et désignant, en fonction de la matière de

de coopération, qui pourrait être conclu post hoc, devait être soumis à l'approbation du Parlement européen. Il devait être entériné par un vote à la majorité qualifiée des membres du Conseil européen.

Dans le respect du formalisme imposé par le Traité de Lisbonne, une lettre exposant les motivations du retrait de la Grèce avait été publiée dans la presse.

Le texte était rédigé en ce sens : « Monsieur *le Président du Conseil, (...) Conformément aux vœux exprimés par les urnes, l'Etat Grec notifie aux membres du Conseil européen sa décision unanime de se retirer définitivement de l'Union européenne.*

Ce sont 30 années de coopération et d'adaptation aux standards politiques, économiques et budgétaires qui s'achèvent aujourd'hui sur une note de profond découragement, et sur fond de rêve brisé. Ce droit de retrait est une mesure que nous exerçons de manière préventive. Elle me semble salutaire compte tenu des récents dénouements entre les membres de l'Union et l'Etat que je représente. Deux possibilités s'offrent à nos Etats respectifs, compte tenu de l'absence de pratique de cette procédure nouvelle admise dans le droit primaire de l'Union.

Il nous appartient désormais de pouvoir conclure un retrait qui soit le fruit d'un accord général, accepté par l'ensemble des partenaires, et qui permette de sortir de la crise initiée en 2009 par le haut. Même si le TFUE n'envisage aucun particularisme de fond, je souhaite que nos prochaines négociations donnent acte de la fin des relations horizontales entre l'UE et mon pays. Je forme des vœux pour que la clause d'opting-out conduise à la redéfinition de nos relations extérieures, et même si nos relations communes sont formellement modifiées, rien ne s'oppose à ce que nos relations de voisinage procèdent des mêmes règles que celles auxquelles nous avions souscrit dès 1981 ».

Dans son élan, le journaliste achevait son argumentation en interpellant l'opinion publique sur une dimension budgétaire de la question du retrait. Si 30 années de participation à l'Europe avaient permis à la Grèce de bénéficier de nombreuses aides structurelles,

---

l'accord envisagé, le négociateur ou le chef de l'équipe de négociation de l'Union ».

quel aurait été le sort de ces fonds distribués une fois le « mariage dissout » ?

Non sans logique, et compte tenu de l'intention qui avait présidé au fourvoiement des comptes publics de la péninsule hellénique, l'article évoquait la position de la CJUE quant à son approche pratique de la notion de restitution d'aides structurelles. Sans détour, les propos se voulaient percutants : *« Il existe pléthore de décisions dans lesquelles la décision rendue par les juges de la CJUE a obéit à une jurisprudence constante. Il suffit d'évoquer pour cela les nombreuses situations qui ont conclu à une restitution des aides illégalement octroyées par la Commission. Ainsi, en 2005, par exemple, dans l'affaire T-111/01, puis dans l'affaire T-133/01 dite « Saxonia Edelmetalle et Zemag » (11.05.2005) les juges du fond ont-ils dû trancher sur les indices qui permettaient de qualifier une aide d'Etat comme " abusive ".*

Dans la plupart des situations juridiques soumises à l'appréciation des juges, il a été reconnu que "lorsqu'un Etat membre omet de fournir des informations précises sur l'utilisation d'aides (structurelles) à la Commission, celle-ci est fondée à constater l'application abusive des aides en cause". A l'heure des choix irrémédiables, l'article concluait par une question rhétorique *: « Compte tenu de toutes nos difficultés, les Grecs peuvent-ils encore s'offrir le luxe d'une aggravation de leur handicap ?* ».

c) La réaction populaire face à l'annonce du retrait de la Grèce de l'UE

Le phénomène de mise en résonnance des affects avait potentialisé réciproquement les citoyens. Tour à tour, la foule passait de l'enthousiasme frénétique à la crainte panique de leur avenir incertain. En écho à l'ensemble des tractations politiques que le gouvernement conduisait avec la Commission, le collectif était passé par divers stades psychologiques entremêlés. Successivement, et comme s'ils interagissaient à distance les uns sur les autres, la joie, la colère, l'inquiétude, l'abandon représentaient le lieu commun de la communication interpersonnelle.

Une forte empathie se dégageait des manifestations de soutien du peuple en regard de l'initiative gouvernementale. Le retrait politique de l'Union européenne était un acte sans précédent dans l'Histoire de l'Europe contemporaine. Par manque de convergence des politiques économiques et sociales, les Grecs avaient atteint un stade de convergence psychoaffective à haut degré de solidarité. *« Le complémentaire et l'antagoniste »*, expliquera un sociologue de la Faculté d'Athènes lors d'une interview accordée à la revue Histoire moderne, *« ont été en pareille circonstance ce matériau agglutinant qui a rendu possible une homogénéisation de l'hétérogène. L'Histoire de la culture et de la pensée hellénique a toujours tenté de redynamiser ce lien, un peu à la manière d'un Empédocle qui s'interrogeait sur la fragmentation et les potentielles continuités présentes dans l'Univers. Il suffit de se souvenir ce qu'il avait écrit au sujet de la reliance, et que Morin a rendu plus explicite : "A un moment les hommes sont tous réunis en un seul ordre par l'amour ; à un autre ils sont disjoints par la répulsion de la haine, jusqu'à ce qu'ils se réunissent de nouveau en Un. Mais en tant qu'ils ont l'habitude de passer du Plusieurs à l'Un, et de nouveau divisés, de devenir plus d'Un, ils viennent au jour mais leur vie n'est pas durable ; mais en tant qu'ils ne cessent jamais de se transformer continuellement, ils existent toujours immuables dans le cercle*[247]".

d) L'agglutination psychoaffective dans un destin convergent

Tout comme l'avait déjà expliqué le philosophe, la pensée sociale hellénique contemporaine a toujours conservé cet héritage antique. Le temps n'a fait que la transmettre de proche en proche, et lui a adjoint des éléments propres à sa permanence dans un univers changeant. Ainsi, les quatre éléments originels d'Empédocle ont-ils été transportés jusqu'à nous, au moyen d'une conversion sémique.

La joie, la colère, l'inquiétude et l'abandon sont les éléments qui la font apparaître comme spécifique. Ils entretiennent le mouvement perpétuel de tension/contraction grâce auquel "l'être au monde social " grec est ce qu'il est. L'intégralité de l'univers ne nous est pas donnée en tant que tel, mais il convient d'en

---

[247] Empédocle, *Fragments*, Paris : Gallimard (La Pléiade), 1988, passim, p.17.

apercevoir le fonctionnement dialogique à travers les diverses particules atomiques qui en composent l'enveloppe visible.

A l'identique, les Grecs ne nous livrent les secrets de leur force cohésive qu'à l'instant où les unités élémentaires humaines se compénètrent ». Si seulement les Etats membres, qui s'étaient précipités dans un catastrophisme démesuré, avaient réellement compris cette notion d'altérité dans l'unité retrouvée, il est probable que la continuité de l'Union européenne n'eût jamais eu à connaître tout ce qui était en train de se produire.

II. L'inversion sociodramatique du rôle de tricheur et d'accusé

Le sociodrame expérientiel[248] vise essentiellement à comprendre les enjeux psychologiques qui se rattachent à la notion de pouvoir.

Jusqu'ici, l'essentiel de l'approche praxéologique des comportements et attitudes politiques, vis-à-vis de la Grèce, a consisté à réunir une série non exhaustive d'observations sous forme d'ensembles homogènes. En l'occurrence, la démarche descriptive visait à asseoir, jusqu'ici, un diagnostic sociopolitique du comportement des élites. Il procédait d'une anamnèse élargie des faits historiques et sociaux, ceux qui étaient précurseurs de la symptomatologie de la crise politique.

Avec ce dernier chapitre, en revanche, la description cède la place à l'intervention. Entendons, par là, une mise en application verbalisée des oppositions fonctionnelles, ou formelles. Elles sont apparemment à l'origine des conflits d'intérêts latents. La pratique clinique de cette méthodologie a montré les avantages qui résultaient de cette recomposition des rôles. L'interversion volontaire des rôles joue souvent comme un espace à l'intérieur duquel opère une « thérapie ». Pour les acteurs institutionnels et pour le collectif, elle est un moyen figuratif qui contribue de la cautérisation d'une plaie psychorelationnelle qui ne parvient pas à se refermer complètement d'elle-même[249].

---

[248] Cette expression est empruntée à Jean - Pierre Vidit. Cf. l'article intitulé « Une autre approche de la psychopathie à partir du sociodrame expérientiel », in Cahiers de psychologie clinique, n° 34, 2010/1.

[249] Vidit parle de moyen qui est offert à l'adolescent (objet de l'étude qu'il a menée) pour lui permettre de dédramatiser des situations conflictuelles. Le jeu de rôle contribue à une distanciation mais aussi à opérer un retour sur soi qui autorise, selon le praticien, à régler ses conflits avec soi-même. D'où sa référence

C'est donc à partir du ressenti informel, non verbal, que le jeu de rôle devient opérant. Il s'agit, en l'occurrence, de redonner à ces mêmes acteurs la possibilité de repenser leur drame. La seule contrainte, induite par le jeu lui-même, réside toutefois en cet effort que chacun doit produire pour atteindre une dimension sociologique uniforme.

Comme le rappelle à juste titre Vidit[250], le défi de ce jeu de rôle inversé repose sur la capacité des acteurs à se rejoindre sur un degré d'empathie comparable[251].

Sans vouloir faire de raccourci rapide, le drame politique européen qui s'est joué sur la scène continentale a été aussi le récit d'une empathie équivoque. En effet, l'émotion suscitée par l'annonce du drame a été employée comme arme de persuasion massive.

La crise grecque a été avant tout le récit d'une histoire macrorégionale particulière : les aspirations expansionnistes européennes y ont été distillées à demi-mot, et sous couvert d'une réorganisation des équilibres économiques qui devaient garantir les conditions optimales d'un mieux-vivre ensemble. Sans aucun état d'âme, le politique y a eu recours afin de jouer son propre jeu de rôle. La manœuvre visait à la réalisation d'une fin moins évidente mais tout aussi cruciale. On avait préservé cette capacité agissante, contre vents et marées, *i.e.* contre un modèle social de vivre ensemble qui le ramenait à un niveau d'action affaibli.

Questionnement : et si la France ou même l'Allemagne s'étaient trouvées dans une posture inconfortable, analogue à celle de la Grèce ?

à l'acte paramédical de « panser » ses maux, qui au sens figurer revient à se penser comme un être doté d'une conscience, et qui est capable de maîtriser ses propres comportements.

250 Vidit, J.-P., Balzani, B., Ribot-Kainz, G., *Du jeu et des délinquants. Jouer pour pouvoir penser*, Bruxelles : De Boeck Université, 2002, *passim*, p. 61-62.

251 Vidit, qui se réfère aux expérimentations psychologiques d'Anzieu, parle de processus de « peau commune ». Il s'agit d'une communication à la fois verbale et non verbale qui est assurée sans intermédiation psychologique et sociale. On pourrait aussi parler d'une relation symbiotique dont la fonction est d'assurer le retour d'expérience selon un processus interactionnel multipolaire. Pour plus de détails, on peut se reporter à l'ouvrage collectif coécrit par Vidit, cité dans la note précédente.

Si l'on fait exclusion du mobile qui a poussé cet Etat membre de l'UE à ne révéler que tardivement ses difficultés, la question des valeurs fondatrices du pacte européen des origines mérite d'être examinée du point de vue de ses conséquences sociopolitiques. Alors, comment rendre justifiable la solidarité irréfragable mise en œuvre par les Traités, et, de l'autre, la réalité ?

Il faut rappeler que l'aide de 200 Md d'euros avait été assortie de garanties morales et éthiques. Ainsi, l'aide ne pouvait-elle valoir "engagement de faire" sans l'activation de contreparties équivalentes. Depuis 2010, malgré l'insatisfaction récurrente du Marché, la Grèce avait apporté nombre de gages de « bonne foi », patents, évaluables et révocables, de sa future conduite.

I. INTRODUCTION SOCIODRAMATIQUE À L'AUTOCRITIQUE DU SYSTÈME COALISANT

La philosophie morale et politique a cela d'attrayant qu'elle relie la versatilité incontournable de l'opinion publique et, d'autre part, la rationalité dont l'Etat doit être le promoteur pour ne pas disparaître chaque fois que le hasard se présente. De ce fait, il sera question ici de comprendre la manière dont le passage entre deux moments clefs de l'Histoire européenne a pu advenir. L'idée consistera à expliquer cette notion de « politique » comme administration de la vie des hommes et instance de la fragmentation des valeurs.

Des conceptions du dèmos et de l'ethnos. La première période, qui a débuté avec la révélation des Ecritures et qui s'est prorogée jusqu'au XIXe siècle, fut marquée par une posture morale et religieuse au service de l'affirmation controversée de la notion d'Etat. La seconde période, plus récente, encore ouverte et non achevée, est caractérisée par une nouvelle approche pratique de la morale politique. En substance, la variabilité des moyens auxquels les acteurs du dèmos ont recours, pour édifier le monde réel, diverge de l'action rationnelle en finalité des origines. Les motivations sous-jacentes à l'action étant par nature différentes, le modèle de développement sociologique de l'espace du politique a évolué en tenant compte de l'évolution même des mœurs. A l'évidence, l'ancienne modélisation de l'ethnos empêchait l'homme d'être aussi un coauteur de sa propre évolution. Spinoza et ensuite Hobbes, en l'occurrence, comptèrent au nombre de ces théoriciens de la raison qui avaient fait preuve de clairvoyance dans leur analyse. Ils se sont longuement interrogés sur la double argumentation de l'état de nature et de la sortie de l'état de nature. Dans le *Léviathan*[252], par exemple, il y est démontré que l'homme n'est pas un animal politique, et qu'en ce sens, seule sa nature conflictuelle l'oblige à transiger en faveur du contrat social. A la recherche de la paix, les hommes ont tendance à se proposer des arrangements mutuels. Spinoza était parvenu à la position qui consistait à voir dans le devoir que chacun a pour lui-même d'exister la première des libertés.

Aussi, à partir de postulats différents, tous deux étaient parvenus à démontrer que le fait religieux (le discours et les figures emblématiques) n'était qu'un moyen pour justifier des actions dirigées contre le collectif, au nom d'une morale fondée sur l'idée de justice. Dans le *Traité des autorités théologiques et politiques*[253] (1670), notamment, Spinoza était parvenu à démontrer que l'art de gouverner un Etat ne pouvait s'appuyer sur la simple crainte fondée sur des croyances. La religion, seule, ne détenait pas en soi les clefs de la délivrance. De la même manière, elle ne détenait pas non plus le monopole du *fas* et du *jus*. En posant la problématique sous cette forme, il était compréhensible que le lien de subordination entre l'Etat et la religion fût d'abord pratique. L'interaction de principe, qui ressortait du dialogue entre sources civiles et religieuses, n'était en fin de compte que l'expression dichotomique d'une raison d'Etat conduite par l'obéissance. Elle s'inscrivait dans un mouvement de négation de la faculté de juger. Spinoza s'était longuement attardé à expliciter le sujet : ce modèle idéologique avait servi pendant longtemps de cadre normatif à une infinité d'élites dirigeantes.

---

[252] Hobbes, *Le Léviathan*, Chap. VII.

[253] Spinoza, « Traité Théologico-politique » (Contenant quelques dissertations où l'on fait voir que la liberté de philosopher non seulement peut être accordée sans danger pour la piété et la paix de l'État, mais même qu'on ne peut la détruire sans détruire en même temps la paix de l'Étal et la piété elle-même), Traduit par Charles Appuhn, in *Œuvres de Spinoza*, Nouvelle édition, revue et corrigée d'après l'édition de Heidelberg, Paris : Garnier, 1928, Tome II, traduction de Charles Appuhn.

En toute logique, le système mis en place au fil des traditions politiques avait autorisé le déploiement ingénieux de figures civiles imprégnées de moralisme religieux. Or, tout comme Hobbes l'avait démontré dans le *Léviathan*, la religion ne pouvait pas être un prétexte. Elle ne pouvait pas servir au maintien d'un Etat dans sa fonction de direction et d'orientation. Il était impensable que sa motivation fût contraire à la raison déterminante qui l'avait établi de la sorte. Le choix du pacte social qui régirait *in futurum* les rapports interpersonnels et institutionnels, ne pouvait admettre de sujétion à une dimension religieuse de la pensée agissante. Comme ces deux penseurs l'avaient bien fait remarquer, le fait de penser la religion comme un supplétif de la loi consistait surtout à nier la force édifiante de la raison. L'enfermer dans ce type de relation unipolaire participait de la négation de cette capacité, propre à tout homme, de choisir librement ses règles de vie collective et ses modalités de gouvernement.

Plus proche de nous, la situation européenne rappelle une vision transfigurée du schéma classique originaire. Et quoique la période soit totalement différente, les actes qui organisent la société contemporaine décrivent des comportements politiques comparables à ceux d'antan. La fin y apparaît identique, même si les figures « poïétiques[254] » ont considérablement bougé dans l'espace.

2. De la nature, de la forme et du contenu d'un Etat organisé en une diète fédérale.

C'est en relisant Spinoza, et notamment le chapitre XVI de son *Traité des autorités*, que la recherche des similitudes entre la coalition européenne, et l'Etat de droit décrit par le philosophe, révèle sa congruité. Lorsqu'il examine la question de la souveraine

[254] Si l'on se réfère à la Poétique d'Aristote, cette poïétique est une qualité qui relève de l'activité créatrice humaine. Elle est une faculté dont dispose nt les hommes pour recréer des situations représentatives des tensions, et des forces, qui interagissent dans l'organisation sociale. Ici, une figure poïétique renvoie à la résultante finale des tensions et des rapports de forces, c'est-à-dire à la valeur ajoutée résultant de l'influence des images sur les comportements types d'un groupe social. Une figure poïétique est alors une forme sociologique construite à partir d'éléments culturels interprétés à un second degré de représentation. Elle permet de construire et de déconstruire une organisation sociale et d'envisager une réalisation potentielle de l'individu.

légitimité d'un Etat, Spinoza reconnaît la raison comme l'élément d'autorité qui pousse toute organisation humaine à vivre selon des lois établies. Moteur du « vivre ensemble », la raison pose la division qui sépare les aspirations naturelles de celles contractuelles. Une fois les « *appétits naturels* [255]» jugulés, toute société humaine organisée est libre de s'organiser en respectant les lois instaurées par cette même autorité morale. La raison joue un rôle instrumentaire : elle limite l'emprise des droits naturels, et empêche que « *chacun se laisse entraîner par son plaisir et le plus souvent l'avarice, la gloire, l'envie, la haine...* [256]». D'où le sens fonctionnel qui est finalement déduit par le philosophe, lorsqu'il se penche sur le contenu de la notion d'Etat proprement dite.

D'après lui, l'Etat est une entité qui structure, organise et hiérarchise les besoins sociologiques de tous les individus. Son emprise sur le collectif ne produit des effets juridiques qu'au moment où le pacte, destiné à réfréner les pulsions qui ramènent l'homme à un état grégaire, est accepté dans toutes ses conditions de réalisation matérielles.

Face à la loi naturelle, le pacte dispose d'une vertu limitative de puissance. Son *auctoritas* administrative, c'est-à-dire son pouvoir de coercition légitime en fait un élément formel doté d'un pouvoir d'orientation et de décision privilégié. Tout jugement pris au nom de ce pacte prévaut sur l'opinion commune. Cette prérogative découle d'un transfert de capacité choisissante de la communauté sur elle-même et pour elle-même.

Mais alors comment qualifier sociologiquement un Etat qui a choisi de s'organiser en s'unissant avec d'autres ? Spinoza y répond, pour sa part, en soulignant que le pacte politique ne porte pas atteinte à la souveraineté même de la communauté. Chacun « *s'engage par contrat à ne pas se faire de mal l'un l'autre, mais au contraire à s'assister en cas de besoin, chacune des deux cités continuant de former un État propre*[257] ». Toutefois que le lecteur ne s'y méprenne pas, un tel pacte n'a de sens que dans un contexte où chacun dispose en pratique d'une puissance (capacité de

---

[255] Spinoza, « Traité Théologico-politique », *ibidem*.

[256] Spinoza, « Traité Théologico-politique », *ibidem*, cit. Chap. XVI, Titre II. §§5-8 : Le pacte et le Droit du Souverain sur toutes choses, occurrence 7.

[257] Spinoza, « Traité Théologico-politique », *ibidem*, cit. Chap. XVI, titre IV. §§12-18 : Divers concepts juridiques, occurrence « D - Les Confédérés », 16.

direction) comparable à celle détenue par l'autre partenaire. D'où la prudence affichée par le philosophe, qui retient que dans la plupart des cas « *des États indépendants s'engagent par contrat à ne pas se causer de dommage l'un à l'autre* (…) [258]». Rien n'étant définitivement tranché, il persiste que ceux-ci « (…) *s'efforcent néanmoins, autant qu'ils peuvent, d'empêcher que l'un d'eux n'acquiert une puissance plus grande, et n'ont pas foi aux paroles échangées* [259]». On comprend que la généalogie de la morale publique, telle qu'elle est examinée par Spinoza, ne se fonde pas sur la valeur « puissance » des jugements, comme cela est le cas chez Nietzche. Elle s'appuie sur la solidité de la connaissance qui porte à mieux comprendre la finalité de l'action humaine poursuivie[260].

Sous cet aspect, la morale politique de Spinoza est synonyme de puissance d'action du collectif, car elle est le fondement de l'action rationnelle en finalité, développé par Weber dans les années 1920. A l'inverse, les multiples affects qui agissent comme des agents perturbateurs externes à la volonté humaine, corrompent cette capacité d'action. Au final, il apparaît que toute action politique, qui tendrait à « moraliser » la vie sociale, n'aurait d'autre fin que de manipuler les consciences, et les soumettre à l'empire d'un jugement qui ne cherche pas à en comprendre la causalité première.

Des siècles plus tard, ce sera au tour de Weber de postuler une réflexion épistémologique dans le droit fil du spinozisme. C'est en prolongeant les observations antérieures qu'il parviendra à exprimer un nouveau postulat. La réalité sociale peut être analysée en ne tenant compte que de la seule place occupée par les valeurs dans la société étudiée. Sa compréhension ne nécessite pas de porter de jugement normatif sur ces dernières. C'est le célèbre « rapport aux valeurs » qui va permettre, à la sociologie prémoderne de développer la notion de sociologie compréhensive, près de 250 ans plus tard.

---

258 Spinoza, *ibidem*, supra.

259 *Ibidem*.

260 Il suffit pour cela de se reporter à l'ouvrage dénommé « L'ÉTHIQUE », qui dans sa PREMIÈRE PARTIE pose l'axiome *« La connaissance de l'effet dépend de la connaissance de la cause, et elle l'enveloppe »*. Ce sera le guide de toute la morale développée par Spinoza quel que soit l'ouvrage de référence.

Ce raisonnement pourrait être longuement poursuivi à l'occasion d'une étude comparatiste des approches épistémologiques entre ces deux penseurs. Pour l'heure, voyons ce à quoi concluait Spinoza au sujet des coalitions, et du contrat qui les tenait en place : « (…) *Personne ne peut sans crime tenir ses promesses au détriment de l'État où il commande ; toute promesse qu'il a faite en effet et qui se trouve par chance dommageable à l'État, il ne peut la tenir qu'en manquant à la foi due à ses sujets, laquelle cependant l'oblige par-dessus tout et qu'on a coutume de promettre solennellement de garder* ». C'est la raison pour laquelle une stratégie d'analyse des faits politiques opérée à la lumière de la sociologie compréhensive, livre des indices supplémentaires. En pratique, il résulte que l'action rationnelle conduit tout politique à trahir sa pensée et n'accomplir qu'une forfaiture à l'égard de son électorat. Pour atteindre les buts préfix, le choix des moyens appartient à celui qui s'en prévaut, et nul ne peut porter de jugement de valeur sur leur nature. Seule l'efficacité qui découle de la sélection des moyens retenus est passible d'une appréciation rationnelle.

Question oratoire. Lorsque la coalition des 26 Etats a tenté de mettre la Grèce hors d'état de récidiver, l'attitude adoptée pour la circonstance répondait-elle au critère finaliste de la morale politique (comme chez Weber), ou bien était-elle comparable à une action moraliste spinozienne (elle servait à porter un jugement de valeur dépourvu d'objectivité) ?

3. La coalition après la Grèce : quelle unité symbiotique et quelles logiques ?

Suite à ce traité de l'argumentation des valeurs politiques chez Spinoza, il apparaît opportun de prolonger l'analyse avec l'observation sociologique conçue par Durkheim. Il ne s'agit pas de retracer l'historique de la sociologie, mais bien de comprendre les relations internes qui ont pesé sur les motivations de l'union. Au-delà des obstacles, sorte d'immanence qui ne légitime pas des usages spécifiques, il s'agit de décrypter les raisons matérielles qui avaient poussé la Grèce à conclure un pacte avec l'Europe des Neuf.

Or, pour éviter toute redondance avec les pages précédentes (le contenu du titre deuxième, par exemple), la matérialité des fins sera avant tout examinée à partir de ce que Morin appelle « l'intelligence de la complexité ». Comprenons par là, un examen des faits sociaux qui contribuent de la formation d'une pensée collective, qui dépasse le cadre normatif Durkheimien et qui réinsère dans son approche en valeur les notions de sensibilité, de mémoire et d'imagination.

Aux postulats anciens, fait désormais écho la nouvelle « écologie de l'action » en finalité du politique. Cette nouvelle théorie a servi de guide naturel à la détermination des objectifs du « vouloir-vivre ensemble ». Lorsqu'on admet que le monde contemporain est devenu polypolaire, et que la fragmentation sociologique du vivant a fondé la croyance en un panisme économique des blocs continentaux, la reliance des cultures et des connaissances s'avère être utile pour asseoir toute action réfléchie.

De toute évidence, la société politique contemporaine ne semble pas avoir pris la mesure complète de ce nouveau défi. La plupart du temps, par exemple, l'action commune des Etats est soumise au diktat des réunions informelles et formelles. En ce sens, quand la Commission réfléchit aux projets de réglementation dans l'un des domaines de compétence de l'Union, les réunions du Conseil concurrencent tantôt la Commission, tantôt le Parlement Européen. Dans un autre registre, comment interpréter l'association des Parlements nationaux à l'élaboration des projets législatifs communautaires, sinon comme une démarche qui cherche à maintenir la fragmentation dans son état existant.

En poursuivant le jeu de rôle initié avec la Grèce, on s'aperçoit que les logiques qui pourraient concourir de la re-densification des solidarités matérielles ont été passées sous silence. Pour distraire le raisonnement critique, au plus fort de la tension qui a agité l'Europe (et qui a mis en cause la Grèce), une poignée de grands Etats a élaboré des représentations qui ont corroboré des causalités inexistantes.

Comme Durkheim aurait pu le dire, ces jugements de valeur ont eu une emprise émotive considérable sur la croyance individuelle. Ils ont pesé sur les représentations démologiques du « bien » et du « mal », tout en veillant à ne pas se défausser du *statu quo ante* déterminé par le politique.

Lorsqu'il s'est agi de mettre la Grèce "hors d'état d'Union", le politique a imaginé un système dans lequel deux logiques étaient entrées en résonnance l'une avec l'autre. Or, à bien y regarder, elles s'excluaient mutuellement, se contredisaient et s'opposaient dans leurs fondements principiels. La logique de l'approfondissement et la logique de l'expansion économique au détriment du dèmos, n'ont fait que proroger l'illusion d'une matérialité inexistante. La pratique idéaliste du bien-être collectif est au final une dimension aux coordonnées erronées.

Conclusion

Il est un proverbe chinois qui dit en substance « *Le malheur n'entre guère que par la porte qu'on lui a ouverte* ». Les faits historiques qui viennent d'être relatés, et qui ont été mis au service du jeu de rôle sociopolitique, semblent attester de cette porte volontairement laissée entrouverte.

Durkheim, s'il avait dû apprécier la situation sociologique des faits politiques déployés à partir de 2010, considérerait l'exercice de jeu de rôle comme « éducatif » de cette façon de faire des élites.

La cristallisation des usages grecs, auxquels l'Europe a porté peu de considération, a représenté depuis les années 60, et *a fortiori* depuis 1981, une série d'éléments épars chargés de sens. Comment ne pas saisir leur rôle primordial ? Ils fournissent des explications sur la manière dont les Grecs auraient utilisé le tremplin européen.

Les contraintes subies par les sujets sociologiques, suite à la prise en compte d'une pluralité d'antécédents identifiés au quotidien, permettent d'acquérir une perception cognitive de leur mode de survenance. Aussi, en reprenant au compte de ce jeu de rôle l'avertissement que Durkheim adresse à son lecteur, lorsqu'il traite de « la division sociale du travail », une chose est sûre.

Cet ouvrage a développé une approche pratique du fait sociologique de la Construction européenne. Cela a été rendu possible grâce à une démarche "à contre-courant" de ce qui a été donné à voir, jusqu'ici. Tout en reversant les observations du sociologue à l'étude du fait sociopolitique inspiré par le "cas" grec, il semble évident que « s*i l'on ne s'affranchit pas de ces jugements tout faits, il est évident que l'on ne saurait entrer dans les considérations qui vont suivre : la science, ici comme ailleurs, suppose une entière liberté d'esprit. Il faut se défaire de ces manières de voir et de juger qu'une longue accoutumance a fixées* *en nous*[261] ». De ce fait, ce jeu de rôle réintègre dans sa matrice d'action les faits historiques, les perceptions sociales de la contrainte. Il réintroduit le « doute critique » dans une situation, donnée à l'entendement, comme courue d'avance.

Ce même doute se résout partiellement chaque fois que le jeu de rôle prend forme ; il s'amplifie dès l'instant où l'action dramatique (résolutive) suspend son investissement de l'espace social. Ainsi, il appartient à chacun de s'investir d'un rôle, de se l'approprier et de faire vivre une alternative thématique à l'instar de ce qui a pu être conceptualisé ici. Aujourd'hui, la Grèce est toujours membre de l'Union européenne. Toutefois, rien n'étant immuable par définition, il serait fort présomptueux de croire que le développement hypothétique de cet ouvrage n'a que peu de chance de se produire.

Aujourd'hui, serions-nous prêts à encourir le risque que la situation « fictive », décrite dans les pages précédentes, puisse affecter réellement un autre Etat membre ? Et si la France, ou l'Allemagne, voire la Belgique ou le Luxembourg se retrouvaient prochainement dans une posture similaire…

Le jeu de rôle commence, là où s'arrête l'explicitation des faits sociaux. Il appartient à chacun de se faire sa propre opinion et d'y apporter la réponse qu'il croit la plus appropriée.

---

[261] Durkheim, E., *De la division du travail social*, Préface de la première édition, § 7.

Table des matières

L'Europe aux éditions L'Harmattan

Dernières parutions

VILLE (LA), LA NATION ET L'IMMIGRÉ
Rapports entre grecs et Turcs à Bruxelles
Seraïdari Katerina
Cette étude sur les relations entre les communautés grecque et turque de Bruxelles permet de mieux comprendre cette dialectique qui semble traverser la ville. Le choix de Bruxelles comme terrain n'est pas anodin : ce haut lieu du rassemblement européen est aussi un espace disputé entre Belges de traditions linguistiques et culturelles différentes. La capitale est aussi habitée par des groupes issus de l'immigration qui neutralisent ou réactivent des conflits géopolitiques autres, comme les différends gréco-turcs.
(Coll. Compétences interculturelles, 22.00 euros, 218 p.)
ISBN : 978-2-336-00325-2, ISBN EBOOK : 978-2-296-51030-2

JEU, COMPÉTITION ET POUVOIR DANS L'ESPACE GERMANIQUE
Sous la direction de Mechthild Coustillac et Françoise Knopper
Qu'ont de commun le jeu, que l'on pourrait croire enfantin et gratuit, la compétition, généralement sportive ou intellecuelle, et le pouvoir, enjeu sérieux aux graves conséquences ? Leur intrication est analysée ici dans des champs disciplinaires aussi divers que la psychanalyse, les sciences de l'éducation, la sociologie, l'économie ou encore les sciences de la culture.
(34.00 euros, 336 p.) ISBN : 978-2-336-00376-4, ISBN EBOOK : 978-2-296-50937-5

EUROPE (L') MÉDIÉVALE EN 50 DATES
Les couronnes, la tiare et le turban
Bloeme Jacques
Cinquante «tranches d'histoire» nous font parcourir le continent de l'Atlantique à l'Oural et de la Scandinavie à la Méditerranée, pour revivre quelques-uns des grands événements qui ont infléchi le cours de l'histoire de l'Europe entre 476 et 1492 : naissance et déclin des empires et des royaumes, montée en puissance de la chrétienté et ses difficultés, succès et insuccès de l'Islam conquérant, grandes querelles politiques, Croisades, la Grande Peste, la guerre de Cent ans...
(47.00 euros, 476 p.) ISBN : 978-2-296-96284-2, ISBN EBOOK : 978-2-296-50467-7

INSTITUTIONNALISATION (L') DU PARLEMENT EUROPÉEN
Cultures et Conflits 85, 86
Collectif
La création des assemblées parlementaires supranationales a profondément transformé les relations interétatiques et consacré l'importance du «mandat» européen. Ce dossier s'inscrit dans une perspective sociohistorique pour

comprendre la sélection sociale qui s'opère à l'entrée des parlements supranationaux, les modes de constitution de capitaux politiques transnationaux, les interdépendances entre espaces institutionnels internationaux et les encastrements entre logiques nationales et supranationales.
(24.00 euros, 228 p.)
ISBN : 978-2-296-99408-9, ISBN EBOOK : 978-2-296-50124-9

POLITIQUE (LA) EUROPÉENNE DE SÉCURITÉ ET DE DÉFENSE
Quel bilan après 10 ans ? Quelles nouvelles orientations ?
Türke Andras Istvan
La construction européenne a garanti, pendant 60 ans, la paix et la stabilité sur le continent. Mais l'Europe n'est pas une forteresse et elle ne saurait se satisfaire d'un monde où subsistent tant de déséquilibres. Dans quelle mesure l'UE peut-elle devenir un acteur international ? Comment transformer sa puissance économique en une puissance politique dans le système international du XXIe siècle ? Comment concevons-nous la coopération entre les institutions de l'UE et celles de l'OTAN ?
(Coll. Questions contemporaines, 31.00 euros, 300 p.)
ISBN : 9782-296-96580-5, ISBN EBOOK : 9782-296-50057-0

CHANSON (LA) POPULAIRE EN GRANDE-BRETAGNE PENDANT LA GRANDE GUERRE 1914-1918
The show must go on !
Mullen John
Comment faisait-on pour chanter et vendre des chansons en Angleterre pendant la Grande Guerre ? Que chantait-on pour oublier la peur de la guerre ? Quels étaient les modes de diffusion et de mise en scène du divertissement ? A travers l'analyse de centaines de chansons, cet ouvrage offre un aperçu fascinant de la vie des Anglais ordinaires de l'époque.
(Coll. L'Aire anglophone, 29.00 euros, 290 p.)
ISBN : 978-2-296-99666-3, ISBN EBOOK : 978-2-296-50122-5

ÉLECTIONS (LES) DE 2010 EN GRANDE-BRETAGNE : CONTEXTE ET ENJEUX
Sous la direction de Michael Hearn
Succédant à plus de 10 ans de travaillisme, le parti conservateur a remporté les élections de 2010, avec cependant une majorité insuffisante pour former un gouvernement uniquement conservateur. S'en est donc suivi une alliance avec les Libéraux-démocrates. Dans l'urgence d'une réorganisation de l'économie et de la société, les deux partis ont réussi à surmonter certaines différences, ceci étant sans doute facilité par les personnalités de David Cameron et de Nick Clegg.
(Coll. Langue et parole, 13.00 euros, 90 p.)
ISBN : 978-2-336-00137-1, ISBN EBOOK : 978-2-296-50493-6

SCENA DEL CRIMINE
Stokman Walter
Mieux derrière les barreaux que mort. Les adolescents enfermés sur l'île-prison de Nisida, située devant la côte de Naples, le répètent comme une

plaisanterie ironique pour donner une prospective à leur existence désespérée. *Scena del Crimine* est un recit cadré en sept «scènes» qui commence et se termine sur cette île-prison. Entre les deux, on voit cinq vues de la ville qui ont été déterminées par la pègre... Une plongée dans un monde souterrain qui est aussi insaisissable que réel.

(20.00 euros) *ISBN : 978-2-296-56744-3*

VIVRE ET TRAVAILLER AVEC LES RUSSES
Petites idées pour approcher un grand peuple
De Loeper Catherine

Ce livre cherche les ressorts de la culture russe et ses manifestations dans les interactions entre Français et Russes, en particulier dans le travail. Il aborde les façons de dire et de faire en Russie, dans la religion orthodoxe, la famille et les réseaux sociaux, les manières de table, l'espace et le temps, la notion de destin ou encore la représentation du pouvoir et le rapport à la terre. Un chapitre est aussi consacré au travail de l'auteur avec la Russie et avec les Russes.

(33.00 euros, 324 p.)
ISBN : 978-2-296-99469-0, ISBN EBOOK : 978-2-296-50286-4

MAGISTRATS (LES) ET L'ADMINISTRATION DE LA JUSTICE
Le Portugal et son empire colonial (XVIIe-XVIIIe siècle)
Camarinhas Nuno

Ce livre reconstruit le groupe des juges lettrés au service du roi au Portugal et dans ses territoires d'outre-mer. Ces juristes, assistant le roi de leur compétence technique et scientifique, constituent un groupe bureaucratique puissant. Sont ici croisées histoire politique et institutionnelle, histoire sociale et analyse des réseaux, pour retracer les origines sociales et géographiques de ces magistrats, leur recrutement et les parcours professionnels ouverts par le service de la couronne.

(Coll. Mondes Lusophones, 33.00 euros, 320 p.)
ISBN : 978-2-296-99602-1, ISBN EBOOK : 978-2-296-50173-7

FÊTE (LA) DES GARÇONS – A festa dos rapazes
Primetens Pierre

Depuis plusieurs années, Aveleda - petit village reculé du nord-est du Portugal - se meurt. Pourtant, à l'heure du solstice d'hiver, les jeunes garçons célibataires qui vivent et travaillent dans la ville voisine de Bragança, mais aussi à Porto, Lisbonne, et à l'étranger, rentrent. Ils viennent célébrer le village et ses ancêtres, en perpétuant un rite d'initiation à l'âge d'homme : A Festa dos Rapazes.

(20.00 euros, 0 p.) *ISBN : 978-2-296-56746-7*

SYMBOLES FRANCO-ALLEMANDS (1963-2013)
Construction d'un champ transnational
Rittau Andréas

Les relations franco-allemandes, comme tout échange, se construisent sur des représentations positives, négatives, inventives ou stéréotypées. Leur histoire a été marquée par deux stades concomitants de fascination et de rejet, suivis d'une acceptation fraternelle (1963) ayant donné naissance à de nombreux

symboles. Cette étude développe la notion en mouvement du symbole franco-allemand puis analyse des exemples.
(Coll. Allemagne d'hier et d'aujourd'hui, 12.00 euros, 96 p.)
ISBN : 978-2-296-99598-7

DER STÜRMER, INSTRUMENT DE L'IDÉOLOGIE NAZIE
Une analyse des caricatures d'intoxication
Keysers Ralph - Préface de Yamina Benguigui
Cet ouvrage nous fait découvrir l'hebdomadaire le plus nauséabond de l'époque nazie : *Der Stürmer*. Édité de 1923 à 1945 par Julius Streicher, qui fut condamné à mort par le tribunal de Nuremberg, le but exclusif de ce journal d'importante diffusion était de démontrer que « Les Juifs « étaient à l'origine de tous les malheurs de l'Allemagne. Pour ce faire, l'abjection ne connaissait aucune limite.
(Coll. Allemagne d'hier et d'aujourd'hui, 37.50 euros, 376 p.)
ISBN : 978-2-296-96258-3

GUÉRILLA ET CONTRE-GUÉRILLA EN CATALOGNE (1808-1813)
Gallice Thierry - Préface de Jacques-Olivier Boudon
Lors de l'épopée napoléonienne, la campagne d'Espagne se singularise par le développement d'une guérilla extrême aux multiples facettes qui joue un rôle essentiel dans le conflit. Ce livre revient sur les particularismes locaux qui inscrivent la révolte catalane parmi les plus violentes et montre les tentatives de l'armée française de mettre en place une politique de contre-guérilla visant à rattraper les erreurs des premiers mois de 1808.
(Coll. Recherches et documents Espagne, 28.00 euros, 276 p.)
ISBN : 978-2-296-96268-2

RELIGION, NATION, CITOYENNETÉ EN GRÈCE
L'Église orthodoxe et le conflit des cartes d'identité
Dépret Isabelle
En 2000, le gouvernement grec a aboli la mention confessionnelle sur les cartes d'identité, précipitant une confrontation théâtralisée entre l'Église orthodoxe et les socialistes. Comment éclairer la force mobilisatrice de l'Église orthodoxe, ses soutiens parmi la population, les politiques, les médias ? Cette affaire est représentative des tensions et des évolutions en cours (image de la nation et de la citoyenneté, liens entre majorité et minorités, posture de l'État face au religieux).
(Coll. Etudes grecques, 34.00 euros, 322 p.) *ISBN : 978-2-296-99259-7*

L'HARMATTAN, ITALIA
Via Degli Artisti 15 ; 10124 Torino

L'HARMATTAN HONGRIE
Könyvesbolt ; Kossuth L. u. 14-16
1053 Budapest

ESPACE L'HARMATTAN KINSHASA
Faculté des Sciences sociales,
politiques et administratives
BP243, KIN XI
Université de Kinshasa

L'HARMATTAN CONGO
67, av. E. P. Lumumba
Bât. – Congo Pharmacie (Bib. Nat.)
BP2874 Brazzaville
harmattan.congo@yahoo.fr

L'HARMATTAN GUINÉE
Almamya Rue KA 028, en face du restaurant Le Cèdre
OKB agency BP 3470 Conakry
(00224) 60 20 85 08
harmattanguinee@yahoo.fr

L'HARMATTAN CAMEROUN
BP 11486
Face à la SNI, immeuble Don Bosco
Yaoundé
(00237) 99 76 61 66
harmattancam@yahoo.fr

L'HARMATTAN CÔTE D'IVOIRE
Résidence Karl / cité des arts
Abidjan-Cocody 03 BP 1588 Abidjan 03
(00225) 05 77 87 31
etien_nda@yahoo.fr

L'HARMATTAN MAURITANIE
Espace El Kettab du livre francophone
N° 472 avenue du Palais des Congrès
BP 316 Nouakchott
(00222) 63 25 980

L'HARMATTAN SÉNÉGAL
« Villa Rose », rue de Diourbel X G, Point E
BP 45034 Dakar FANN
(00221) 33 825 98 58 / 77 242 25 08
senharmattan@gmail.com

L'HARMATTAN TOGO
1771, Bd du 13 janvier
BP 414 Lomé
Tél : 00 228 2201792
gerry@taama.net

Achevé d'imprimer par Corlet Numérique - 14110 Condé-sur-Noireau
N° d'Imprimeur: 94013 - Dépôt légal: janvier 2013 - *Imprimé en France*